知识产权
管理实务

崔忠武　于正河◎编

中国政法大学出版社

2022·北京

图书在版编目（ＣＩＰ）数据

知识产权管理实务/崔忠武,于正河编.—北京：中国政法大学出版社，2022.8
ISBN 978-7-5764-0605-4

Ⅰ.①知… Ⅱ.①崔… ②于… Ⅲ.①知识产权—管理 Ⅳ.①D913.4

中国版本图书馆 CIP 数据核字(2022)第 140838 号

出　版　者	中国政法大学出版社
地　　　址	北京市海淀区西土城路 25 号
邮寄地址	北京 100088 信箱 8034 分箱　邮编 100088
网　　　址	http://www.cuplpress.com (网络实名：中国政法大学出版社)
电　　话	010-58908586(编辑部) 58908334(邮购部)
编辑邮箱	zhengfadch@126.com
承　　印	北京朝阳印刷厂有限责任公司
开　　本	650mm×980mm　1/16
印　　张	17.25
字　　数	250 千字
版　　次	2022 年 8 月第 1 版
印　　次	2022 年 8 月第 1 次印刷
定　　价	59.00 元

《知识产权管理实务》编委会

主　编：崔忠武　于正河

副主编：管益杰　马文静

撰稿人（按姓氏笔画排列）：

于正河　马文静　王晓珮　刘　佳

金　辉　段雅静　崔忠武　管益杰

魏　强

目　录

CONTENTS

第一章

知识产权管理总论

第一节　知识经济与知识产权

一、知识产权的概念与特征

（一）知识产权的概念

"知识产权"的英文为"intellectual property"，其原意为"知识财产"或者"智慧财产"，也被称为智力成果权。

关于知识产权的定义，《民法典》[1]是这样规定的："知识产权是权利人依法就下列客体享有的专有的权利：（一）作品；（二）发明、实用新型、外观设计；（三）商标；（四）地理标志；（五）商业秘密；（六）集成电路布图设计；（七）植物新品种；（八）法律规定的其他客体。"[2]可见，我国《民法典》主要是通过列举的方式来陈述知识产权的概念，这与国际上通行的做法是一致的。1967年在瑞典的斯德哥尔摩缔结的《建立世界知识产权组织公约》第2条第（8）项对知识产权也是通过列举的方式对知识产权进行定义，具体包括："关于文学、艺术和科学作品的权利；关于表演艺术家的演出、录音和广播的权利；关于人们努力在一切领域的发明的权利；关于科学发现的权利；关于工业品式样的权利；关于商标、服务商标、厂商名称和标记的权利；关于制止不正当竞争的权利；以及在工业、科学、文学或艺术领域里一切其他来自知识活动的权利。"而在1994年缔结的《与贸易有关的知识产权协议》将知识产权规定

---

〔1〕《民法典》，即《中华人民共和国民法典》，为表述方便，本书中所涉及的我国法律直接使用简称，省去"中华人民共和国"字样，全书统一，不再赘述。

〔2〕《民法典》第123条第2款。

为：版权与邻接权；商标权；地理标志权；工业品外观设计计权；专利权；集成电路布图设计权；未披露的信息专有权。与上述国际公约、协定的不同之处在于，我国《民法典》除了通过列举的方式阐述知识产权的概念外，还采用了概括的方式来进一步明确知识产权的定义，即"知识产权是权利人依法就……享有的专有的权利"，在此，我国《民法典》明确了知识产权的两大特性，即法定性和专有性。这种"概括+列举"的方式更直接地体现在我国国家知识产权局于 2012 年 5 月颁布的《企业知识产权管理规范（试行）》中，该规范第 4.1 条将知识产权定义为："知识产权是人们对智力活动创造的成果和经营管理活动中的标记、信誉依法享有的权利。主要包括专利、商标、著作权及相关权利、地理标志、植物新品种、集成电路布图设计、商业秘密和遗传资源、传统知识、民间文艺等特定领域知识产权。"

学术界则更多以概括的方式对知识产权进行定义，如我国学者郑成思教授给知识产权下的定义是："知识产权指的是人们可以就其智力创造的成果所依法享有的专有权利。"[1]刘春田在其主编的《知识产权法教程》一书中对知识产权的定义是"知识产权是智力成果的创造人依法享有的权利和生产经营活动中标记所有人依法享有的权利的总称"。[2]吴汉东在其主编的《知识产权法》一书中对知识产权的定义是"知识产权是人们对于自己的智力活动创造的成果和经营管理活动中的标记信誉依法享有的权利"。[3]

实践中常见且应用较为广泛的知识产权，通常就是人们常说的"知识产权三大板块"，即专利权、商标权和著作权。除此之外，商业秘密在企业知识产权中也有着十分重要的地位。

（二）知识产权的特征

知识产权属于"知识"的范畴，其既具有一般的知识和信息要素，又有其独具的特征：

（1）法律性。法律性即知识产权的权利种类和权利内容是基于

---

〔1〕 郑成思主编：《知识产权法教程》，法律出版社 1993 年版，第 1 页。
〔2〕 刘春田主编：《知识产权法教程》，中国人民大学出版社 1995 年版，第 1 页。
〔3〕 吴汉东主编：《知识产权法》，北京大学出版社 2014 年版，第 1 页。

法律规定而产生，其保护也要依靠法律进行。没有法律的保障，知识产权就成了无源之水、无本之木，其权利也就无从谈起。

（2）专有性。又被称为垄断性，即同一智力成果或者商业标记上只能有一个知识产权，且为获得知识产权的人独有，未经其同意或授权不得使用，否则即构成侵权。知识根据其归属可以分为公有知识和专有知识，公有知识是在公共领域中大家都可以无偿使用的知识，譬如牛顿定律；而专有知识则是特定人拥有的知识或信息，譬如商业秘密、技术文献资料等，知识产权就是典型的专有知识，它归特定的权利人专有。

（3）地域性。其含义有二：其一，知识产权只在其产生的特定国家或地区的地域范围内有效，超出该范围则不具有效力；其二，知识产权的授权和转让是与地域相联系的，即知识产权的授权和转让必须明确地域范围，仅授权在某地域范围内行使的知识产权，如被授权人超出此地域范围行使则构成侵权行为。

（4）时间性。所有的知识产权都受一定时间的限制，超过了这一时间范畴，该智力成果就进入公有领域，由全人类共享，任何人都可以无偿地加以使用。但不是所有的知识产权到期后都可以进入公有领域，商标权在到期后如及时进行续展，则商标所有人可以继续拥有商标权。

（5）无形性。知识产权的无形性也可以称为非物质性，是知识产权区别于其他产权的重要特征，也是理解和学习知识产权的核心。无形性意味着知识产权保护的客体不能被人直接触及，不具有物质的客观特性。知识产权保护的客体能够用有形的或物质性的载体表现出来，人们可以依据其载体表现将知识产权的客体重现或复制。例如，专利权保护的客体是无形的技术方案，是专利文件中记载的方法的工艺流程、步骤或产品的结构、形状的文字描述，这个技术方案是通过实际的生产流程及其产品来重现和复制的，专利文件及其按照专利文件实现的专利产品是技术方案的载体。知识产权制度是通过保护有形载体的方式实现对无形客体的保护，也就是通过保护智力劳动有形成果的方式实现保护和激励智力劳动的过程。把无形的知识产权客体转化成有形的物质产品或技术和经营行为，并实现其推动生产力发展的功能是知识产权制度的灵魂。

二、知识经济

（一）知识经济的内涵

谈到知识产权，不得不提与其密切相关的知识经济。随着以数字化和网络化为特征的信息技术的飞速发展，全球经济已经进入知识经济时代。所谓"知识经济"，是与农业经济、工业经济相对应的概念，简单讲就是"以知识为基础的经济"，是一种建立在知识、信息的生产、分配和使用基础上的经济时代。

"知识经济"的名称源于世界经济合作与发展组织（OECD）1996年的年度报告《以知识为基础的经济》，该报告提出了"以知识为基础的经济"这一术语，指出OECD各成员国的经济发展越来越建立在知识和信息的基础之上，知识已被认为是提高生产率和实现经济增长的驱动器，信息、技术和学习在经济活动中的作用已成为人们关注的焦点。因此，"以知识为基础的经济"后被简化为"知识经济"。

自人类文明产生以来，经济发展大致经历了三个历史阶段：农业经济、工业经济和知识经济，与农业经济、工业经济相比较，"知识经济"是一个更高层次的经济发展阶段。

知识经济是在人类工业高度发达，数字化、信息化、网络化不断发展的条件下产生的。从工业经济时代向知识经济时代过渡的时间大致可定位于20世纪中叶，其标志性产业是智力产业或知识产业，特别是软件产业的兴起，在知识经济时代，新的科学技术知识被植入传统产业，形成了若干知识密集型产业。知识经济最重要的生产要素就是知识（主要是科学与技术知识），哲学大师培根提道的"知识就是力量"的名言，恰是知识经济时代最真实的写照。

（二）知识经济时代企业的资产结构

在农业经济和工业经济时代，生产要素主要是原材料、能源等物质材料，因此其资产结构主要是土地、厂房、机器、原料、材料等有形资产。到了知识经济时代，知识作为新时代的战略性资源推动着社会财富以更快的速度增长，无形资产逐渐代替传统的有形资产，知识资本成为超越土地、货币等资本要素，成为新经济的第一资本，知识则成了创造财富的主要资源。美国著名的未来学家托夫勒在《力量的转移》一书中指出，当代经济中最重要的是一种创造财富的新体系的崛起，这种新体系不再以肌肉（体力）为基础，而是以头脑（脑力）为基础。

有统计资料显示，美国具有代表性的 500 家上市公司的市值中，有形资产和无形资产的比例在 1982 年为 62∶38，而到了 1992 年情况则逆转为 38∶62。时至 2002 年，有形资产的比例进一步缩小，有形资产和无形资产的比例为 13∶87。正如美国著名的计算机科学家唐纳德·克努特曾说，现代企业的资产中，无形资产占有比重的大小是衡量企业竞争力的重要标准，具有竞争力的企业，无形资产在企业的资产总量中占 50%以上。

三、知识产权是知识经济的主导

在知识经济时代，知识成为最主要的生产要素，而起主导作用的则是知识产权，它作为一种智力财产，是发展经济、创造财富的重要工具，并日益成为国际竞争的制高点。当知识创新、知识运用、知识保护等得到知识产权制度的有力保障时，会充分激发人们的创造力，从而刺激经济以前所未有的速度发展。史蒂文·沃曼指出："我们的社会已经从以工业为基础的时代，转变为以知识为基础的时代。在这个社会里，知识产权、软资源以及其他迅速增长的无形资产，构成了创造财富的主体资源。"[1]美国的凯文·G. 里韦特、戴维·克兰对知识产权在知识经济中的主导作用是这样论述的："在通往新千年的路上，法律、技术、经济领域相继发生巨大变化，并产生了一种新的财富魔力。在创造财富的过程中，知识产权作为一种战略资源和竞争武器扮演着强有力的新角色。"[2]

如何认识知识经济条件下知识产权的作用呢？

---

〔1〕 ［美］凯文·G. 里韦特、戴维·克兰：《尘封的商业宝藏》，陈彬、杨时超译，中信出版 2002 年版，第 51 页。

〔2〕 ［美］凯文·G. 里韦特、戴维·克兰：《尘封的商业宝藏》，陈彬、杨时超译，中信出版 2002 年版，第 43 页。

（1）在现代经济条件下，知识产权不仅仅是一种权利，还是一种资产，可以用于投资，可以用于抵押融资，也可以进行转让交易，因此知识产权也是财富的象征。根据全球著名品牌咨询公司 Interbrand 公布的"2014 年全球企业品牌价值排行榜"显示，苹果公司以 3229.99 亿美元的品牌价值名列榜首，亚马逊公司以 2006.67 亿美元的品牌价值名列第二，微软以 1660.01 亿美元的品牌价值名列第三。名列第四至第十名的公司依次为谷歌公司（1654.44 亿美元）、三星公司（622.89 亿美元）、可口可乐公司（568.94 亿美元）、丰田汽车公司（515.95 亿美元）、梅赛德斯-奔驰公司（492.68 亿美元）、麦当劳公司（428.16 亿美元）和迪士尼公司（407.73 亿美元）。中国企业华为公司的品牌价值为 63.01 亿美元，名列第八十名，品牌价值比上年度减少了 9%。

（2）知识产权能带来巨大收益，是利润的源泉。根据"美国 500 强企业"统计数据表明，企业知识产权创造的效益已经超过企业总收益的 70%。美国高通公司 80% 以上的收益来自专利转让，IBM 公司的知识产权收益从 1990 年的 3000 万美元增长至 2000 年的 17 亿美元。比尔·盖茨能成为世界首富，正是依靠其创立的微软公司通过电脑软件的研发、销售等知识产权服务所获取的巨额利润而实现的。

（3）知识产权是提高核心竞争力的武器。无论是在传统产业领域，还是在现代产业领域，企业核心竞争力的表现都是知识产权，企业主要通过技术创新和品牌建设的方式来提高自身的市场竞争力，从而增强企业实力。美国科技杂志《IEEE Spectrum》在其发布的"2012 年全球企业专利实力排行榜"中表明，在通信/互联网设备领域，高通公司位居榜首，思科公司位居第二，诺基亚公司位居第三，瞻博网络公司（Juniper Networks）位居第四，摩托罗拉公司位居第五，华为公司排在第十七位；在通信/互联网服务领域，谷歌公司位居首位，AT&T 公司位居第二，RIM 公司位居第三，Airbiquity 公司位居第四，西门子位居第五；在计算机系统领域，IBM 公司位居榜首，惠普公司位居第二，富士通公司位居第三，戴尔公司位居第五，NEC 公司位居第六，联想公司位居第七，华硕公司位居第八；在计算机软件领域，微软公司当之无愧地排在首位。该排行榜中的排名主要基于专利质量和数量，从这里就能看出一个企业真正的实力。

正因为知识产权在知识经济中起主导作用，所以应重视对自身知识产权的管理，这点对企业来说尤为重要，应将其纳入企业的发展战略，强化对知识产权管理，从而提高企业的市场竞争力。正如凯文·G. 里韦特、戴维·克兰所说的，"在今天的知识经济时代，知识产权不能再视为法律工具，也不能仅被看成是保护你的技术或者解决产品被盗用的问题。实际上，它是与商业战略密切相关的问题，打好知识产权这张战略牌也是首席执行官义不容辞的责任"。[1]

第二节　知识产权管理的概念与特征

一、知识产权管理的概念

美国著名的管理学家弗里蒙特·E. 卡斯特认为，"管理就是决策、计划、组织、控制等活动的过程"。确切地说，管理是一个协调工作活动使之更有效率的过程，也是管理者对管理对象加以计划、组织、协调和控制，使其发展符合组织目标的活动和过程。[2]从外延方面讲，知识产权管理系管理的一个分支，属于管理的范畴，当然也符合管理内涵，但其概念更应符合知识产权规律，内涵应更加具体。

对于知识产权管理的概念，学术界存在着多种不同的阐述。有的观点认为，知识产权管理是指政府、高校、科研机构、企业、其他组织等主体计划、组织、协调和控制知识产权相关工作，并使其发展得以符合组织目标的过程，是协调知识产权事务宏观调节和微观操作活动的总和。[3]有的观点则认为，知识产权管理是一个企业

---

〔1〕　［美］凯文·G. 里韦特、戴维·克兰：《尘封的商业宝藏》，陈彬、杨时超译，中信出版社 2002 年版，第 43 页。

〔2〕　［美］斯蒂芬·P. 罗宾斯、玛丽·库尔特：《管理学》，孙健敏等译，中国人民大学出版社 2004 年版，第 21 页。

〔3〕　朱雪忠主编：《知识产权管理》，高等教育出版社 2010 年版，第 12 页。

或其他经济组织乃至国家对其所拥有的知识产权资源进行有效的计划、组织、协调和控制，以实现最佳经济效应和提高国际竞争力的过程。[1]还有的观点认为，知识产权管理是指国家有关部门为保证知识产权法律制度的贯彻实施，维护知识产权的合法权益而进行的行政及司法活动，以及知识产权人为使其智力成果发挥最大的经济效益和社会效益而制定的各项规章制度、采取相应措施和策略的经营活动。[2]

上述观点对知识产权管理的概念从不同的角度进行了阐释，但内容大同小异。要掌握知识产权管理的概念，笔者认为应重点从以下几个要素入手：知识产权管理的主体是什么？知识产权管理的目的或目标是什么？采用什么手段和方式对知识产权进行管理？

1. 知识产权管理的主体

从事知识产权管理的主体应当是特定的。[3]通常情况下，知识产权管理的主体包括政府机关、高校、科研组织、企业、知识产权中介机构、行业组织等。其中，企业、高校、科研组织是知识产权的创造者和实践者，是推动知识产权创造、运营、管理和保护的一线力量，而政府机关、知识产权中介机构以及行业组织本身并不具有进行知识产权创造和运营的职能，其作用主要是为知识产权提供服务，尤其是在权利的授予和维护、推动知识产权运营等方面发挥着重要的作用，例如政府对获得发明专利的单位给予一定的奖励、为技术研发提高资金扶持等，这些措施都是在推动知识产权事业的发展。

2. 知识产权管理目标

知识产权管理的目标是知识产权管理主体在对知识产权实施管理时所期望达到的目标。不同的主体，对知识产权管理的定位不同，其目标也不相同。对政府而言，知识产权管理的目标往往是推动社会知识产权事业的整体发展，提升知识产权的创造、运用和保护水平，为知识产权的发展创造良好的环境。对行业组织而言，其目标

---

〔1〕 柯涛、林葵编著：《知识产权管理》，高等教育出版社 2004 年版，第 4 页。

〔2〕 王黎萤、刘云、肖延高主编：《知识产权管理》，清华大学出版社 2020 年版，第 29 页。

〔3〕 安雪梅主编：《知识产权管理》，法律出版社 2015 年版，第 10 页。

通常是加强本组织或本行业内会员单位之间知识产权的交流，推动本行业内知识产权的发展。而对企业而言，知识产权管理目标则是基于其个体本身，往往定位于推动自身知识产权的创造、运用和保护水平，为企业创造更好地经济效益。对高校和科研组织而言，知识产权管理的目标则更多地倾向于知识产权的创造，尤其是推动技术的研发及专利的申请，并以此获得相应的经费支持。

3. 知识产权管理采用的方式和手段

知识产权管理采用的方式和手段是指知识产权管理者对知识产权工作进行管理时所采取的具体做法或者措施。[1]概括而言，该方式和手段就是对知识产权的计划、组织、协调和控制。具体到不同的知识产权管理者，所采取方式和手段均有所不同。

对政府机关而言，其进行知识产权管理所采用的是宏观管理的方式，所采用的手段首先是制定各项推动知识产权发展的法律、法规以及方针政策，其次在行政管理中，通过增加对知识产权的财政投入，激励知识产权创新，并采取各项措施，促进知识产权的运营，加强对知识产权的保护。这些措施和方法，都是政府机关基于行政管理职能，通过行政手段从宏观层面对知识产权实施的管理。

对企业、高校、科研组织及中介服务机构而言，其所进行的知识产权管理则是从微观层面入手，例如企业采用的管理手段大多是以市场为导向、市场竞争为内容、市场效益为目标的手段，包括企业内部知识产权管理制度的建立、研发中的经费投入、知识产权管理机构的设置和职责、人才的引进和管理、保密机制的建立及知识产权的运营等，有时企业还会采用法律手段，通过诉讼方式制止侵权行为。

二、知识产权管理的特征

与普通管理相比，知识产权管理因融入了知识产权的因素，所以拥有鲜明的个性特征，主要包括合法性、市场性、动态性、文化性和国际性五个方面的特征。

---

[1] 罗国轩主编：《知识产权管理概论》，知识产权出版社 2007 年版，第 21 页。

1. 合法性

知识产权管理的合法性取决于知识产权的法定性特征，因为知识产权是基于法律规定而产生的，其权利的取得、运营和保护都是法律所规定的。因此，实施知识产权管理必须依法进行，这是基本前提。

目前，我国与知识产权管理相关的法律包括《民法典》《专利法》《商标法》《著作权法》《反不正当竞争法》等一系列法律以及与其配套的相关司法解释、法规、行政法规、地方性法规、行政规章等。在进行知识产权管理时，在不违反上述法律、法规的前提下，应做到管理主体资格合法、管理行为合法、管理方式合法以及管理制度合法，实现合法管理。

2. 市场性

知识产权管理的市场性是指知识产权管理活动必须遵循市场经济规律，知识产权的转让、许可等交易活动必须符合价值规律，并受市场供求关系的影响。知识产权制度是市场经济的产物，所以知识产权管理活动应当遵循市场经济原则，以市场机制为导向，以市场效益为目标。[1]

3. 动态性

知识产权管理会受到各种因素的影响，这些因素包括市场行情、国家法律政策调整、知识产权权利状态的变化等，管理者应当根据各种因素的变化对知识产权管理进行调整，以适应新情况，这就是知识产权管理的动态性。

知识产权管理的动态性主要表现在三个方面：一是知识产权管理市场性的特点决定了管理者应当根据市场变化及时对知识产权管理工作作出相应调整；二是知识产权管理活动应该随着知识产权法律状态（例如有效期、权利的有效性等）的变化而变化；三是知识产权管理活动应该随着国家知识产权制度和政策的调整而变化。[2]

4. 文化性

文化是人类在社会历史发展中所创造的物质和精神成果的综合，

---

〔1〕 安雪梅主编：《知识产权管理》，法律出版社 2015 年版，第 13 页。
〔2〕 朱雪忠主编：《知识产权管理》，高等教育出版社 2010 年版，第 15 页。

知识产权文化是人类文化的重要组成部分，是指在人类发展进程中积累下来并不断创新的有关知识产权的法律制度、认知态度、信念评价、心理结构、价值体系和行为模式的有机整体[1]。《国家知识产权战略纲要》将"推进知识产权文化"作为九大项之一，提出"建立政府主导、新闻媒体支撑、社会公众广泛参与的知识产权宣传工作体系。完善协调机制，制定相关政策和工作计划，推动知识产权的宣传普及和知识产权文化建设"。

知识产权管理文化性的核心应是激励和保护创新，实质是知识产权的价值取向和心理认同，表现为尊重知识、崇尚创新、诚信守法的价值观念和行为方式。这是一种观念文化，是人们对知识产权的基本知识、认同程度、所持态度的综合反映，体现了人们关于知识产权的思维方式和价值体系。因此，管理者应当通过各种方式提升自身及成员知识产权意识，培养知识产权文化。

5. 国际性

从法律角度而言，知识产权管理不仅涉及国内法，也涉及国际条约和其他有关国家的法律；从市场角度而言，知识产权不仅涉及国内市场，也涉及国外市场，因此知识产权管理是涉及国内外法律制度和国际市场竞争的一种管理工作。[2]尤其是在当今世界经济一体化的形势下，全球的经济活动超出了国界，世界各国和地区之间的经济活动相互依存、相互关联，形成世界范围内的有机整体。在此情况下，服务于经济发展的知识产权也必然走出了国界，具有国际性的特征。因此，调整国际知识产权的地区性公约和国际公约也赋予了知识产权管理国际性的特征。随着国际化的发展，知识产权国际条约的内容也越来越细。[3]这使得知识产权国际化管理的变得越来越复杂，也越来越重要，因为知识产权的竞争不仅仅是面向国内，同时也要面向国际，遭遇国外的知识产权的冲击和洗礼。

---

〔1〕　周德胜、贾淑志："浅谈我国企业如何加强知识产权文化建设"，载《集团经济研究》2007年第03X期。

〔2〕　安雪梅主编：《知识产权管理》，法律出版社2015年版，第14页。

〔3〕　罗晓霞："知识产权制度国际化的特征"，载《湖南社会科学》2005年第3期。

第三节　知识产权管理的功能与原则

一、知识产权管理的功能

知识产权管理的功能就是进行知识产权管理所体现的作用，通常而言，知识产权管理主要有四大基本功能：激励创新功能、资源配置功能、市场开拓功能和促进运用功能。

（一）激励创新功能

知识产权管理首先应是对知识产权创造成果的确认，因此为了实现该管理目标，管理者应采取各种措施促进知识产权的开发，对于创造知识产权成果有贡献的人员应给予一定的奖励，即激励措施。激励制度的有效实施，可以激发管理人员的主观能动性，调动其知识产权创新的积极性，从而更好地驱动其创新。华为在知识产权激励方面采用的是分享制。2014年9月23日，任正非在华为公司内部激励导向和激励原则汇报会上发表讲话指出："首先，要落实获取分享制，管理好员工的分配结构，关注到公司的每个角落，让人人都能分享到公司成长的收益；其次，非物质激励应该是让多数人拥有争取先进的机会，拼命去努力；最后，要攻下战略机会点，不仅靠物质激励，更重要的是要培养战略系统思维。正因为有了适合的组织结构和良好的激励机制，华为对研发人员的管理契合了横山法则，让每一位员工自觉主动完成创新工作，上下齐心终于超越爱立信成为通信行业全球的老大。"[1]IBM公司则是采用累计积分制度和发明奖励制度来激励员工创新的积极性，这些激励措施很好地提升了员工的创造激情，为公司取得了极高的经济效益，IBM公司的激励机制也成为企业激励创新的典范。

（二）资源配置功能

人类需求的无限性和社会资源的有限性是矛盾的，如何实现有限资源的最佳配置，是管理所要实现的一项重要功能。知识产权管

---

[1] 叶飒："技术为王的背后，华为＆腾讯如何激励研发人员主动创新？"，载http://www.ceconline.com，最后访问时间：2021年12月21日。

理能促进各种经济资源和投入要素的有机组合，实现资源的最佳整合，促使资源发挥出最佳的经济效益。知识产权实现资源优化配置突出表现在企业的名牌产品上，名牌产品不仅是企业分化与组合的主导因素，也是优化资源配置的重要手段。[1]拥有名牌产品的企业，更倾向于通过合并、兼并等方式实现资产重组，将社会上的优势资源吸纳进来，从而实现资源的优化配置。青岛啤酒公司利用"青岛啤酒"这一世界知名品牌，通过资产并购的方式，利用名牌的带动效应实现资产重组，实施低成本扩张战略，将全国多家啤酒企业归入麾下，最终使"青岛啤酒"由一个只有本地4家生产厂、年产量仅30余万吨啤酒的企业迅速成长为一个有30多个啤酒生产厂家、年产量达200万吨啤酒的大型公司，其品牌价值高达59.45亿元人民币，在规模、产销量、销售收入、出口创汇、实现利润等方面均居国内啤酒企业之首，并进入了世界啤酒公司十强。

（三）市场开拓功能

知识产权管理的市场开拓功能源于知识产权的独占性特征，该功能对以盈利为目的的企业尤为重要。企业利用其知识产权独占性，可以在某一领域取得竞争优势，从而更好地占领市场、遏制竞争者。因此，知识产权能使企业获得和维持市场竞争优势，已经成为经济全球化背景下企业发展和竞争的制高点。[2]在知识产权中，专利使得经营者获得了技术竞争优势，商标使得经营者获得了市场品牌优势，而商业秘密则为经营者获得了信息垄断优势，这些优势，成为经营者进行市场竞争及获取市场份额的利器。当然，光靠知识产权本身是无法自动实现市场开拓功能的，这需要经营者加强对其知识产权的管理，不断实现自主创新，更好实现知识产权的运用，充分发挥知识产权的作用，有效实现其功能。

（四）促进运用功能

知识产权的各项价值是通过运用来实现的，即通过经营者将知

---

〔1〕　尚鸣、静雁："以名牌产品为支撑提高经济增长质量"，载《管理世界》1995年第5期。

〔2〕　郭鹏、吴紫洁、姜健："知识产权对企业发展竞争优势的作用"，载《教育教学论坛》2015年第10期。

识产权运用到生产、经营和服务的实践中方能有效实现其价值。否则，获得知识产权却不加以运用，就无法实现其价值，可能使其成为一堆"垃圾"，这也有悖知识产权制度的初衷。我国为了推进知识产权的运用，也从法律上规定了一些督促措施，例如专利规定的有效期限，过期不用则作废，还规定了"强制许可"措施，强化专利技术的推广应用，而对于商标则是规定了注册后3年不用即可被申请撤销，防止囤积商标而不用。有效的知识产权管理，可以更好地促进知识产权成果转化为生产力，不断提高经营者与社会的经济效益，促进经济高质量发展，从而更好地实现知识产权的价值。

目前，我国对知识产权的促进运用功能十分重视，出台了多项政策和措施促进知识产权成果的转化，例如工业和信息化部为贯彻落实《国家知识产权战略纲要》和《工业转型升级规划（2011—2015年）》中有关知识产权工作的部署，于2012年启动了"工业企业知识产权运用能力培育工程"。培育工程的实施，凝聚了工业和信息化系统知识产权工作合力，形成了部省联合、多方参与的知识产权推进体系，为促进制造强国建设提供了有力的支撑。[1]

二、知识产权管理的基本原则

知识产权管理的基本原则是在知识产权管理活动中应当遵循的行为准则，它在整个的知识产权管理中起着纲领性的指导作用。根据知识产权的规律性特征，实施知识产权管理应对遵循以下基本原则：

（一）依法管理原则

知识产权具有法律性特征，其权利内容基于法律规定而产生，法律对知识产权的产生、运用、管理和保护，都有相关的规定，因此，为了保证知识产权管理有效实施，首先要做到依法管理。依法管理有两个层面的含义：一是遵守国内的各项法律、法规，基于我国《民法典》《刑法》《专利法》《商标法》《著作权法》《反不正当

---

〔1〕 常利民："大力培育企业知识产权运用能力 支撑制造强国建设"，载《中国工业评论》2016年第5期。

竞争法》等法律及配套的法规、司法解释，都是知识产权管理所要遵守的法律；二是要遵守国际方面的法律，这方面主要表现为调整国际知识产权的地区性公约和国际公约，例如《欧洲专利公约》《保护工业产权巴黎公约》《商标国际注册马德里协定》《商标国际注册马德里协定有关议定书》《保护文学和艺术作品伯尔尼公约》《与贸易有关的知识产权协定》等。

（二）系统管理原则

系统管理原则是指对知识产权进行系统化的分类、分层管理的规则。[1]对知识产权进行分类管理就是根据知识产权种类的不同所实施的管理，例如专利权管理、商标权管理、著作权管理、商业秘密管理等，这些不同种类的知识产权管理的有机结合形成知识产权的分类管理体系；对知识产权的分层管理就是针对知识产权各要素和各层级的要求所实施的管理，例如基础管理、文件管理、组织管理、制度管理、合同管理、资源管理等。需要说明的是，知识产权管理体系也是在对知识产权系统管理的基础上构建完成的，目前，构建知识产权管理体系亦成为各行业对知识产权进行"贯标"的核心要求。

（三）相互协作原则

知识产权管理是一项系统工程，工作极为复杂，需要调动的资源多，耗时长，并非靠一个人或一个部门在短时间内就可以做好的，而是需要多部门、各项资源的有机结合、相互协作、相互监督、共同促进。因为知识产权管理涉及的部门和因素较多，必须共同参与方能保证管理的顺利实施。对宏观的知识产权管理而言，国家层面的知识产权管理措施的实施，首先需要政府知识产权主管机构的推行，具体到管理对象，还需要相关的企业、事业、中介机构、行业协会等社会组织和个人的配合。微观的知识产权管理，例如企业知识产权管理，首先，涉及企业的知识产权部门，这是管理的主要实施者；其次，因为企业知识产权管理包括知识产权的创造、运营和保护，这就需要公司的研发、生产车间、市场营销、法律等部门的

---

〔1〕 王黎萤、刘云、肖延高主编：《知识产权管理》，清华大学出版社2020年版，第36页。

相互配合以保证管理的有效实施。正因如此，国家知识产权局制定的《企业知识产权管理规范》明确了"全员参与"原则："知识产权涉及到全体员工、各业务领域和各业务环节，需要动员全员参与，发挥企业系统整体的力量，才能保证知识产权管理体系的有效实施。"[1]

(四) 遵循市场经济规律原则

知识产权的快速发展得益于市场经济，因此知识产权管理活动必须遵循市场经济的基本规律，充分利用知识产权制度与市场运行机制。[2]市场经济的三大规律是价值规律、竞争规律和供求规律，知识产权管理要遵循这些规律。

价值规律是指商品交换以价值量为基础进行等价交换的规律，是市场经济当中最基本的规律。知识产权管理遵循价值规律，就是要优化资源配置，利用价值规律获得优势资源并使其高效利用；不断提高自己的生产技术，提高自己的生产效率。

竞争的基本规律是优胜劣汰。这既是一种激励机制，又是一种淘汰机制。[3]知识产权管理遵循竞争规律，就是要将竞争的理念融入知识产权管理中，不断实现知识产权的创新，通过驱动创新打造自己的核心竞争力，在激烈的市场竞争中站稳脚跟，并不断发展、壮大。

供求规律是指供给与需求之间达到内在平衡的必然性。知识产权管理遵循供求规律，就是要根据市场的需求研发、创造知识产权，并根据市场的需要运营知识产权，这样才能有效地实现知识产权成果的转化，创造经济效益。

第四节　知识产权管理的分类

知识产权管理是涉及多领域的复合型工作，要准确把握其内容，

---

〔1〕《企业知识产权管理规范（试行）》（GBT/29490-2013）第1.21条。

〔2〕安雪梅主编：《知识产权管理》，法律出版社2015年版，第16页。

〔3〕姚纪纲："论市场经济条件下的竞争规律"，载《山西大学学报（哲学社会科学版）》1998年第4期。

需要根据其复杂性的特点从不同角度进行分类，方能对知识产权管理的内容有确切的掌握。

一、根据知识产权管理的客体分类

知识产权管理的客体，通常是指各类知识产权，包括专利权、商标权、著作权、商业秘密、植物新品种、集成电路布图设计等法律所规定的知识产权。因此，根据知识产权管理的客体对知识产权管理可作如下分类：

（一）专利权管理

"专利"一词来源于拉丁语"Litterae patentes"，意为公开的信件或公共文献，是中世纪的君主用来颁布某种特权的证明，后来指英国国王亲自签署的独占权利证书。在现代，专利一般是由政府机关或者代表若干国家的区域性组织根据申请而颁发的一种文件，这种文件记载了发明创造的内容，并且在一定时期内产生这样一种法律状态，即获得专利的发明创造在一般情况下他人只有经专利权人许可才能予以实施。

在我国，专利分为发明、实用新型和外观设计三种类型。发明是指对产品、方法或者其改进所提出的新的技术方案。实用新型是指对产品的形状、构造或者其结合所提出的适于实用的新的技术方案。外观设计是指对产品的整体或者局部的形状、图案或者其结合以及色彩与形状、图案的结合所作出的富有美感并适于工业应用的新设计。[1]

专利权管理通常包含三个层级的管理：第一层级是政府宏观层面的专利权管理，即政府通过行政手段对专利权的申请、授权公告，并采取各项措施对专利权转化为生产力以及相关运营提供政策支持和奖励，采取各项措施加强对专利权的保护，并从宏观层面制定专利战略等；第二层级是行业自律管理，即各种知识产权行业协会对专利权的管理，主要包括对行业内会员单位提供有关专利方面的服务，包括国家法律、法规及政策的宣传、培训，促进会员之间的专

---

〔1〕《专利法》（2020 年修正）第 2 条。

利交流与合作，加强本行内专利权的保护等；第三层级是各专利持有者微观层面的管理，在这个层面中最重要的就是企业知识产权管理，包括对专利权的创造、运用、保护等，微观层面的专利管理是最具实践意义的，是实现专利战略最具决定意义的一个重要环节。

（二）商标权管理

商标是用以区别商品和服务不同来源的商业性标志，由文字、图形、字母、数字、三维标志、颜色组合、声音或者上述要素的组合构成。[1]商标权则是指商标所有人对其商标所享有的独占的、排他的权利。在我国由于商标权的取得实行注册原则，因此，商标权是经权利人申请、经国家商标局确认注册的专有权利，即商标权是经国家管理机关注册而产生的专有权。

商标权管理同专利权管理一样，也分为三个层级：第一层级是政府宏观层面的商标权管理；第二层级是行业自律管理；第三层级是各商标持有者微观层面的商标权管理。

（三）著作权管理

著作权是指文学、艺术、科学作品的作者依法对其作品享有的一系列的专有权。著作权的客体是作品，是指文学、艺术和科学领域内具有独创性并能以一定形式表现的智力成果，包括文字作品；口述作品；音乐、戏剧、曲艺、舞蹈、杂技艺术作品；美术、建筑作品；摄影作品；视听作品；工程设计图、产品设计图、地图、示意图等图形作品和模型作品；计算机软件；符合作品特征的其他智力成果。[2]

在著作权管理方面，政府管理层面主要体现为版权局对著作权的登记以及对著作权侵权的保护，需要注意的是版权局的著作权登记仅仅是著作权的初步证明，登记不代表获得了法定的著作权，因为著作权自作者创作完成后即自然获得，不像专利、商标那样需要政府颁发权属证书来确认权利。行业自律组织的著作权管理通常体现在维权方面，如一些版权协会在获得作者的授权后可以通过法律

---

〔1〕 侯丽艳、梁平主编：《经济法概论》，中国政法大学出版社 2012 年版，第 101 页。
〔2〕《著作权法》（2020 年修正）第 3 条。

途径启动打击著作权侵权行为。

（四）其他知识产权管理

其他知识产权管理主要体现为对商业秘密、植物新品种、集成电路布图设计等知识产权的管理，这些知识产权不像专利权、商标权和著作权那样应用广泛，对其管理内容不再阐述。

二、根据知识产权管理的主体分类

根据知识产权管理的主体分类，可将知识产权管理分为行政知识产权管理、行业知识产权管理、企业知识产权管理、高校知识产权管理、科研组织知识产权管理和中介机构知识产权管理。

（一）行政知识产权管理

行政知识产权管理通常是指国家和地方行政部门以知识产权制度为基础，以健全和完善的知识产权管理体系为保障，以激励知识产权创造、保护与运用为目的，所实施的计划、组织、协调和控制等管理活动。[1]知识产权行政关联的主体是政府行政机关或部门。我国的知识产权行政管理一方面具有行政执法和行政管理的双重职能，即我国的行政知识产权管理不仅包括对知识产权的确权和保护，还包括根据权利人的请求对知识产权纠纷进行调查、处理和调解；另一方面我国的行政知识产权管理还具有多元化、多层级和一体化的特点，不同类别的知识产权分别由不同的行政主体保护和管理，形成了多元化的管理机构体系；不同的知识产权管理和执法机关自上而下形成从中央到地方的多层行政保护体系；不同的知识产权行政保护机关实行行政管理与行政执法权合一的一体化保护。[2]

目前，我国有知识产权管理职责的政府机关或部门主要包括：负责专利权与商标权管理的国家知识产权局和地方各级知识产权局、负责著作权管理的国家版权局及地方各级版权局、对进口货物涉及的知识产权进行监管的各级海关等。

---

〔1〕　朱雪忠主编：《知识产权管理》，高等教育出版社 2010 年版，第 163 页。
〔2〕　邓建志：《WTO 框架下中国知识产权行政保护》，知识产权出版社 2009 年版，第 236 页。

（二）行业知识产权管理

行业知识产权管理是指各行业协会或组织依据法律规定及本组织章程的规定，对本组织成员所进行的知识产权管理。知识产权行业管理可以通过规范管理、行业保护等措施促进行业的技术创新，增强行业的整体对外抗衡能力。[1]

目前我国比较有影响力的行业知识产权管理协会或组织有：中国专利保护协会、中华商标协会、中国版权协会、中国电影著作权协会、中国电影美术协会、中国音乐版权协会等。这些协会在推动本领域知识产权的创作、运用和保护方面，起到了非常重要的作用。

（三）企业知识产权管理

企业知识产权管理是知识产权微观层面的管理，但也是最重要、最关键的环节。因为企业是知识产权的真正实践者，大多数的知识产权转化为生产力是通过企业生产经营实现的。"实践是检验真理的唯一标准"，企业不仅能够将知识产权转化为生产力，而且能为知识产权的创新提供实践经验，从而更好地促进知识产权的发展。习近平总书记于 2012 年 12 月 15 日《在中央经济工作会议上的讲话》中曾明确指出："我们要着力构建以企业为主体、市场为导向、产学研相结合的技术创新体系，注重发挥企业家才能，加快科技创新，加强产品创新、品牌创新、产业组织创新、商业模式创新，提升有效供给，创造有效需求。"这段讲话肯定了企业在技术创新中的核心地位和作用，而做好企业知识产权管理工作，恰恰是充分发挥其作用和地位的重要手段。因此，企业知识产权管理的内容将作为本书的核心进行重点阐述。

（四）高等学校知识产权管理

高等学校知识产权管理是高等学校对自己的知识产权所实施的计划、组织、协调、控制的管理活动。高等学校是科技创新的重要主体，知识产权管理是高等学校知识产权管理的基础性工作，也是高等学校科技成果转化的关键环节。[2]据不完全统计，在我国，改

---

〔1〕 曾德国主编：《知识产权管理》，知识产权出版社 2012 年版，第 9 页。
〔2〕 《高等学校知识产权管理规范》（GB/T33251-2016）引言。

善人们生活水平的知识产权成果有70%来自高校。〔1〕在当今世界全面推行知识产权战略的潮流下，我国许多高等学校已经开始重视知识产权的保护与管理工作。为加强对高等学校知识产权的有效保护，鼓励广大教职员工和学生发明创造和智力创作的积极性，并发挥高等学校的智力优势，促进科技成果产业化，教育部于1999年4月8日发布了《高等学校知识产权保护管理规定》，该规定明确了高等学校知识产权保护的任务和职责，知识产权的归属问题，并规定设置知识产权管理机构，以及对知识产权有突出贡献人员的奖励等相关规定。此后，国家知识产权局联合教育部、中国标准化委员会起草了《高等学校知识产权管理规范》，并于2016年12月13日发布。这些规定及规范的出台，对于指导和推动高等学校的知识产权管理工作具有重要意义。

（五）科研组织知识产权管理

科研组织是指有明确的任务和研究方向，有一定学术水平的业务骨干和一定数量的研究人员，具有开展研究、开发等学术工作的基本条件，主要进行科学研究与技术开发活动，并且在行政上有独立的组织形式，财务上独立核算盈亏，有权与其他单位签订合同，在银行有独立账户的单位。〔2〕科研组织是国家创新体系的重要组成部分，知识产权管理是科研组织创新管理的基础性工作，也是科研组织科技成果转化的关键环节。

目前，在我国国家级的科研组织中，具有相当影响力的主要有三个：中国科学院、中国工程院和中国社会科学院。中国科学院，是国家科学技术方面最高学术机构和全国自然科学与高新技术综合研究发展中心，现在有六个学部：数学物理学部、化学部、生命科学和医学学部、地学部、信息技术科学部、技术科学部。中国工程院是工程技术界的最高荣誉性、咨询性学术机构，对国家重要工程科学与技术问题开展战略研究，提供决策咨询，致力于促进工程科

---

〔1〕 杨晓刚、王世锋：“高校知识产权保护与管理的问题及对策”，载《浙江理工大学学报（自然科学版）》2012年第6期。
〔2〕《科研组织知识产权管理规范》（GB/T33250-2016）第3.1条

学技术事业的发展，有机械与运载工程学部、电子与信息工程等九个部门。中国社会科学院是中国哲学社会科学研究的最高学术机构和综合研究中心，是在中国科学院哲学社会科学学部的基础上分出来的，主要从事社会科学研究。除此之外，我国国家级的科研组织主要还有：国家体育总局体育科学研究所、中国地名研究所、国家发展和改革委员会能源研究所等。

除了国家级的科研组织，还有高等院校设立的研发组织，例如北京科技大学矿业研究所、北方交通大学信息科学研究所等。许多大型企业也设立了科研组织，例如华为在全球设立的研发中心、海尔在全球设立的研发中心等。

（六）中介机构知识产权管理

中介机构知识产权管理是指知识产权中介机构对其知识产权服务所进行的管理。知识产权中介机构是依法登记设立并为服务对象提供知识产权咨询、代理或评估等专业性服务的社会中介组织，如专利事务所、商标事务所、律师事务所等。知识产权中介机构本身并不是知识产权创造、运用和保护的权利主体，但鉴于其自身的专业性，可以为知识产权的保护提供专业化的服务，从而更好地促进知识产权管理。尤其是在当今社会，知识产权贸易日渐繁盛，对知识产权中介机构的服务需求也日益增多。一个国家或地区是否拥有齐全、成熟的知识产权中介体系，也成为衡量一个国家知识产权制度运用水平的重要标志之一。[1]

三、根据知识产权管理的内容分类

根据知识产权管理的内容分类，可将知识产权管理分为知识产权的创造管理、运用管理和保护管理。

知识产权的创造管理是知识产权管理主体对知识产权的创新所实施的管理。通过有效的创造管理，可以激励和促进知识产权的产生，从而提高国家、社会以及经营者的自主创新能力。

知识产权运用管理是知识产权管理主体对知识产权转化为生产

---

〔1〕 安雪梅主编：《知识产权管理》，法律出版社2015年版，第23页。

力以及形成市场竞争力的管理。知识产权的运用管理，能够更好地实现知识产权成果的转化，实现经济效益和产业升级，并以此作为利器，更好地参与市场竞争。

知识产权保护管理是知识产权管理主体对如何保护知识产权、维护知识产权成果所实施的管理。知识产权的保护管理，从宏观层面而言，即负有知识产权管理职责的国家机构及行业组织通过制定颁布维护知识产权的法律、法规以及规章等方式，营造知识产权保护的良性环境；而作为微观层面的知识产权的权利人（特别是企业），应当制定维护自己知识产权的各项制度、措施，有效地维护自己的权利，当自己的知识产权遭受侵害时，应当积极地通过法律手段进行维权。

对知识产权管理从内容方面进行分类，有学者将其分为法律管理、合同管理、战略管理、风险管理和危机管理五部分。笔者认为，这是从另一个层面所进行的分类，角度不同，但采用创造、运用和保护三个层面对知识产权管理进行分类更系统、更全面。

四、其他方面的分类

知识产权管理除了上述主要分类外，还可依据知识产权管理的模式、知识产权管理的主体和目标划分等进行分类。

依据知识产权管理的模式分类，主要是依据知识产权行政管理机构的设置模式，将知识产权管理划分为集中式管理、相对集中式管理和分散式管理三种模式。集中式管理模式是指将传统的知识产权交由一个部门统一管理的模式，也称"三合一"模式；相对集中管理模式是指将几种知识产权由一个部门管理，剩余的知识产权归专门机构管理的管理模式；分散式管理模式是将各类知识产权的行政管理职能分散到不同的行政部门的管理模式。[1]

依据知识产权管理的主体和目的分类，可以将知识产权划分为知识产权工商管理和知识产权公告管理两个板块。[2]前者主要是以

---

〔1〕　安雪梅主编：《知识产权管理》，法律出版社 2015 年版，第 23~24 页。
〔2〕　宋伟主编：《知识产权管理》，中国科学技术大学出版社 2010 年版，第 85 页。

企业为主的微观层面的知识产权管理主体所实施的知识产权管理，其管理目的在于实现其个体的知识产权效益；后者则是以具有知识产权管理职责的国家机关为主的管理者依法所实施的知识产权管理，其管理的目的在于推动国家和社会知识产权的整体发展，具有公共服务性质。

第五节　知识产权管理体系

2008 年，我国发布了《国家知识产权战略纲要》，将知识产权上升为国家战略。多年来，随着我国对知识产权的不断重视，知识产权建设取得了相当的成绩，我国在知识产权创造方面实现了量质齐升，专利、商标等知识产权总量连续多年位居全球第一，正在向知识产权创造大国迈进。取得如此瞩目的成绩，与我国知识产权管理意识和水平的提升也是分不开的，经过多年知识产权管理实践，我国已经形成具有自身特色的知识产权管理体系，即以国家机关为主导的宏观管理体系和以企业为主导的微观管理体系。

一、知识产权管理体系的含义

知识产权管理体系是指将知识产权放在管理的体系化层面进行建构，将知识产权管理理念、管理机构、管理模式、管理人员、管理制度等方面视为一个整体，界定并努力实现知识产权使命的系统工程，包含了知识产权管理模式的确定、设置知识产权管理机构、配备知识产权管理人员、制度化建设等一系列管理行为。

知识产权管理体系具有如下特征：

（一）系统性

企业知识产权管理体系是一个整体系统，不仅仅是研发或生产某一个方面的事，而是作为整个的管理系统，贯穿于知识产权的创造、运用、保护等各个环节。

（二）专业性

知识产权管理体系的专业性，源于知识产权的专业性，许多知识产权的文化理念、制度规范和经营管理模式还有待提高。知识产权制度是大工业生产方式下产生的文化制度，而我国的知识产权建设起步较晚，知识产权制度相对还比较薄弱，还有更长的路要走。即使是在美国、日本、欧洲那些知识产权发达的国家，知识产权的管理、经营和诉讼处理仍然是由专业人士来承担。所以，知识产权管理体系必然体现出以专业机构、专业人士为主进行建设、管理和负责的特点。

（三）多样性

不同的国家、不同的行业、不同的单位、不同的业务，都有着不同的使命和理念，不同的特点和类型，因此对其知识产权的管理就不尽相同，由此构建的知识产权管理体系也就各不相同。虽然企业知识产权管理体系存在系统性、专业性的共同特点，但世界上绝不会存在着一个统一而正确的知识产权管理体系或模式。只有能够适合自身发展需要、适应市场竞争、促进科技创新、适应自己战略发展的知识产权管理体系，那才是恰当的。

二、我国知识产权宏观管理体系

在多年的知识产权实践中，我国形成了独具特色的以国家机关为主导的宏观管理体系，我国的知识产权宏观管理体系包括具有知识产权管理职责的国家行政机关及地方行政机关构建的行政管理体系，以及行业组织构建的行业管理体系。其中在知识产权宏观管理体系中，行政管理体系起着主导作用。

我国的知识产权行政管理体系包括知识产权局系统、版权局系统、海关系统以及其他负有知识产权管理职能的行政机关或部门。上述知识产权行政管理机构，既具有行政执法和行政管理的双重职能，还具有多元化、多层级和一体化的特点，即不同类别的知识产权分别由不同的行政主体保护和管理，形成了多元化的管理机构体系。

1. 市场监督管理局系统

我国的市场监督管理系统包括国家市场监督管理总局和地方各级市场监督管理局，执行知识产权管理职责的是市场监督管理局所属的各级知识产权局。在市场监督管理局组建之前，我国的专利行政管理属于国家知识产权局及地方各级知识产权局，商标行政管理属于原国家工商总局及原地方各级工商局。在 2018 年国家机构改革后，组建市场监督管理局，国家知识产权局重组并入新组建的国家市场监督管理总局，将专利和商标的行政管理一起划归国家知识产权局，内部组织机构包括办公室、条法司、战略规划司、知识产权保护司、知识产权运用促进司、公共服务司、国际合作司（港澳台办公室）、人事司等，其主要职责为：

（1）负责拟订和组织实施国家知识产权战略规划，拟订加强知识产权强国建设的重大方针政策和发展规划，拟订和实施强化知识产权创造、保护和运用的管理政策和制度。

（2）负责保护知识产权。拟订严格保护商标、专利、原产地地理标志、集成电路布图设计等知识产权制度并组织实施；组织起草相关法律法规草案，拟订部门规章，并监督实施；研究鼓励新领域、新业态、新模式创新的知识产权保护、管理和服务政策；研究提出知识产权保护体系建设方案并组织实施，推动建设知识产权保护体系；负责指导商标、专利执法工作，指导地方知识产权争议处理、维权援助和纠纷调处。

（3）负责促进知识产权运用。拟订知识产权运用和规范交易政策，促进知识产权的转移转化；规范知识产权无形资产的评估工作；负责专利强制许可的相关工作；制定知识产权中介服务发展与监管的政策措施。

（4）负责知识产权的审查注册登记和行政裁决。实施商标注册、专利审查、集成电路布图的设计、登记；负责商标、专利、集成电路布图设计复审和无效等的行政裁决；拟订原产地地理标志统一认定制度并组织实施。

（5）负责建立知识产权公共服务体系。建设便企利民、互联互通的全国知识产权信息公共服务平台，推动商标、专利等知识产权信息的传播利用。

（6）负责统筹协调涉外知识产权事宜。拟订知识产权涉外工作的政策，按分工开展对外知识产权谈判；开展知识产权工作的国际联络、合作与交流活动。

（7）完成党中央、国务院交办的其他任务。国家知识产权局重组并入国家市场监督管理总局后，省市县也相继进行调整，地方各级知识产权局也与新组建的市场监督管理局合并。地方各级知识产权局负责本辖区内的专利、商标的行政管理工作，其职责主要是依法处理各类专利、商标侵权纠纷，查处侵犯专利、商标的侵权行为，以及其他授权事宜。

2. 版权局系统

版权局系统包括国家版权局和地方各级版权局。2013 年 3 月，第十二届全国人民代表大会第一次会议批准《国务院机构改革和职能转变方案》和《国务院关于机构设置的通知》（2013 年），将新闻出版总署、广播电视总局的职责整合，组建国家新闻出版广电总局，加挂国家版权局牌子。2018 年 3 月，中共中央印发《深化党和国家机构改革方案》，将国家新闻出版广电总局的新闻出版管理职责划入中央宣传部，中央宣传部对外加挂国家新闻出版署（国家版权局）牌子。国家版权局的实质下属机构为版权管理司，版权管理司内设四个处（室）：综合处、社会服务处、执法监管处和国际事务处。国家版权局是国务院著作权行政管理部门，主管全国的著作权管理工作，其主要职责包括：

（1）参与起草版权法律、法规，拟订版权管理、保护、使用的规章、政策并组织实施；

（2）拟订国家版权规划并组织实施，承担国家知识产权战略纲要实施的有关工作；

（3）监督版权法律、法规的实施，部署、组织、指导全国版权行政管理与执法工作；

（4）组织查处版权领域重大及涉外违法违规行为，组织协调开展打击侵权盗版专项行动，承办打击侵权盗版有功单位和人员的奖励工作；

（5）负责网络版权监管，维护网络版权秩序，组织查处重大及涉外网络侵权盗版案件；

（6）组织推进全国软件正版化工作，承担推进使用正版软件工作部际联席会议办公室有关工作，组织、协调软件正版化长效机制建设；

（7）承担版权公共服务体系建设相关工作，监督管理作品登记、质权和版权合同登记、备案、认证等工作；

（8）推进版权产业发展，监督管理版权评估、交易、代理等事宜，指导国有版权资产管理，负责开展全国版权示范工作；

（9）承办版权涉外事务和国际应对工作，负责联系国际版权组织，承办版权多边、双边条约、协议的谈判、签订和实施工作；

（10）监督管理国（境）外作品版权认证工作，对国（境）外版权认证机关、外国和国际版权组织在华代表机构实施监督管理；

（11）承办设立版权集体管理组织的审批工作，监督管理其依法开展活动，指导版权行业协会和社会团体工作；

（12）监督管理作品法定许可使用，负责国家享有版权作品的使用与管理工作；

（13）组织开展全国版权宣传教育活动；

（14）承办总局领导交办的其他事项。

地方各级版权局的职责是负责本辖区内的版权管理工作，包括根据查处版权侵权行为、调解版权纠纷、监督指导版权贸易活动，制定有关版权管理的具体办法等。

3. 海关系统

我国的海关系统由海关总署及地方海关组成。海关对与进出口货物有关并受我国法律、行政法规保护的商标专用权、著作权和与著作权有关的权利、专利权实施保护。我国海关已经建立起一套包括报关单证审核、进出口货物检验、对侵权货物的扣留和调查、对违法进出口人进行处罚以及对侵权货物进行处置等环节在内的完善的知识产权执法制度。根据《知识产权海关保护条例》的规定，海关行使知识产权管理的主要职权如下：

（1）对知识产权进行备案。知识产权权利人可以依照本条例的规定，将其知识产权向海关总署申请保护备案。

（2）根据申请查处侵权行为。知识产权权利人发现侵权嫌疑货物即将进出口时，根据《知识产权海关保护条例》第 12 条、第 13 条和第 14 条的规定向海关提出采取保护措施的申请，由海关对侵权嫌疑货物实施扣留。但是，海关对依申请扣留的侵权嫌疑货物不进行调查，知识产权权利人需要就有关侵权纠纷向人民法院起诉，所以依申请保护也被称作海关对知识产权的"被动保护"模式。

（3）以职权查处侵权行为。海关在监管过程中发现进出口货物有侵犯在海关总署备案的知识产权的嫌疑时，根据《知识产权海关保护条例》第16条的规定，主动中止货物的通关程序并通知有关知识产权权利人，并根据知识产权权利人的申请对侵权嫌疑货物实施扣留。由于海关依职权扣留侵权嫌疑货物属于主动采取制止侵权货物进出口，而且海关还有权对货物的侵权状况进行调查和对有关当事人进行处罚，所以依职权保护也被称作海关对知识产权的"主动保护"模式。

（4）对于侵权货物的处罚。被扣留的侵权嫌疑货物，经海关调查后认定侵犯知识产权的，由海关予以没收；构成犯罪的，依法追究刑事责任。

4. 其他知识产权行业组织

知识产权行业管理体系的实施主体是知识产权行业组织，包括知识产权行业协会或其他组织，知识产权行业管理是指知识产权行业组织为推动本行业知识产权的发展而对本行业成员知识产权所实施的管理。

知识产权行业组织为民间组织社会团体，通常在民政部门登记为社团法人，它是介于政府、企业、商品生产者和经营者之间，并为其提供服务、咨询、沟通、监督、公正、自律、协调的社会中介组织。[1]我国既有全国性的知识产权行业组织，例如中国版权协会、中华商标协会、中国专利保护协会等，也有区域性或地方性的知识产权行业组织，例如首都知识产权服务业协会、青岛市崂山区知识产权保护协会等。

知识产权行业管理与知识产权行政管理相比，最大的不同在于行业组织不具有行政强制力，它的管理推行源于行业组织内成员的自律性，需要行业组织内成员的自觉遵守和履行。知识产权行业管理的职能具有公共服务的性质，主要包括：

---

〔1〕　安雪梅主编：《知识产权管理》，法律出版社2015年版，第36页。

（1）宣传、贯彻知识产权法律法规和有关政策，组织开展知识产权业务培训、学术交流和各种知识产权活动，提高会员掌握、运用知识产权制度的能力和水平；

（2）建立行业组织、企事业单位与知识产权立法、执法、司法部门及知识产权服务机构之间的沟通机制，为企事业单位提供咨询服务和法律服务；

（3）为会员提供与国内外知识产权法律界交流的平台，研究知识产权创造、保护、管理、运用方面的现状、问题和经验；

（4）研究与知识产权相关的重大问题及对策，协助当事人应对重大知识产权纠纷事件；

（5）建立和推行标准化知识产权管理规范，推动知识产权商用化，促进全社会知识产权管理、运用能力的提升；

（6）协助行政执法部门和司法部门处理知识产权纠纷，组织知识产权法律专家、技术专家和相关单位参与涉外知识产权纠纷的研讨、诉讼、调解并提供咨询；

（7）维护会员的合法权益，代表会员及时向有关部门提出知识产权保护方面的意见、要求和建议；

（8）开展知识产权信息检索、法律咨询等服务，开展技术转化和技术推广工作，促进科技创新和智力劳动成果的应用；

（9）组织与境外相关机构的考察和友好往来，促进国际交流与合作；

（10）编辑、出版知识产权刊物，为会员提供了解信息、发表建议、交流经验、学习知识的平台。

三、我国知识产权宏微观管理体系

我国知识产权宏微观管理体系是由企业、科研组织、高等院校以及知识产权中介机构形成的知识产权管理体系。以企业为代表的这些主体是知识产权的真正实践者，它们是知识产权的创造者，也是知识产权的运营者。对于这些知识产权实体之间的知识产权创新关系，我国要着力构建以企业为主体、市场为导向、产学研相结合的技术创新体系，注重发挥企业家才能，加快科技创新，加强产品创新、品牌创新、产业组织创新、商业模式创新，提升有效供给，创造有效需求，这是我国知识产权的一项基本方针。因此，在我国知识产权宏微观管理体系中，企业是核心。对此，《国家知识产权战略纲要》也确立了企业在知识产权战略中的重要地位，提出"推动企业成为知识产权创造和运用的主体。促进自主创新成果的知识产权化、商品化、产业化，引导企业采取知识产权转让、许可、质押等方式实现知识产权的市场价值"，并在纲要中多次提到企业。鉴于此，本节重点以企业为主阐述知识产权宏微观管理体系。

构建知识产权宏微观管理体系，应着重从知识产权管理模式、管理机构、管理人员和管理制度四个方面入手。

（一）知识产权管理模式

选择什么样的知识产权管理模式，是基于企业的组织结构形态而定的。根据企业组织结构形态的种类，知识产权管理模式通常有如下几种：

1. 直线式管理模式

这种模式是自上而下直线式的管理结构。采用该种管理模式，通常在上层设置知识产权管理部门，再由此往下形成知识产权管理的执行层。直线式的管理模式，管理复杂且具有综合性的知识产权事务时不存在彼此的职责分工。这种管理模式适用于人数较少、规模较小、管理事项不太复杂的单位，其优点是机构简单、效率高、管理费用低；缺点是不适合知识产权事务复杂的单位或机构。

2. 职能式管理模式

职能式管理模式是自上而下金字塔式的管理结构。采用该种管理模式，通常在上层设置知识产权管理部门，然后在知识产权管理部门之下根据职责分工设置若干个职能部门，例如公司在知识产权部下设专利科、商标科、版权科等，若干职能部门再根据其职权分工下设若干个执行层。这种模式适用于规模庞大、知识产权事务管理复杂、管理分工比较细的单位。采用职能式管理模式的条件是，单位必须具有较高的综合平衡能力，各职能部门能够按照企业综合平衡的结果，为单位知识产权的共同目标进行专业管理。

3. 矩阵式管理模式

矩阵式管理模式由纵横两套管理系统组成，一套是纵向职能系统，另一套是横向目标系统。纵向职能系统就是按照职能分工设立的职能部（例如商标、专利、版权等各职能部门），在各专案规划部中发挥其专业职能作用。横向目标系统是按照知识产权的项目组成专案规划部，各专案规划部的成员是各职能部门的有关人员（例如企业针对某个专利技术的研发，抽调职能部门系统的人员组成技术开发专案组），专案规划部设置专门负责人，全面负责专案规划部门的综合工作。矩阵式管理模式适用于知识产权管理复杂多变的单位，其特征是：①工作人员属于两个综合部门，其身份具有多重性；②横向目标系统所建立的专案规划部，通常是临时性的部门，随着知识产权项目的完成，该部门一般会解散，而纵向职能系统中的职能部门则是稳定的，是单位常设的管理职能机构；③具有较大的适用性、灵活性。

（二）设置管理部门

知识产权管理部门的设置，通常有如下几种模式：

（1）将知识产权管理部门设置为独立的部门，与单位的行政、业务、财务等部门一起并列为单位的分支机构，如日本的佳能公司，设立知识产权法务部，直接隶属于公司总经理。

（2）将知识产权管理部门设置于单位的研发部门之下，如华为公司，其成立的知识产权部隶属于研发体系。

（3）将知识产权管理部门设置于单位法律部门之下，比较典型的是德国的拜耳公司。

（4）由单位的综合管理部直接负责知识产权的管理工作。

（5）由单位的法律部和研发部共同管理知识产权工作，典型的代表当属德国的汉高公司，该公司知识产权管理工作直属于公司总部，将企业的商标和域名分归企业法律部管理，而专利和技术开发等事项的管理归研发部。

上述仅是几种主要的知识产权管理部门设置模式，在知识产权管理过程中，单位应结合其自身实际情况而定，本着有利于管理、提高效率的原则设定知识产权管理部门，不必盲目效仿。

在设置知识产权管理部门的同时，为了有效地开展工作，必须要明确知识产权管理部门的职责，确立该部门的工作范围、责任和义务。一般而言，知识产权管理部门的职责主要有：负责知识产权信息的收集和分析，参与知识产权的决策，办理各项知识产权的申请、登记手续，为研发部门提供有关的信息服务，参与有关知识产权管理工作的运营及维权工作等。另外，在明确管理职责的同时，还应理顺知识产权管理部门与其他部门之间的关系，因为在进行知识产权管理的过程中，该部门需要与其他部门协同开展工作。

（三）配备管理人员

知识产权管理人员可以是单位的技术研究人员、法律事务人员、管理人员及营销人员等。因为知识产权管理工作具有很强的专业性，所以知识产权管理部门配备的人员，必须掌握知识产权法律知识，熟悉知识产权的发展状况；同时还应具有良好的沟通与协调能力，尤其是专利权的管理人员，最好具备理工科背景。

目前，企业普遍缺乏知识产权管理人员，应当重视这方面人才的培养，除此之外，还可以从外引进这方面的人才，以补充企业人才缺乏的局面；在引进人才的同时，还应注重做好专业人才的培育工作，以做好知识产权人才的梯队建设。

（四）建立知识产权管理制度

俗话说"没有规矩，不成方圆"，单位进行知识产权管理，必须做到有章可循，确定知识产权管理规范化、法治化。因此要做好知识产权管理，建立知识产权管理制度是必不可少的。在知识产权管理中，要结合本单位知识产权制度的方针、目标及其他实际情况，制订与企业专利、商标、商业秘密等相关的知识产权管理制度，分别在管理模式、工作流程、侵权监控、权利保护、绩效考核、教育培训等方面加以规范。建立一套系统、完善的企业知识产权管理制度，既是实施知识产权战略工作的一项重要内容，也是完善现代企业管理制度的需要。

从实施企业知识产权战略需要出发，企业应建立如下知识产权管理制度：《企业知识产权管理机构及职责规定》《企业知识产权管理办法》（或《企业专利管理办法》《企业商标管理办法》《企业商业秘密管理办法》《企业版权管理办法》）《企业保密制度》《企业知识产权奖惩办法》《企业知识产权信息管理及利用制度》《企业知识产权合同管理制度》《企业知识产权纠纷处理办法》等。

　　我国针对企业、高校和科研组织的知识产权管理，专门颁布了《企业知识产权管理规范（试行）》《高等学校知识产权管理规范》《科研组织知识产权管理规范》，重点从形式方面对企业、高校和科研组织如何实施知识产权管理进行了指引。通过"贯标"，可以更好地提高自身的知识产权管理水平，提升自身的自主创新能力，更好地将知识产权成果转化为生产力，并更好地创造经济效益。

第二章
企业知识产权管理概述

第一节　企业知识产权管理的概念、特征和意义

一、企业知识产权管理的概念

企业知识产权管理系企业管理的组成部分，是为规范企业知识产权工作，充分发挥知识产权制度在企业发展中的重要作用，促进企业自主创新和形成知识产权，推动企业强化对知识产权的有效开发、保护、运营而对企业知识产权进行的有计划的组织、协调、谋划和利用的活动。[1]

企业知识产权管理是知识产权管理的核心内容，是知识产权管理的主要实践对象，国务院于2008年6月5日发布《国家知识产权战略纲要》高度关注企业知识产权工作，65个段落中有11段涉及企业，特别是在战略重点方面提出推动企业成为知识产权创造和运用主体。2013年3月1日，由国家知识产权局、中国标准化研究院等共同起草的《企业知识产权管理规范（试行）》经批准颁布实施，这是我国首部有关企业知识产权管理的国家标准。此后，以该规范为标准，我国开始在企业中推行"贯标"工作。此举旨在进一步提升我国企业的知识产权综合管理能力和水平，推动企业知识产权管理工作的制度建设，指导企业建立科学、规范的知识产权管理体系。[2]

二、企业知识产权管理的特征

企业知识产权管理具有如下特征：

---

〔1〕　冯晓青：《企业知识产权战略》，知识产权出版社2008年版，第8页。
〔2〕　安雪梅主编：《知识产权管理》，法律出版社2015年版，第39页。

（一）合法性

企业知识产权管理的合法性表现在两方面：一方面是必须合乎国家法律法规，这是很明显的，一旦违法将会受到法律的惩罚，甚至影响企业主体的存在。另一方面，企业知识产权管理还要遵守企业制定的各项规章制度，使管理符合企业整体发展的需要，有条不紊地进行，方能实现知识产权战略目的。

（二）市场性

市场是获取利润的途径，而企业管理的终极目的就是使企业更好地占领市场，实现经济效益。作为企业管理组成部分的知识产权管理，也必须服从市场的大局。因此，企业知识产权管理应遵循市场经济原则，以市场机制为导向，以市场效益为目标，实施市场化的管理。

（三）动态性

动态性是指企业知识产权管理不是一成不变的，要随着市场行情的变化而变化，随着国家政策的调整而调整，随着时间的推移而完善。这不仅仅是知识产权管理的要求，也是整个知识产权战略的要求。

（四）从属性

企业知识产权管理的从属性表现在两个方面：一方面从属于企业管理，它与企业的行政管理、生产管理、销售管理、合同管理等密切相关，是企业管理的重要组成部分；另一方面，企业知识产权管理又从属于企业知识产权战略，它与知识产权的创造、运用、保护构成知识产权战略的四大板块，是企业知识产权战略必不可少的组成部分。

（五）文化性

企业管理，在一定程度上体现着管理者的经营理念和价值，展现着企业精神层面的东西，这些经过升华就是企业文化。而知识产权管理的本质是鼓励创新，知识产权的方针、目标等均是经过升华的价值理念，自然要融入企业文化之中，丰富企业文化的内涵。

三、企业知识产权管理的意义

企业能够有效地进行知识产权管理，对国家、社会及企业自身的发展具有重要的战略意义。对此，在我国的《国家知识产权战略纲要》中将"推动企业成为知识产权创造和运用的主体"列为战略重点之一。本节着重从企业自身的微观角度对其意义进行阐述。

（一）企业进行知识产权管理能够增强企业的核心竞争力

知识产权是衡量企业核心竞争力的重要指标，企业的核心竞争力，是指企业具备的在国内外市场中占优势地位的技术、市场和组织能力，一般包括企业的产品研发能力、产品制造能力、市场推广能力和文化价值，产品研发能力和产品制造能力主要依托于以专利为核心的技术，市场推广能力则主要依托于以商标为核心的品牌价值，文化价值中自然离不开其自主创新的知识产权文化。因此，知识产权是企业核心竞争力的关键要素。邓小平同志曾高屋建瓴地提出"科学技术是第一生产力"，在科技日益迅猛发展、经济全球化的今天，这一论断的正确性不言而喻。

知识产权是确立竞争优势的手段。在当今知识经济时代，企业的竞争优势，日益转化为企业知识产权的优势，这种优势主要体现在企业拥有自主的核心技术、标准化的技术体系、知名的品牌等，因此，在知识经济社会，知识产权在企业经营中已占据核心位置。知识产权本身具有其法定的垄断权，一旦被企业运用形成生产力，就与市场紧密结合在一起，所以企业通过其拥有的知识产权，利用其垄断性就能成功地占领市场，有效地遏制竞争对手。

企业进行知识产权管理，能有效增强企业对知识产权的创造、运用、保护能力，能持续提高企业的自主创新能力，逐渐形成自身的知识产权竞争优势。企业拥有了这种竞争优势，才能逐渐转化企业自身的核心竞争力，据此才能更好地取得市场竞争的主动权，成功地占领市场。

纵观国外的知名企业，像美国的微软公司、福特公司以及日本的丰田汽车公司、索尼公司等这些具有核心竞争力的企业，无一不将企业知识产权提高到至关重要的位置，福特国际技术总裁

Adds William Coughlin 曾说:"知识产权代表了商业战略的核心,这一点可以从知识产权在企业固定资产所占份额的增长得到证实。"有资料统计显示,美国公司以前厂房、土地、设备等有形资产占总资产的比例约为 62%,现在则不足总资产的 30%。还有资料表明,现代企业资产的资产构成比例应为:有形资产占企业总资产的比例为 15%~40%,以知识产权为核心的无形资产占企业总资产的比例为 60%~85%。美国《幸福》杂志的一份调查报告曾指出,世界上销售额最高的公司,恰好也是专利拥有量最多的企业,美国杜邦公司拥有 3.1 万件专利,柯达公司拥有 2.7 万件,而松下公司光每年申请的专利就高达 1 万件。可见,仅从专利的拥有量就能看出企业的实力。

我国优秀的民族企业——华为公司,是知识产权管理的先驱。华为公司坚持以不少于销售收入 10% 的费用和 43% 的员工投入研究开发,并将研发投入的 10% 用于前沿技术、核心技术及基础技术的研究。根据世界知识产权组织公布的 2009 年度国际专利申请数据显示,该组织全年共收到国际专利申请 15.59 万件,其中中国以 7946 件的总量,居世界第五位,而在这 7946 件国际专利申请总量中,华为公司专利申请达到 1847 件,其国际专利申请量占到中国申请量的 1/4。2008 年 12 月 30 日,华为公司凭借其良好的品牌印象和品牌活力,在世界权威的品牌价值研究机构——世界品牌价值实验室举办的"2008 世界品牌价值实验室年度大奖"评选活动中,荣登"中国最具竞争力品牌"大奖。2019 年,华为公司研发费用达 1317 亿元人民币(约合 186 亿美元),占全年销售收入的 15.3%,2020 年超过了 200 亿美元。目前华为公司在全球拥有有效专利 85 000 件,发明专利占比 90%,欧盟专利局专利申请 3524 件,排名第一。现在华为公司的 5G 技术世界领先,据德国的专利数据公司 IPlytics 公司发布的一份关于"5G 标准专利声明的实情调查"报告,截至 2020 年 1 月 1 日,全球共有 21 571 项 5G 标准专利声明,其中华为公司拥有 3147 项专利,排名第一,其后分别是三星公司(2795 项)、中兴公司(2561 项)、LG 电子公司(2300 项)、诺基亚公司(2149 项)和爱立信公司(1494 项)。

（二）企业知识产权管理，能够优化企业资源配置，更好地实现盈利

知识产权管理的一大功能就是资源优化配置，这一功能在企业知识产权管理方面尤为突出。企业进行知识产权管理，能实现企业由粗放型向集约型转变，通过不断的技术创新和运营，以低成本的优势获得高附加值的产品，从而在市场经营中获得高额的回报，实现企业经济利润的最大化，这是企业获得竞争优势的最佳手段。另外，知识产权企业管理的科学性和有效性直接影响着知识资产的保值和增值，有利于企业总体财富的增加，知识产权已被发达国家视为企业经营的第四资产。[1]

（三）企业进行知识产权管理，能有效地提升企业的自主创新能力，打破对外贸易中的知识产权壁垒

我国加入世贸组织后，受到的贸易及行政壁垒明显降低，但国外公司却利用以技术为主要内容的知识产权建立起的知识产权壁垒来遏制我国企业、抢占市场，以保持其垄断地位和国际竞争力。特别是近年来，国外跨国公司利用其掌握的技术和品牌优势，通过"跑马圈地"策略，挤占我国市场，打压我国企业的市场份额。同时，国外企业还利用其知识产权的优势，运用法律手段遏制我国企业的发展，保持其市场竞争地位。据商务部的统计数据显示，中国受到最多技术壁垒限制的国家和地区，主要为欧盟、美国、日本和韩国。2003 年美国通过 337 调查起诉的全球范围内的知识产权案件一共 18 例，中国就占 7 例；2002 年我国 DVD 厂家遭遇 6C 联盟起诉侵权，使我国 DVD 厂家蒙受高额损失；2003 年美国的思科公司起诉我国的华为公司侵犯其专利权，最终迫使华为公司退出了美国市场。最近几年，美国频频利用知识产权手段打击中国企业，特别是利用其对半导体行业的掌控，先是制裁"中兴"，接着又重拳打击"华为"，使得中国的这些企业面临前所未有的困境。

目前，我国的企业知识产权意识相对薄弱，自主创新能力差，我国传统的劳动密集型企业与掌握大部分产品核心技术及品牌的国

---

〔1〕 于正河：《知识产权若干问题研究》，青岛出版社 2016 年版，第 100 页。

外企业相比，在市场竞争中明显处于劣势。面对国外公司以知识产权建立起来的壁垒，我国企业只有有效地进行知识产权管理，努力提高企业的自主创新能力，创造出真正具有自主知识产权的技术和产品，提升企业自身的国际竞争能力，才能打破国外知识产权的壁垒，在国际市场中拥有一席之地。

（四）企业知识产权管理，有利于制止不正当竞争，促进企业公平竞争，维护企业的合法权益

目前中国市场最大的问题是不正当竞争泛滥，消除不正当竞争的手段除了政府的行政手段外，就是企业需加强对自身权益的维护，利用知识产权的法律手段打击恶性竞争行为。企业进行知识产权管理，不仅能提高企业的维权意识，还可以利用企业自身的知识产权武器，更加有效地打击不正当竞争行为，制止侵犯企业知识产权的违法行为，净化市场，使企业利益得以有效维护。

总体而言，中国企业知识产权制度的建设还处于较低的水平。在竞争日趋激烈的今天，企业只有转变观念，从根本上改变对知识产权的态度，通过建立以企业为主的运行体制，加强企业知识产权的策略性运用，才能改变其在知识产权保护和运用方面的不足与缺陷。[1]

第二节　企业知识产权管理的要素

企业知识产权管理的要素，即企业知识产权管理的对象，按照《企业知识产权管理规范（试行）》的规定，企业知识产权管理的要素包括职责管理、资源管理和基础管理三方面。

一、职责管理

职责管理包括企业管理承诺、知识产权方针和目标、职责权限和沟通、管理评审四个方面。

---

〔1〕　于正河：《知识产权若干问题研究》，青岛出版社 2016 年版，第 83 页。

（一）管理承诺

按照《企业知识产权管理规范（试行）》的要求，企业的最高管理者应是企业知识产权管理的第一责任人，作为企业的最高领导，应通过有效的途径证明本企业知识产权管理体系的有效性，这些途径包括：制定知识产权方针，确保知识产权目标的制定，确保知识产权的有关职责、权限和有效沟通，进行管理评审，以及确保资源的配备。这就要求作为企业最高负责人的董事长或总经理，在进行企业知识产权管理时采取如下措施：

（1）贯彻国家有关知识产权管理工作的方针、政策、法令和法规，制定并批准公司的知识产权方针，并使之在全体员工中理解贯彻；

（2）确保制定公司的知识产权目标并批准实施，确保各部门分别展开本部门的知识产权目标；

（3）建立和健全各级知识产权管理责任，落实职能，就知识产权管理的有关事宜予以授权；

（4）确保知识产权资源的获得；

（5）每年按计划的间隔时间主持管理评审，确保公司知识产权管理体系持续的适宜性、充分性和有效性。

（二）知识产权方针、目标

方针，是指引导事业前进方向的明灯，企业有了方针，就有了发展与奋斗的方向。企业知识产权方针，是引导企业实施知识产权战略的方向和目标，例如有些企业的知识产权方针是"增加知识产权保护，提高市场竞争能力"，有些则是"打造自主诚信品牌，促进市场经济繁荣"，还有些是"科技创新引领未来，知识产权创造财富"。

方针体现着企业的价值理念和精神追求，在一定层次上讲属于企业文化的范畴。企业进行知识产权管理，首先就要制定自己的知识产权方针，作为企业知识产权发展的指引。企业的最高管理者批准、发布企业知识产权方针，应符合如下要求：

（1）符合相关法律法规和政策的要求；

（2）与企业的经营发展情况相适应；

（3）在企业内部得到有效运行；

（4）在持续适宜性方面得到评审；

（5）形成文件，付诸实施，并予以保持；

（6）传达到全体员工。

在明确知识产权管理方针的前提下，企业管理层应依据该知识产权管理方针，在公司的相关职能和层次上分别制定公司的知识产权管理目标，并确保：

（1）知识产权目标应分解到各职能部门，部门指标应力求量化可以测量，以便对管理体系绩效进行评价和持续改进；

（2）知识产权目标应与知识产权方针保持一致，内容应包括对持续改进的承诺；

（3）对知识产权目标应实施动态管理，各职能部门定期对本部门目标实施情况进行检查、考核评价。

1999 年日本特许厅颁布的《知识产权管理评估指标》，将企业知识产权的目标分为三大类：战略性指标、定量指标和具体核查事项，具体核查事项就是将企业的知识产权目标进行细化，总共有 100 项核查指标，详细涵盖了知识产权管理的内容，使各企业能更加客观地评价本企业的知识产权管理状况，以提高经营者的知识产权意识，从而改善知识产权管理，提高企业竞争力[1]。

（三）职责、权限和沟通

职责、权限和沟通要求企业明确知识产权管理的负责人，建立管理机构，并在企业内部建立知识产权沟通渠道。

1. 确立企业知识产权管理的负责人

企业的最高管理者应在企业最高管理层中指定一名成员，使其具有以下方面的职责和权限：

（1）贯彻总经理制定的管理方针，确保按《企业知识产权管理规范（试行）》的要求建立、实施和保持管理体系；

（2）主持管理体系内部审核，向总经理报告管理体系运行业绩

---

[1] 彭文胜、刘逸星：《企业知识产权战略与实施方案制作指引》，法律出版社 2009 年版，第 191 页。

和改进的需求；

（3）确保全体员工对知识产权方针和目标的认知；

（4）确保知识产权管理体系运行和改进需要的各项资源的落实；

（5）负责与管理体系有关事宜的外部联络。

2. 设立管理机构

知识产权管理机构是对企业知识产权的信息收集与分析、创造、运用、保护以及文化建设进行管理的部门。企业应建立知识产权管理机构，并配备专（兼）职工作人员，由管理机构负责具体落实知识产权工作。

3. 内部沟通

知识产权管理不是光靠知识产权管理部门自己就可以单独完成的，需要与其他部门协同开展工作，因此，企业还应理顺知识产权管理部门与其他部门之间的关系，建立内部沟通协调机制。企业的知识产权的内部沟通应重点从如下两方面入手：

（1）企业最高负责人层面：应确保在公司内建立适宜的沟通和信息交流渠道，如定期会议、汇报制度、总结计划工作、办公自动化系统（OA系统）公告、公司网站、拜访等，确保对知识产权管理体系的有效性进行沟通和外部信息的交流。

（2）知识产权管理部门层面：作为公司内部沟通与外部信息交流的归口管理部门，应建立公司定期会议、汇报制度、工作总结、行政公文、OA系统、电话、传真、宣传、拜访等沟通机制和渠道，规定各部门沟通与信息交流有关的要求，并对公司内外部沟通效果和过程进行监督、检查和考核，对存在的问题组织相关职能讨论改进。

（四）管理评审

管理评审是对企业知识产权管理进行考核的主要依据，企业应按策划的时间间隔评审公司管理体系（一般每年进行1次，两次评审时间间隔不超过12个月），以确保管理体系持续的适宜性、充分性和有效性。评审应包括评价管理体系改进的机会和变更的需要，包括管理方针和管理目标。管理评审采用多种形式，以专门会议形式进行，也可以结合公司经营分析会议、战略评估会议进行。

企业知识产权管理部门协助企业策划具体的管理评审，以专门会议形式开展时，则提前策划形成书面文件，并通知各部门参加管理评审会议并发言，总经理对管理体系现状的适宜性、充分性和有效性作出结论。

1. 评审输入

评审输入应包括：

（1）知识产权方针的适宜性、有效性；

（2）管理目标的完成情况；

（3）体系（内、外部）审核结果；

（4）企业经营目标、策略及新产品、新业务规划；

（5）企业知识产权基本情况及风险评估信息；

（6）技术、标准发展趋势；

（7）财务经费实施绩效；

（8）预防和纠正措施的实施情况，如对知识产权有重大影响的措施；

（9）以往管理评估的跟踪措施实施情况及有效性；

（10）可能影响管理体系正常运行的各方面变化，如体制、法律法规、政策的变化等；

（11）资源需求。

2. 评审输出

管理评审以《管理评审报告》作为输出，其内容应包括：

（1）对管理方针及管理目标的改进建议；

（2）管理体系及其过程有效性的改进；

（3）资源需求。

二、资源管理

资源管理包括知识产权的人力资源、基础设施、财务资源和信息资源四个方面。

（一）人力资源

企业知识产权人力资源管理方面的内容包括配备管理人员、教育和培训、劳动人事、激励制度等。

1. 配备管理人员

知识产权工作人员包括知识产权主管、专利管理员、商标管理员、版权管理员等。企业明确知识产权工作人员的任职条件，并采取适当措施，确保从事知识产权工作的人员满足相应的条件。

知识产权管理人员可以是企业的技术研究人员、法律事务人员、管理人员及营销人员等。因为知识产权管理工作专业性较强，因此企业知识产权管理部门配备的人员必须掌握知识产权法律知识，熟悉知识产权的发展状况，同时还应具有良好的沟通与协调能力，其中专利权的管理人员，最好具备理工科背景。

目前，企业普遍缺乏知识产权管理人员，应当重视这方面人才的培养，除此之外，企业还可以从外引进这方面的人才，以补充企业人才缺乏的局面。

2. 教育和培训

教育和培训一般是企业人力资源部的职责，因此人力资源部对从事知识产权相关工作的人员，提供教育和培训，在岗位说明中规定任职要求，包括规定相应的技能和经验要求，以使其胜任相应的工作。教育和培训可按如下要求进行：

（1）确定各职能部门从事知识产权相关工作的人员所必要的能力及任职要求。制定培训计划并执行，使知识产权工作人员具备相应的知识、技能和经验。

（2）组织全体员工按业务领域和岗位要求开展知识产权培训，如技术部门、人事部门、行政部门等部门的员工，使其了解其工作与实现知识产权目标的关系。

（3）对职能部门负责人、主要业务骨干的知识产权教育，可结合自身特点和知识产权管理工作的实际需要，灵活实施，合理设置培训教育内容。

（4）新入职员工应当开展知识产权知识的宣传普及工作，以提高新入职员工的知识产权意识。

（5）通过培训等方式确保中层、高层管理人员具有一定的知识产权意识。

（6）保持员工教育、培训、技能和经验的所有记录。

3. 劳动人事

按照规范的要求，企业对所聘用的知识产权管理人员，应依法与其签订劳动合同，并按规范要求办理入职、离职手续。

（1）人事合同。通过劳动合同、劳务合同等方式对企业员工进行管理，约定知识产权权属和保守秘密条款，必要时，还应约定竞业禁止和补偿条款。

（2）入职。企业对新入职员工进行适当的知识产权背景调查，并与其进行充分沟通，以避免侵犯他人知识产权。对于研究开发、产品线等与知识产权关系密切的岗位，有条件的企业可要求新入职员工签署知识产权声明。

（3）离职。对于离职的员工，企业应进行相应的知识产权事项提醒，包括保密义务、离职交接、竞业限制等。涉及核心知识产权的员工离职时，企业应与其签署离职知识产权协议，进一步明确知识产权的权属和保守秘密的要求。

4. 激励机制

企业应通过奖励机制，鼓励员工知识产权创造和运用的积极性。据世界知识产权组织公布，1999 年全球 100 家申请专利较多的企业，其中半数是美国企业。这与政府实施科技政策、鼓励发明创造有关，同时，也与各公司实行的奖励制度密切相关。以 IBM 公司为例，IBM 公司为激励公司员工的发明创造，设立了累计积分制的奖励方法。对申请专利的发明人给予计分，发明专利累计 3 点，刊载在技术公报的发明或发表论文，累计 1 点，点数累计至 12 点，给予 3600元美金的发明业绩奖；发明人若是第一次申请专利就被采用，给予第一次申请奖，奖金 1500 美元；第二次的发明给予发明申请奖，奖金 500 美元。上述制度在总公司及子公司都共同实行。另外，公司每年举办一次盛大的发明贡献奖颁奖仪式，100 名获奖员工将分享300 万美元的奖金。IBM 公司总裁亲自颁奖，在精神和物质上表彰发明人，仪式后，发明者可以休假 3~4 天，费用全部由公司承担。[1]

---

〔1〕 常凯："国外知识产权保护的管理办法（2）——IBM 公司的知识产权管理"，载《电器工业》2002 年第 1 期。

公司建立激励机制，需要制定知识产权奖励的制度，激励员工发明创造的积极性，奖励分为物质奖励和精神奖励。精神奖励一般包括设立创新成果奖、技术改造奖、技术发明奖、合理化建议奖、知识产权优秀管理奖、知识产权先进工作者等，公司给予表彰；相关的物质奖励标准不低于国家相关法律规定的标准；同时企业还要做到奖罚分明，在员工造成企业知识产权损失时，应承担责任。企业对奖罚应如实记录，并归档备查。

（二）基础设施

企业要根据知识产权管理的需要配套相关资源，包括办公场所和软硬件设备，如知识产权管理软件、数据库、计算机和网络设施等，以确保知识产权管理体系的顺利运行。

（三）财务资源

公司为知识产权管理工作的有效开展提供相应的经费保障，设立知识产权经常性预算费用，主要费用项目包括用于知识产权申请、注册、登记、维持、检索、分析、评估、诉讼、培训等事项；用于知识产权管理机构运行；用于知识产权激励等。有条件的企业还可以设立知识产权风险准备金，以更好地为企业知识产权管理工作提供经费保障。

（四）信息资源

公司知识产权信息包括内部信息和外部信息，其收集和维护由知识产权管理部门归口管理。内部信息包括专利、商标、版权、商业秘密、专有技术、许可证贸易等各类知识产权信息；外部信息包括国家和各级政府有关知识产权的法律、法规和政策措施，国内外相关专利文献、商标注册等信息，相关专业期刊、图书、杂志等出版物记载的相关技术信息，竞争对手及其产品技术信息等。公司进行有效的信息管理，重点要做到以下几方面：

（1）建立信息收集渠道，及时获取所属领域、竞争对手的知识产权信息；

（2）对信息进行分类筛选和分析加工，并加以有效利用；

（3）有条件的企业可建立知识产权信息数据库，并有效维护和及时更新。

三、基础管理

按照《企业知识产权管理规范（试行）》的要求，企业知识产权的基础管理包括知识产权的获取、维护、运用、保护、合同管理、保密等内容。

（一）获取管理

企业依据规范的要求，从以下几方面制定与知识产权获取相关的管理制度，由知识产权管理部门组织实施：

（1）企业根据知识产权目标，制定知识产权创造取得的年度工作计划，明确所需知识产权的种类（如专利、商标、著作权等）及创造、取得知识产权的方式和途径。

（2）在研发活动项目立项前进行必要的检索，研发过程中进行跟踪检索，成果产出后进行最终检索，并及时办理相应的知识产权取得手续，防止被人抢注或抢先申请，确保知识产权的合法性和有效性。

（3）企业的自主研发活动应建立研发管理流程，建立项目立项、审批制度，产出成果知识产权取得审批制度，研发活动记录制度等制度规范。

（4）研发活动应形成完整的文件和记录，使知识产权创造过程具有可追溯性。

（二）维护管理

企业依据规范的要求，从以下几个方面制定与知识产权维护相关的管理制度，由知识产权管理部门组织实施：

（1）对公司拥有的知识产权按照性质、价值等进行分类，建立分类管理档案，进行日常维护；

（2）建立知识产权评估相关制度，由知识产权管理部门对拥有的各类知识产权进行价值评估，以便对放弃或维护该知识产权作出决策；

（3）知识产权权属变更时，根据公司相关制度，及时变更相关手续；

（4）对知识产权权属放弃时，应明确审批程序和权限、办理手续，由知识产权管理部门备案；

（5）必要时，建立知识产权分级管理机制，由知识产权管理部门配备专职人员进行有效的监管和日常维护。

（三）运用管理

1. 实施、许可和转让

企业应促进和监控知识产权的实施，有条件的企业可评估知识产权对产品销售的贡献。在知识产权许可和转让前，应进行调查和评估，针对企业作为让与方和受让方分别设定调查内容，明确知识产权许可和转让的决策程序。

2. 投资融资

投资部负责在公司进行投资融资活动前，确认知识产权资产情况，尽到尽职调查义务，同时进行价值评估。

3. 合并与并购

企业投资部门负责在合并与并购前，根据合并与并购目的设定对目标企业知识产权状况的调查内容，应当要求对方提供知识产权资产清单，确认其知识产权资产状况，尽到尽职调查职责，并且在合并合同中明确知识产权归属，有条件的企业可进行知识产权评估。

4. 标准化

参与标准组织前，企业应了解标准组织的知识产权政策，在将包含专利和专利申请的技术方案向标准组织提案时，按照知识产权政策要求披露并作出许可承诺。有条件的企业牵头标准制定工作时，应明确标准的知识产权政策和工作程序。

5. 联盟及相关组织

企业在组建或参与知识产权联盟或其他相关组织时，应了解其知识产权政策。企业知识产权管理部门负责参与或组建的知识产权联盟及相关组织应满足下述要求：

（1）参与知识产权联盟或其他组织前，应了解其知识产权政策，评估利弊；

（2）组建知识产权联盟时，以知识产权为基础，与联盟企业共同推动技术标准，增加企业的行业话语权，在联盟内以自有知识产权为交易筹码与联盟企业互换使用，构建专利池，开展专利合作，

但应遵守公平、合理且无歧视的原则。

（四）保护管理

按照规范的要求，企业的保护管理包括企业的风险管理、争议处理和涉外贸易三个方面。

企业进行风险管理，应采取措施，避免或降低办公、生产等设备及软件侵犯他人知识产权的风险，应定期监控产品可能涉及的他人知识产权的状况，分析可能发生的纠纷及其对企业的损害程度，向决策层发出警示性信息，并提出防范预案。有条件的企业可建立全面知识产权风险管理程序，对知识产权风险进行识别和评测，并采取相应风险控制措施。

企业进行争议处理，应建立知识产权侵权发现与执行程序，及时发现和监控知识产权被侵犯的情况，适时运用行政和司法途径保护知识产权。在处理知识产权纠纷时，应评估诉讼、仲裁、和解等不同处理方式对企业的影响，选取适宜的争议解决方式。

涉外贸易中，企业在产品出口前，应调查出口地的知识产权法律、政策及其执行情况、行业相关诉讼、产品可能涉及的他人知识产权，制定风险分析报告，明确潜在风险和相关措施。

为了更好地保护自己的知识产权，企业本着"产品未动，知识产权先行"的原则，在产品出口前，应适时在出口地进行知识产权申请、注册和登记。

（五）合同管理

本书所称的合同主要是企业与外单位签订的与知识产权相关的合同，包括知识产权运用合同（如许可合同、转让合同等）、产品贸易合同（如销售合同、展销合同、进出口合同等）和知识产权委托合同（如检索与分析合同、申请合同、诉讼合同、管理咨询合同等）。

知识产权管理部门负责对公司经营中签署的涉及知识产权内容的合同进行规范管理，明确知识产权权属、权利和义务条款，在合同签订前进行评审，并对合同变更进行跟踪评审，以避免因知识产权问题遭受损失。合同管理要符合如下要求：

（1）应对合同中有关知识产权的约定进行审查，并形成记录。

（2）知识产权对外委托业务应签订书面合同，对权属、保密等进行约定，包括检索与分析、预警、申请、诉讼、侵权调查与鉴定、管理咨询等。

（3）在进行委托研发或合作研发时，应签订书面合同，约定知识产权权属、许可及利益分配、后续改进的权属和使用等。

（4）承担涉及国家重大项目等政府类科技项目时，应了解项目相关的知识产权管理规定，并按照要求进行项目中的知识产权管理。

（六）保密管理

企业依据规范的要求，编制形成知识产权保密相关的管理制度，明确知识产权权属、权利和义务条款，由知识产权管理部门负责在秘密确认前进行评审，秘密确认后进行跟踪检查，以避免泄密遭受损失，具体的保密措施包括：

（1）明确涉密人员，设定保密等级和接触权限；

（2）明确可能造成知识产权流失的设备，规定使用目的、人员和方式；

（3）明确涉密信息，规定保密等级、期限和传递、保存及销毁的要求；

（4）明确涉密区域，规定客户及参访人员的活动范围等。

第三节 企业知识产权管理实施与评价

一、企业知识产权管理实施

企业知识产权管理实施是指企业为了实现知识产权管理目标，根据既定的方针、制度、管理计划等要求，在企业生产经营的各个阶段对知识产权进行管理的过程。管理实施的前提是企业应建立起符合自身实际情况的知识产权管理体系，对于如何建立知识产权管理体系，笔者会在第七章进行阐述。企业知识产权管理实施贯穿于企业生产经营的各个阶段，包括概念阶段、研究开发阶段、采购阶段、生产阶段、销售和售后阶段。

（一）概念阶段

概念阶段即产品立项阶段，在产品立项时，企业应分析该项目所涉及的知识产权信息，包括各关键技术的专利数量、地域分布、专利权人信息等，通过知识产权分析及市场调研，明确该产品潜在的合作伙伴和竞争对手。同时进行知识产权风险评估，并将评估结果、防范预案作为项目立项与整体预算的依据，避免重复研发和资源浪费。

上述任务完成后，企业应着手编制立项报告（如新产品开发立项报告），立项报告内容应包括对项目领域的科技文献、专利文献进行检索，对该技术领域的现有技术发展、竞争对手状况进行分析等。

（二）研究开发阶段

企业在研究开发、技术改进时，应对该领域内的知识产权信息、相关科技文献及其他公开信息进行检索，对项目的技术发展状况、知识产权状况、竞争对手状况等进行分析，在检索分析的基础上，制定专利布局规划。

企业要跟踪与监控研究开发活动中知识产权，适时调整研究开发的策略和内容，合理利用他人知识产权，规避侵权风险。

对于研发成果，企业要及时进行评估和确认，明确保护方式，适时形成知识产权。

同时，企业还要建立研发成果信息发布审批相关制度，研发成果信息按规定的程序审批后对外发布，例如有的企业规定重大成果由品牌部发布，一般成果由市场部发布。

在整个研发过程中，企业要注意保留研发活动中形成的记录，并实施有效的管理。

（三）采购阶段

企业在采购涉及知识产权产品的过程中，应收集相关知识产权信息，必要时应要求供方提供权属证明，避免出现侵权或卷入知识产权纠纷。同时企业还要做好供方信息、进货渠道、进价策略等信息资料的管理和保密工作，因为这些都属于企业的经营信息，属于商业秘密的范畴。

企业在采购合同中应明确知识产权权属、许可使用范围、侵权责任承担等内容，避免出现纠纷。

（四）生产阶段

企业在生产阶段，知识产权的管理要点主要包括：

（1）及时评估、确认生产过程中涉及产品与工艺方法的技术改进与创新，明确保护方式，适时形成知识产权；

（2）在委托加工、来料加工、贴牌生产等对外协作的过程中，应在生产合同中明确知识产权权属、许可使用范围、侵权责任承担等，必要时，应要求供方提供知识产权许可证明；

（3）保留生产活动中形成的记录，并实施有效的管理。

（五）销售和售后阶段

企业销售和售后阶段的知识产权管理包括：

（1）产品销售前，知识产权管理部门对市场同类产品知识产权状况进行调查分析（专利分布、商标注册情况），为公司产品的知识产权建立保护机制，也防止销售侵犯他人知识产权的产品；

（2）在产品宣传、销售、会展等商业活动前制定知识产权保护或风险规避方案；

（3）建立产品销售市场监控程序，采取保护措施，及时跟踪和调查相关知识产权被侵权情况，建立和保持相关记录；

（4）产品升级或市场环境发生变化时，及时进行跟踪调查，调整知识产权保护和风险规避方案，适时形成新的知识产权。

二、企业知识产权管理的评价

因为企业知识产权管理具有动态性，企业应当建立知识产权管理的评价机制，及时对企业知识产权的管理进行评审，不断改进，从而使企业的知识产权管理更加适应企业实际需要，适应不断变化的新环境、新政策，从而更好地促进企业知识产权的发展。

（一）评审的输入

管理评审由最高管理者定期组织实施，这是《企业知识产权管理规范（试行）》的要求。针对此要求，企业应建立、保持和实施内部审核程序，以确保其知识产权管理体系符合标准。由企业专门的部门及人员负责制定内部评审计划，定期进行内部评价，原则上每年至少对知识产权的适宜性和有效性进行 1 次评估。管理评审可以采取内部会议、内部检查的形式，或委托专业评估机构进行评估，或结合其他体系管理评审一并进行。评估依据是知识产权管理方针和预期的目标，必要时，还应考虑内外部环境的变化。

1. 内部评审程序

企业内部评审可按照如下程序实施：

（1）制定内部评审实施计划，包括评价目的、范围、准则、方法等；

（2）评价准备，成立评审组，进行文件准备；

（3）实施评审；

（4）分析评审结果，编制评审报告，提出改进措施并跟踪验证。

2. 内部评审的内容

评审的范围应当包括如下内容：

（1）知识产权方针和目标；

（2）内部评价结果和自我评价情况；

（3）企业经营目标、策略及新产品、新业务的规划情况；

（4）企业知识产权基本情况及风险评估信息；

（5）技术、标准发展趋势；

（6）财务经费实施绩效；

（7）预防和纠正措施的实施情况，如对知识产权有重大影响的措施；

（8）对以往管理评估的跟踪措施实施情况及有效性；

（9）可能影响管理体系正常运行的各方面变化，如体制、法律法规、政策的变化等；

（10）评估结论应明确管理体系调整和方针、目标改进的需求，以及采取措施的可行性，以利于持续改进。

评审过程应当根据上述内容制定管理评审计划，在评审过程中要注意形成相关原始记录，并出具管理评审报告。评估报告应明确管理体系调整和方针、目标改进的需求，以及采取措施的可行性，以利于持续改进。评价结果应作为管理评估的输入材料。

（二）评审的输出

知识产权管理评审的输出即企业根据对知识产权评审的报告所

形成的改进措施，改进的信息来源应包括企业知识产权管理的方针、目标的执行情况，管理评审、内部评审结果，对企业知识产权管理体系过程的检查、分析结果，相关方（如第三方评审部门）提出的问题等。

改进措施包括：

（1）提出知识产权方针和目标的改进措施；

（2）提出知识产权管理制度及管理程序的改进措施；

（3）确定人力资源、基础设施、财务资源及信息资源的投入措施；

（4）保持评审的输入和输出记录；

（5）实施评审的决定和措施，在管理者代表的主持下，指定责任部门，制定实施计划，明确完成时间。计划报最高管理者批准后，下发实施，各相关职能部门对实施情况进行协调、监督和检查。

企业责任部门应采用适宜方法对检查或其他来源的信息进行分析，以证实其是否保持实现预期结果的能力。对过程能力进行分析，分析过程的输入、输出以是否满足预期目标为基准，对照预定目标找出差距，分析原因，找出改进方法。企业知识产权管理部门还应负责追踪验证改进措施，以促进知识产权管理体系的持续改进。

第三章
企业专利管理

第一节　企业专利创造管理

企业专利创造的含义，可以从广义上理解，也可以从狭义上理解。从广义上讲，企业专利创造是指企业获得专利权或使用权；从狭义上讲，仅指企业通过研发而获得专利技术，并按照法律规定申请而获得专利权。本节中论述的专利创造，是指广义上的理解。

一、企业专利权取得的方式

根据企业知识产权管理的实践，企业专利权取得的方式主要有自主研发、合作开发、委托开发、出资或购买、使用许可五种方式。

（一）自主研发

自主研发是企业利用自己的资金、技术和人才自主进行专利技术的研究开发，从而获得专利技术。资金、技术、人才实力雄厚的企业，往往选择自主研发的方式，像微软公司、英特尔公司、索尼公司等世界知名的跨国企业以及我国的华为公司、海尔公司等实力雄厚的大型企业都注重自主研发。在全世界电脑系统中广泛使用的 Windows 系统软件、Office 办公软件，都是微软公司自主研发的；华为公司进行产品与解决方案研究的开发人员有 62 000 多名（占公司总人数的44%），并在德国、瑞典、英国、法国、意大利、俄罗斯、印度及中国等地设立了 23 个研究所，在 FMC、IMS、WiMAX、IPTV 等新技术和新应用领域不断取得新成果。2011 年，华为公司研发费用为人民币 236.96 亿元，近十年投入的研发费用超过人民币 1000 亿元。

自主研发的优点是所有的研发都是自主进行的，所以研发的成果归自己所有，一旦研发成功，自己将获得该项技术的垄断性，从而大大提高自身的市场竞争力；缺点则是自主研发将使企业承受较大的市场风险和技术风险，需要企业自己投入大量的人力、资金和精力，尤其是对于研发周期长的技术，企业将承受巨大的成本压力，如果研发不成功，企业将承担巨大的损失，其市场发展战略必将遭受挫折。

根据技术布局的不同，自主研发的专利技术可分为基础专利技术研发和外围专利技术研发两种类型。

1. 基础专利技术研发

基础专利技术，又称核心专利技术，一般指具有划时代、领先性或前瞻性的核心技术或主体技术，其具有企业广泛应用的前景并能为企业获取巨大的经济利益。企业如果掌握了某一领域的核心技术，就会在某一技术领域获得领先优势并一定程度上获得垄断，从而使其产品或服务更具市场竞争力，就能更加有效地排挤竞争对手，占领市场份额。大型跨国公司几乎都把自主研发放在头等重要的地位，每年投入巨大的资金和人力进行研发。以美国和日本的跨国公司为例，1994 年美国通用汽车公司研发费用占当年总销售额的 4.51%，福特汽车公司为 4.61%。1995 年日本佳能公司和日立公司这一指标分别高达 13% 和 10.16%。

正因为基础专利技术的核心地位，所以对其进行自主研发的企业需要具备一定的实力，即需要一定的资金、技术和人才储备。规模小、资金匮乏、人才匮乏的企业，是难以进行基础专利技术开发的。另外，企业选择自主研发的方式获得核心技术，还出于如下因素：①技术垄断的需要，保持自己的技术竞争优势；②保密需要，避免研发过程中的技术泄密，给其他竞争者以可乘之机，通常情况下，企业进行自主研发，要建立严格研发制度，其中保密制度是重中之重。

2. 外围专利技术研发

外围专利是相对于基础专利而言的，是对基础专利进行不同程度的改进而形成的专利。[1]大量外围专利的取得，就会形成以基础专利为核心的"专利网"，基础专利的企业设置外围专利网，等于设置了保护核心专利的重重防线，布下层层"地雷阵"，使竞争对手无法进攻；而非基础专利企业一旦了设置专利网，就会对核心专利形成战略包围，使其基础专利难以形成市场竞争力。所以，在专利运作实践中，企业一旦拥有了外围专利，可以通过"交叉许可"的方式获得基础专利的使用权，从而实现互惠互利，避免侵权。

对于基础专利已被其他企业拥有的情况，企业可以选择对其外围专利技术进行研发，同样可以形成市场竞争力。日本的企业在第二次世界大战后，发现许多领域的核心专利都已被欧美企业获得，于是就另辟蹊径，着力开发其外围技术，通过交叉许可贸易的方式与欧美企业的基础专利在市场竞争中平分秋色。例如，美国菲利普石油公司有一项基础专利—PPS 树脂，其性能优越，用途广泛，但其一个致命的弱点就是难以加工，通常是加入玻璃纤维等物后注射加工成形，如果能加工成薄品、纤维等形状，PPS 需求量将大增。日本东莱公司经过对 PPS 树脂技术及菲利普石油公司专利网的分析，找到了一个突破口，继而针对该专利的弱点进行研发，最终攻克了这一难题，获得了世界上最先进的双向拉伸薄膜技术，并获得专利权。最后，菲利普石油公司不得不向东莱公司购买该项专利在美国的独占实施权[2]。

（二）合作开发

企业如果不完全具备某项技术的研发能力，如技术储备不足、人才短缺或资金不足等，可以选择与另一方进行合作开发。例如有些企业组建技术联盟，就是合作开发的一种形式。

采用合作开发的优点是：①可以帮助企业迅速获得所需要的技术和资源；②可以显著提升企业的灵活性，增强企业应对市场变化的能力；③为企业提供了向其他企业或组织学习的机会；④可以分担企

---

〔1〕 张莹："从核心和外围专利的关联性论企业专利战略"，载《科技创业月刊》2013年第1期。

〔2〕 ［日］嶋本久寿弥太编著：《专利战争》，张国生译，专利文献出版社1989年版，第32页。

业技术创新项目的成本和风险；⑤能够相互促进技术标准的行程，推进技术标准化。[1]

合作开发也存在如下不足：首先，合作开发者容易在技术的权属及利益分配方面产生矛盾；其次，是保密问题，合作开发需要相互交流技术信息，自己的技术秘密和商业信息容易被合作方获取，合作方中如有一方保密措施不当，就会产生合作开发的技术信息被泄露的风险；最后，如果在合作中出现矛盾造成互不信任，会导致合作开发中途夭折。

（三）委托开发

委托开发是企业委托另一方完成技术开发的方式，从一定意义上讲，委托开发是合作开发的一种形式。采用委托开发方式的企业一般有如下原因：①自身没有能力开发；②自身虽有能力开发，但委托他人开发更节省成本；③由于企业自身的各种原因不便于自主研发，例如企业正在整顿或改制等。现在许多科研部门、高校、技术开发公司都会承接社会上的技术委托研发项目，尤其是在计算机软件、工程设计等领域最为广泛。1994 年，日本 SMC 公司投资约 1.12 亿日元，与清华大学建立 "SMC—清华大学气动技术中心"，主要从事气动元件研究。1996 年 1 月，摩托罗拉公司与中科院计算技术研究所成立了 MOTOROLA—LCT 先进人机通信技术联合实验室，在 PowerPC 的基础上进行软件开发。

委托开发的好处是解决了自身技术不足的问题，并在一定程度上降低了成本，使自身的精力可以集中在生产经营上。缺点是自身仍无法形成自主创新能力，而且技术掌握在他人手中，易受制于人，而且他人研发的成果不一定满足委托人的要求，也存在一定的技术风险。正因为此，实践中的委托开发模式往往会产生大量的技术服务合同纠纷。

（四）出资或购买

以出资形式取得专利有两种方式：一是将专利作为投资的资产，通过出资的方式纳入企业或新组建企业，从而将该专利的所有人变

---

〔1〕　徐敏娟："浅析企业核心技术的来源途径"，载《商情》2013 年第 7 期。

更为该企业而获得该专利；二是兼并持有某一专利的企业，通过获得该企业的产权而实现对该专利的获得。

购买则是企业以出钱直接购买他人专利的方式获得专利。

出资或购买均是通过专利运营的方式获得专利权。因此，选择此种方式，应当出于企业知识产权战略的需要，即获得该项专利能够为企业带来技术上的竞争优势并带来可观的收益，或者能有效遏制竞争对手。其中，美国旭上电子公司（S3公司）购买指数公司专利对抗英特尔公司就是非常典型的案例。S3公司是美国一家从事芯片设计的小公司，其开发的高质量图形处理芯片遭到英特尔公司的打压，因为S3公司生产芯片是由英特尔公司向其颁发的许可证，所以英特尔公司想方设法找理由准备控告S3公司，取消对其颁发的许可证。这样，在1998年，S3公司面临着英特尔公司的严重威胁。为了摆脱威胁，S3公司在一次拍卖会上以1000万美元的价格抢先于英特尔公司买了指数公司的一项芯片专利，该专利性能优于英特尔公司的Merced芯片技术，并且对英特尔公司下一代处理器的发展构成威胁。最终，英特尔公司不得不继续同意S3公司继续使用其颁发的许可证，作为回报，S3公司也承诺不挑战英特尔公司的芯片技术。

（五）使用许可

专利使用许可，是指专利权人将其拥有的专利技术许可他人使用的行为。可见，专利使用许可所获得的是一种专利的使用权，而不是所有权，因此获得一项专利的使用许可所付出的成本比获得一项专利权的成本要低，这对于没有研发能力或研发能力较差的企业进行技术更新是一种不错的选择，但缺点是使用许可受许可使用期限的限制，而且一旦违约，还有被许可人撤销许可的可能。

按照许可范围及实施权大小，可以分为独占性许可、排他性许可和普通许可三类。

（1）独占性许可，是指许可方规定被许可方在一定条件下独占实施其专利的权利，这种许可的特点是许可方本人也不能使用这项专利，同时也不能向任何第三方授予同样内容的许可。

（2）排他性许可，是指许可人在约定的地域内不再与任何第三方签订同样内容的许可合同，但许可方本人仍有权在该地域内使用该项专利，这种许可也称独家许可。

（3）普通许可，也称非独占性许可，这是最常见的专利许可方式，即许可人在允许被许可人使用其专利的同时，本人仍保留着在该地域内使用其专利的权利，同时也可以将专利授予给被许可人以外的第三人使用。

除了上述许可的种类外，使用许可还有交叉使用许可和分许可。

交叉使用许可，也称互惠使用许可或相互许可，是指当事人双方相互允许对方使用各自的专利，这是国外竞争企业之间经常使用的一种专利使用许可方式。

分许可也称再许可、从属许可，指原专利使用许可中的被许可人经许可人事先同意，在一定的条件下将专利权或者其中一部分权利再授权第三方在一定条件下使用。需要注意的是，未经许可人事先同意，被许可人是无权将其专利权再许可给第三方使用的。

二、企业专利研发管理体系的建立

研发是企业创造专利的主要手段，企业要有效地实施研发，就要在企业内部建立一套完整的研发管理体系，以确保研发的有效实施。企业的专利研发体系一般包括研发机构的设立、专业研发人才配备、资金的投入、研发制度的建立等几方面的内容。

（一）建立研发机构

研发机构是企业进行技术研发的责任部门，是企业专利创造的践行者。企业建立研发机构的主要作用在于有效实施技术的创新和研发，提升企业的专利创造能力。

凡是规模性的企业基本都建立了研发机构，像 IBM 公司、微软公司、英特尔公司、松下公司等跨国企业，其研发机构遍布世界各地；我国华为公司在德国、瑞典、英国、法国、意大利、俄罗斯、印度及中国等地设立了 23 个研究所，还与运营商成立了 34 个联合创新中心，把领先技术转化为客户的竞争优势和商业成功；海尔公司除了在国内建立大型研发中心外，也在国外设立了研发机构，1999 年上市的海尔"99 世纪通"系列彩电，是海尔公司在德国的研究开发机构"德国海尔二十一世纪数字技术研究中心"研制的，一

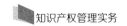

上市即获得成功。

企业除了自己建立研发机构外，对于采用合作开发方式的，还可以与合作方共同建立研发机构。例如 1994 年 7 月 23 日，北京邮电大学与加拿大北方电信研究所合作建立了北京邮电大学—北方电信研究开发中心，这是当时中国邮电部内第一家以合作形式运行的高科技研究开发机构。1995 年，美国德尔福公司和清华大学合作建立了德尔福—清华汽车系统研究所。

（二）专业研发人才配备

人才是知识经济中知识的创造者和生产者，人力资源是企业核心竞争力的关键。专利技术的研发就是依靠相关专业人才创造性的智力劳动而获得的，没有专业技术人才的保障，企业专利研发就会成为空谈。因此，专业人才的配备，是企业进行专利研发的必要条件。

企业应当重视人才建设，尤其是注重专利人才的培养和引进工作，形成良好的人才建设循环机制。一方面，企业应结合自身实际，做好内部人才的培养工作，建设一支企业需要的高素质人才队伍；另一方面，企业也要做好人才的引进工作，尤其是对于行业内的高水平、稀缺人才要加强引进，以更好地提高企业的研发能力和技术水平。

美国硅谷是科技型企业实施研发国际化战略的聚集地，在硅谷的科技型企业十分重视对专业科技人才的吸纳，通过提高福利待遇、营造良好的环境增加科技人才的留任概率。美国政府也为企业吸纳人才提供了法律帮助，规定只要在学术上有突出成就的人，不论年龄、信仰和国籍，一律优先加入美国国籍。在美国硅谷的科技人员中，亚洲人占 60%，其中华裔占 51%，印度裔占 23%，越南裔占 13%，另外还有韩裔和日本裔。[1]

（三）资金的投入

知识产权的创造是一项长期性的工作，也是一项资金投入巨大

---

〔1〕 亓海华：“国外科技型企业的研发国际化战略研究”，载《商场现代化》2014 年第 22 期。

的工作，因此，企业要进行专利研发，应当有足够的研发资金作为保障，企业在制定研发战略时，应当制定具体的资金投入计划，包括总投入、阶段性投入等，确定投入预算。

根据思略特咨询公司（Strategy&）于 2014 年 11 月发布的报告显示，全球创新 1000 强企业 2013 年创新总投资达 6470 亿美元，比前年增加 90 亿美元，其中研发投资在前 10 位的分别是大众汽车公司、三星公司、英特尔公司、微软公司、罗氏公司、诺华公司、丰田汽车公司、强生公司、谷歌公司和默克公司，大众汽车公司在 2013 年研发支出 135 亿美元，占营收总额的 5.2%，连续三年荣登思略特研发投入最多公司榜首。我国的大中型企业研发投入偏低，约为跨国公司平均水平的 1/4，我国企业还没有真正成为技术创新的主体，科技和经济还没有形成有机的结合。[1]

（四）建立研发管理制度

研发管理制度是企业实现研发的重要保障。因此，企业进行专利技术的研发，就要建立一套关于研发方面的管理制度。这些制度一般包括研发人员的激励制度、研发流程控制制度、保密制度。

1. 研发人员的激励制度

技术研发是一种创造性的智力劳动，企业应当通过奖金、加薪、职务提升等方式对有研发贡献的人员进行奖励、表彰，从而激发员工研发的热情和积极性。对研发人员的激励制度，不仅仅体现的是对员工的奖励，在更深层意义上也体现了企业尊重知识、崇尚创新的文化理念，这对企业的影响是深远的。

IBM 公司的创新奖励制度是这样设计的：公司对有价值的创新贡献给予高额的奖金和精神奖励，为创新建议被采纳的员工、获得专利的科研员工设立了技术成就奖（成就奖、突出成就奖和非常成就奖），彰显了公司工程师和科学家对公司发展的贡献；允许员工利用成功的技术成立新的产品公司等；在专利研发方面，发明人若第一次申请专利就被采用，给予第一次申请奖，奖金 1500 美元，第二

---

[1] 郝帅："我国大中型企业研发投入仅为跨国公司 1/4"，载《中国青年报》2014 年 5 月 19 日。

次的发明给予发明申请奖，奖金 500 美元。

2. 研发流程控制制度

研发流程控制制度就是规范技术研发各个环节、流程的管理制度。研发的立项、信息的收集及分析、技术研发计划的制订及实施、研发人员的职责及分工、技术研发成果的测试及管理整个过程，都需要通过企业的制度进行规范，保障研发工作有序、安全地进行。

3. 保密制度

保密制度是企业研发管理体系中非常重要的一项制度，它关系到所研发技术的成败，因为一旦保密措施执行不当很可能会被竞争对手掌握所研发的技术信息，这对企业来说后果是不堪设想的，甚至会导致整个研发计划的落空，损失巨大。保密措施不仅仅停留在企业知识产权的创造阶段，它应贯穿整个知识产权战略制定及实施的全过程。

保密制度要求企业重点做好以下几方面工作：

（1）明确保密范围，也就是要明确哪些内容需要保密。在专利研发阶段的保密信息一般包括研发立项、研发计划、研发成果及其他有关的技术信息和经营信息。企业可根据价值的高低确定保密等级，等级通常分为三级：秘密、机密和绝密。

（2）采取保密措施。根据相关法律规定，下列措施通常被认定为采取了保密措施：限定涉密信息的知悉范围，只对必须知悉的相关人员告知其内容；对于涉密信息载体采取加锁等防范措施；在涉密信息的载体上标注保密标志；对涉密信息采用密码或者代码等手段进行加密；签订保密协议；对于涉密的机器、厂房、车间等场所限制来访者或者提出保密要求；确保信息秘密的其他合理措施。[1]

（3）明确泄密的责任及处罚。公司对于违反保密制度、泄露公司技术信息的人员，应规定其应当承担的责任，并对其施以处罚，这些处罚措施包括：警告、记过、记大过、赔偿经济损失、解除劳

---

〔1〕《最高人民法院关于审理不正当竞争民事案件应用法律若干问题的解释》（已失效）（法释〔2007〕2 号）第 11 条。

动合同，对于情节严重构成犯罪的，依法追究其刑事责任。

三、专利技术研发流程管理

企业要进行一项技术的开发，一般要经历需求分析、研发立项、设计开发、成果验收鉴定、研发成果管理（主要是申请专利保护还是作为商业秘密保护）等过程。

（一）需求分析

市场需求是企业进行技术研发的原动力，没有市场需求的技术对企业来说是毫无价值的。因为企业的性质决定了它以盈利为目的，而盈利实现的手段则是要在市场推出自己的产品和服务，所以只有能够有效地提高企业产品性能和服务水平的技术才是企业所需要的技术。

企业进行专利技术的研发，最基础的工作就是要进行市场需求分析，即从市场需要的角度找出技术改进的思路。需求分析应重点把握以下三个要素：

1. 市场机会

市场机会就是某一领域的市场环境以及由此给企业发展所带来的机会。市场机会主要取决于企业竞争对手、产品或服务的技术特征、本企业在市场中所处的地位等市场环境因素，以及该行业中各企业的盈利状况，尤其是现有产品或服务的市场占有率及盈亏情况。

2. 竞争力

笔者所谓的"竞争力"主要是从企业的技术竞争力角度而言的，就是对现阶段某行业各企业的技术状况进行整理，分析其在市场中的竞争力和不足，从而找出更具市场竞争力的技术设想。例如，以前的彩色电视机在开关机的时候有瞬间的闪烁射线，这会对人的眼睛产生刺激并引起不适，于是海尔公司针对彩色电视机屏显的这种技术状况，设想开发出一种在关机时不产生闪烁射线的技术方案，经过研究，最终开发出"拉幕式"的开关机屏显技术，从而解决了彩色电视机在开关机时产生闪烁射线而伤害人眼睛的问题。

3. 生产需求

生产需求包含两方面的内容，一方面要分析新技术方案是否适合企业生产的实际情况，即以企业是否有能力进行生产作为评判标准。技术方案再好，企业不具有实施的能力或者现有的设备无法满足其要求，对企业来说也是无益的。另一方面要分析新技术方案在研发成功并转化为生产成果后，是否能进一步满足市场需求，是否能为企业扩大市场占有率。如果新技术在转化后不能提升企业的竞争力，不能扩大市场占有率，这样的技术对企业研发毫无意义。

（二）研发立项

企业从需求分析中找出能够提升竞争力的新技术思路后，就要将其列入企业研发规划，作为研发项目进行开发。在实践中一般是由研发人员提出立项申请，提交技术研发的可行性研究报告，进行项目申报，并由企业的中、高层管理者审批。必要时，企业还可以组织相关领域的专家进行研发项目论证，以确定是否将该项目列入企业创新规划。

（三）设计开发

设计开发就是企业在研发立项后，组建开发小组，按照要求和制度对技术进行研发、开发的过程。在设计开发过程中，通常涉及设计研发小组人员的配备、信息的收集与分析、技术模仿与专利规避问题等。

1. 如何确定开发小组成员

企业在进行一项具体的技术研发时，通常要组建开发小组，对于该小组人员的配备，应当结合研发的实际需要，做到恰当配置。对此，一位外国的知识产权专业人士认为，开发小组要"小而全"，之所以要"小"，他认为："一个组织的人数越多，由它做出的有影响的发明就越少，这似乎是不言而喻的公理。多人组成的设计组织设计出的赛马只能是骆驼，而不可能是千里马，这里的原因是，在一个组织中，组织越大，需要考虑的意见就越多，自然做出的设计就越复杂。"之所以要"全"，他认为设计组应由制造、设计、销售、财务和管理方面的人员组成，而不是全部由研发部门的技术人员组成，全面且更具创造力。[1]这是一种很有启发的认识，可以在

---

〔1〕［美］Stephen C. Glazier：《商务专利战略》，李德山译，北京大学出版社 2001 年版，第 16~17 页。

实践中作为参考。

2. 信息的收集与分析

信息的收集与分析工作是企业知识产权战略的基础，战略中部署的诸多方案和措施，都建立在对信息的收集和分析基础上。

（1）信息收集工作。信息收集工作包括信息收集责任部门、收集内容以及如何收集三个方面。

对信息收集部门之间的责任划分，一般企业的做法是：结合知识产权管理机构与人员配备，明确知识产权管理部门为信息收集与分析的总协调部门，通过在各部门安排的知识产权管理人员汇总各部门所收集的技术信息，并集中到知识产权管理部门，由知识产权管理部门进一步汇总。[1]

（2）信息收集的内容。信息的收集的内容一般包括：新颖性调查，主要调查该项技术是否有新颖性、创造性；技术动态收集，主要是广泛搜集过去及新近出现的技术信息，分析当前技术水平并预测今后技术发展动向而进行的调查；公知性调查，是指对该技术是否为已公开或已公告或已获得专利的技术而进行的调查；监视调查，包括对特定竞争对手技术申请动向或取得专利的情况监视、对特定技术发展过程的监视调查；法律状态调查，主要调查特定技术是否为专利技术、是否有效、有效期限多长等法律状态；同族调查，主要调查特定的知识产权是否在其他国家取得专利。[2]

（3）如何收集信息。信息收集的方式有很多，知识产权情报检索是获取知识产权信息收集的重要手段，知识产权的官方机构都大多提供专利、商标的信息检索服务，通过公开的知识产权文献，可以获得各类信息，包括竞争对手的信息、某项产品或服务的信息以及发展趋势等。

（4）信息分析。信息收集后，应当对其进行科学的分析，获得技术动向、企业动向、特定权利等方面的情报，从中发现所关注领

---

〔1〕　彭文胜、刘逸星：《企业知识产权战略与实施方案制作指引》，法律出版社2009年版，第108页。

〔2〕　参见张民元、卢晓春、徐昭编著：《企业知识产权战略指引》，知识产权出版社2010年版。

域的企业或行业、技术、产品或服务等的现状及发展趋势，从而为将来企业知识产权的创造、运用提供基础资料。

对信息分析的方法通常采用定量分析和定性分析。定量分析即统计分析，是对相关信息进行统计汇总，从其外表特征中发现规律性的动态发展趋势的情报；定性分析即技术分析，是按信息内容进行分类整理，通过对其内容特征的分析，从而获得有关的知识产权信息资料。

3. 技术模仿与专利规避

在研发过程中经常会遇到对现有专利技术的使用问题，因为很多人所研发的技术都是为改进现有专利技术而提出的新的技术方案，这就难免会遇到使用现有专利技术问题，也就是通常说的"技术模仿"。这些问题应特别重视，因为一旦处理不好，很有可能面临侵权指控。如何在技术模仿的同时，又有效地规避专利侵权呢？实践中，通常有如下几种做法：

（1）使用替代技术（回避技术）。即在模仿其专利技术时，将其中的某一必要技术特征进行撤换，改用现有技术或新研发的技术替代，因为根据我国《专利法》的规定，认定专利侵权采用的是"全面覆盖原则"，即被控侵权的产品必须涵盖专利的所有必要技术特征方能认定为侵权，如果将其中一项技术撤换，使该项技术特征与专利中的对应必要技术特征既不相同，也不等同，那么虽然使用了其他必要技术，但也不构成侵权。但如果替换的技术是现有技术，很有可能使研发的技术成了"变劣技术"，从而失去了竞争优势。

（2）交叉许可。如果必须要使用处于授权状态的专利技术，而研发出的技术又优于该专利技术，可以采用交叉许可的方式，相互允许使用对方的技术，无须支付使用费，节省了技术成本，从而取得更好的市场效果。

（四）研发成果的验收鉴定

技术研发完成后，为了界定是否达成立项所确定的目标，就需要对研发成果进行验收鉴定。

在实践中，验收鉴定一般采用两种方式：一种方式是对研发的技术进行检测，从测试所得出的数据看是否能满足目标要求；另一种方式就是召开专家论证会，由相关领域的专家对研发成果进行技术论证，鉴定其是否达成研发预订的目标。前者适用于技术创新度较低的项目，后者则适用于创新度较高、具有前瞻性的技术创新项目。

（五）研发成果管理

技术开发完成后，企业应对研发成果进行分析，考虑是进行专利挖掘申请专利保护，还是作为商业秘密保护，以确定相应的管理、保护措施。

1. 商业秘密保护

一般选择作为商业秘密保护的技术成果为：①不适宜申请专利的技术，包括技术不属于专利法保护的对象、技术是否符合专利的实质性要件不确定、技术的经济寿命不长等。②技术难度大，不容易被他人仿制或开发，无法通过反向工程获得制造方法的技术。③容易被竞争对手利用权利请求范围的限制绕开的技术。④企业暂时不实施，也不希望被他人实施的技术。⑤市场前景难以判断，从专利申请和维护成本考虑，暂不宜申请的技术。

2. 专利挖掘

除上述技术成果之外的其他技术成果均应以申请专利的形式加以保护。[1]如何将研发技术成果进行挖掘然后申请专利，这就涉及专利挖掘问题。

所谓专利挖掘，就是为了申请专利，对纷繁的技术成果进行剖析、拆分、筛选以及合理推测，进而得出各技术创新点和专利申请技术方案的过程。专利挖掘对于促进企业研究和开发，保护和巩固研发投入和成果，建立企业专利布局，制定知识产权创造战略具有重大意义。

专利挖掘是一个非常需要技巧的过程，一般而言，专利挖掘的途径主要有三种：[2]

---

[1]　参见张民元、卢晓春、徐昭编著：《企业知识产权战略指引》，知识产权出版社2011年版。

[2]　张奕轩："专利挖掘及技术交底书的撰写"，载 http://wenku.baidu.com，最后访问时间：2020年6月2日。

（1）从项目任务进行挖掘。从项目任务出发，找出完成任务的组成部分，分析各组成部分的技术要素，找出各技术要素的创新点，根据创新点总结技术方案。例如"一种垃圾短信过滤的方法"发明，其技术方案包括三部分：主叫号码过滤、内容过滤和黑名单刷新，经分析发现主叫号码过滤是现有技术，而内容过滤和黑名单刷新是创新点，这样就根据内容过滤和黑名单刷新来总结该发明的技术方案。

（2）从某一创新点进行挖掘。首先，要找出项目中的某一创新点，其次找出该创新点的关联因素，再找出各关联因素的其他创新点，最后根据其他创新点总结技术方案。例如，一台获得专利的豆浆机，针对其磨豆浆的这一创新点，可找出与该创新点相关联的因素：食品料理、制浆、电路控制、加热性能、机器外观样式等。经过挖掘，可以将该豆浆机挖掘出如下专利：一种食品料理机、一种制浆方法、一种设置在食品料理机机头内的电路控制器件、一种食品料理机的电路控制方法、一种豆浆机（外观设计）和一种电热器。

（3）从已有专利进行挖掘。对目标专利进行整体分析，分析目标专利的主要创新点及权利要求和实现方案，然后经过分析研究，发现该目标专利的替代方案、改进方案或包围方案。例如彩铃的专利最先是韩国公司申请的，但其采用的是改造端局和交换机的方式，专利文件存在很多漏洞和不足。华为公司、中兴公司等民族通信设备商获知此申请后，针对其专利文件展开研究和分析，挖掘出利用智能网络实现彩铃业务等十多项可申请专利性的技术，最终研发了具有自主知识产权的相关技术和设备。

通过专利挖掘，形成申请专利的技术方案，然后根据技术方案起草专利请求书、说明书及其附图、权利要求书、摘要等专利文件，并根据法律规定的程序申请专利。

第二节　企业专利检索与分析

技术信息分析是技术开发的基础，其中最主要的则是专利分析。

专利分析是指对有关的专利文献进行筛选、统计和分析，使之转化成可利用信息的分析过程。据统计，全世界每年发明创造成果的 90%~95% 都是记载在专利文献上的，全世界发明成果的 70%~90% 仅会出现在专利文献中，而不会出现在期刊论文、会议报告等其他形式的文献上。由于专利文献技术内容的广泛性、专业性、及时性和公开性，专利文献法律保护的严密性、规范性和时效性，灵活运用专利文献进行专利分析，能够使企业获得独特而实用的信息，从而提高企业的竞争和创新能力。[1]

一、专利检索

专利分析首先要做的工作就是专利检索，专利检索就是根据一项或数项特征，从大量的专利文献或专利数据库中挑选出符合某一特定要求的文献或信息的过程。

检索一般包括查新检索、专利法律状态检索、技术跟踪检索、侵权防御性检索等。检索入口可选择某一技术主题（关键词或分类号）、专利申请（专利权）人（国家、公司、个人）、专利申请（公开）时间、专利地域或组合检索，形成对某一技术、重要国家、重要公司、某一自然人、主要竞争对手在一定时间和地理范围内的专利状况研究。

目前提供专利信息检索的有多个平台网站，其中，中国的检索网站有：

（1）国家知识产权局：http://www.cnipa.gov.cn/

该网是中文专利检索最为权威的网站，提供了检索中国专利的途径，从中可以获得中国专利的摘要内容。可以通过确定检索的主题词，如一般技术特征、产品名称、公司名称等，到国家知识产权局官网进行专利检索。其中基本检索是免费的，而高级检索需要下载专用浏览器并购买会员。

国内除了国家知识产权局官网提供专利检索外，还有如下网站

---

〔1〕　党倩娜：“专利信息及其在企业中的应用”，载 http://www.chinabaike.com，最后访问时间：2021 年 6 月 3 日。

提供专利检索服务：

（2）百度专利检索：http://zhuanli. baidu. com/

（3）SooPAT 专利检索：http://www. soopat. com/

（4）上海市知识产权信息平台：http://www. shanghaiip. cn

外国专利检索网站主要有：

（1）谷歌专利数据库：http://www. google. com/patents

谷歌专利数据库：提供美国专利的开放搜索和专利全文的开放获取，可以搜索到所有美国的专利（美国专利商标局 USPTO 专利全文），包括专利的图片信息、专利号、发明人以及发布日期。

（2）美国专利商标局数据库：http://patft. uspto. gov/netahtml/PTO/search-bool. html

该网站由美国专利商标局提供，数据库包括授权专利数据库和申请专利数据库两部分。授权专利数据库收录了从 1790 年 7 月 31 日至今的美国专利，申请专利数据库对 2000 年 11 月 9 日起递交的专利申请进行公开，从 2001 年 3 月 15 日开始正式出版专利申请说明书。

（3）欧洲专利局数据库：http://ep. espacenet. com/

欧洲专利局的 espacenet 数据库是免费的，有 5000 万份专利文献，可检索欧洲专利局及欧洲组织成员国的许可专利文献，包括英国、德国、法国、奥地利、比利时、意大利、芬兰、丹麦、西班牙、瑞典、瑞士、爱尔兰、卢森堡、塞浦路斯、列支敦士登等欧洲专利局成员国的专利。

除了上述检索网站，还有：

世界知识产权组织：http://www. wipo. int/portal/en/index. htm

日本特许厅网站：https://www. jpo. go. jp/

韩国专利数据库网站：http://kipris. or. kr/english/index. htm

通过检索获得的专利信息进行了分类整理，便于查阅。例如，海尔公司建立和使用中外专利数据库系统，并按产品门类技术领域建立了有针对性的专利文献库，跟踪世界上最先进的科技成果，为创新项目提供方向。通过专利文献检索，从国际范围内挖掘技术创新点、寻找技术合作开发方、进行方案比较等，有助于选准课题，避免重复开发，明确攻关重点，缩短开发周期，提高产品工艺可靠性，提高效率并为技术引进、出口贸易、海外建厂等提供决策依据。[1]

二、专利信息与专利分析

（一）专利信息

专利信息是指某项技术在获取专利权过程中的各种信息，包括专利权的范围、专利权的归属、专利权的技术内容、专利状态和法律状况等信息。

专利信息是人类智慧的结晶，可以说它几乎囊括了当今一切应用领域中的技术成果，尤其是科技创新、经济发展、战略决策等重要的信息资源。在当今市场竞争日趋激烈的形势下，专利信息是各企业进行自主创新不可缺少的重要信息资源。据世界知识产权组织统计，专利文献中包含了世界上95%的研发成果，如果能够有效地利用专利信息，不仅可以缩短60%的研发时间，还可以节省40%的研发经费。[2]

（二）专利分析

专利分析是针对专利信息中的著录项、技术信息和权利信息进行的组合统计分析、加工和组合，使其转化为具有总揽全局及预测功能的竞争情报，从而为企业的技术、产品及服务开发决策提供参考。专利分析能够实现对行业领域内的各种发展趋势、竞争态势的综合了解，为企业制定知识产权战略决策提供依据。

专利分析最直观的方式就是实现专利信息的数据化和图表化，以便实现定量分析和定性分析。

---

〔1〕　喻子达、张玉梅："海尔的知识产权与标准化战略"，载《信息技术与标准化》2006年第6期。

〔2〕　党倩娜："专利信息及其在企业中的应用"，载 http://www.chinabaike.com，最后访问时间：2021年6月3日。

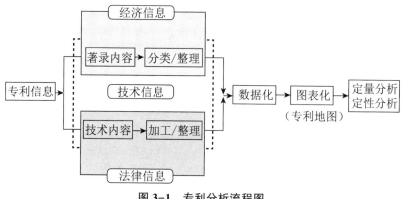

图3-1 专利分析流程图

三、专利地图

专利地图是指将各种与专利相关的资料讯息，以统计分析方法，加以缜密及精细地剖析整理制成各种可分析解读的图表讯息，使其具有类似地图的指向功能。

专利地图在专利信息利用中起到承上启下的重要作用，所谓"承上"是指通过制作专利地图，将检索到的专利信息，经过整理、加工、综合和归纳，以数据的形式实现图表化，可供定量分析和定性分析之用；所谓"启下"是指通过对专利地图的对比、分析和研究，可作出预测和判断，从而得到可利用的技术水平、动态、发展趋势等情报，为企业指明技术发展方向和市场竞争趋向，有助于企业总结并分析技术分布态势，对于企业研发决策及知识产权战略的制定具有重要的引导作用。因此，专利地图是指导政府部门、科研机构和高新技术企业进行专利布局和专利技术研发的有效分析手段之一。[1]华为公司法律部的张旭廷曾说："对于高科技企业，作战武器就是技术，而专利地图就是他们的作战地图。它通过对行业内竞争对手持有专利的情况进行分析，以清楚自己在整个行业里的位置：往前走的路在哪里？有山要绕，有河要架桥，要设置拦截点狙击对手前进。如果没有专利地图，你就不知道敌人是谁、在哪里、

---

〔1〕 张娴等："专利地图分析方法及应用研究"，载《情报杂志》2007年第11期。

用的是什么武器，这样怎么可能打赢战争呢？"

专利地图一般包括专利管理图和专利技术图，专利管理图通常包括历年专利动向图、技术生命周期图、各国专利占有比例图、公司专利平均年龄图、专利排行榜表、专利引用族谱表、国际专利分类分析图等。专利技术图通常包括专利技术分布鸟瞰表、专利技术领域累计图、专利技术/功效矩阵表、主要公司技术分布表等。

由于专利地图所涉及的信息量非常大，涉及的专业问题非常多，整理起来异常繁琐，因此制作专利地图是一项非常专业的工作。如果企业自身的实力不够，一般很难完成专利信息的搜集整理工作，因此制作专利地图最好交由专业的专利律师或咨询公司去做，尤其是涉及根据专利地图进行专利侵权和有效性分析时，企业应该交由专业的专利律师来做。

四、定量分析

对获取的专利信息进行分析，通常通过定量分析和定性分析两种方法进行。所谓专利定量分析，主要是通过专利文献的外表特征进行统计分析，然后对有关指标进行统计，最后用不同方法对有关数据的变化进行解释，以取得动态发展趋势方面的情报。

定量分析可按国别、专利权人、专利分类、年度、发明人等不同角度进行，通常包括历年专利动向图、技术生命周期图、各国专利占有比例图、公司专利平均年龄图、专利排行榜表、专利引用族谱表、国际专利分类分析图等指标。

美国知识产权咨询公司（CHI）与美国国家科学基金会在20世纪70年代早期，共同研发出全球第一个科学成果指标，美国国家科学基金会编写出版的《美国科学与工程指标》采用CHI的专利指标体系，该体系中指标就是作为定量分析的标准，下面是CHI提出的一些主要指标及其他一些常用的指标（如表3-1）：

表 3-1 CHI 专利指标体系

指标名称	含义	应用
专利数量	一段时间内各技术领域、各国家、各公司、个人所获得的专利数量	通过组合对比可评估当年或历年某一技术领域、国家、公司或个人的技术活动程度和水平，演变过程和发展趋势
专利相对产出指数	公司在某技术领域的专利申请量与产业专利申请量的比例	评估公司在整个竞争环境中的相对位置
同族专利指数	某专利权人在不同国家或地区申请、公布的具有共同优先权的一组专利数量	反映专利权人申请的地域范围及其潜在的市场战略
专利成长率	某权利人在某段时间获得的专利数量/上一阶段的专利数量	计算当前较前阶段增减的幅度，可显现技术创新随时间的变化是增加还是迟缓
引证指数	某专利被后继专利引用的绝对总次数	引证次数高，代表该技术属于基础性或领先技术，处于核心技术或位于技术交叉点。
即时影响指数	某产业或企业前 5 年专利的当年被引次数/系统中所有专利前 5 年专利的当年被引用次数的平均值	如果实际被引用数与平均值相等，当前影响指数即为 1。指数大于 1，说明该技术有较大影响，小于 1，则说明影响较小
技术强度	专利数量×当前影响指数（CII）	专利数量在质方面的加权，评估公司专利的技术组合力量
相对专利产出率	某权利人在某一领域的专利申请量/全部竞争者的申请量	判断权利人的竞争位置，产出率越高，竞争力越强
技术重心指数	权利人在某技术领域的专利申请量/其全部申请量	判断某一国家和公司的研发重点
科学关联性	某公司专利平均所引证的科学学术论文或研究报告数量	评估某专利技术创新和科学研究关系

指标名称	含义	应用
技术生命周期（TCT）	企业专利所引证专利之专利年龄的中位数	评估企业创新的速度或科技演化速度。TCT 较低，代表该技术较新且创新速度快
科学力量	专利数目×科学关联性	评估一家公司使用基础科学建立该公司专利组合的程度和公司在科学上的活跃强度

五、定性分析

定性分析又称技术分析，以专利的技术内容来识别专利，并按技术特征来归并有关专利使其有序化。通过定性分析对专利文献进行解读，会得到专利的技术目的、采用的技术手段和达到的技术功效。由于定性分析具有很强的技术性和专业性，通常需要专利工作者与专业技术人员密切配合来完成。

定性分析使用的图表通常包括：专利技术分布鸟瞰表、专利技术领域累计图、专利技术/功效矩阵表、主要公司技术分布表等。

专利信息的定量分析与定性分析，一个是通过量的变化进行分析，一个是通过内在质的变化来反映技术的发展状况与发展趋势。两者既有区别，又存在必然的联系。量的分类需要根据质，质的体现又要通过量，因此在实践中将两者配合进行分析使用会获得更好的效果。

将定量分析和定性分析相结合进行专利分析的主要方法包括：

（一）针对技术发展趋势的分析

企业要参与某种产品、技术的市场竞争，必须了解其技术发展变化趋势以及影响这些变化的技术因素，这些因素因不同区域的差别和不同的发明人而不同。因此，进行技术发展趋势的分析能够帮助企业了解竞争的技术环境，增强技术创新的目的性（如图3-2）。

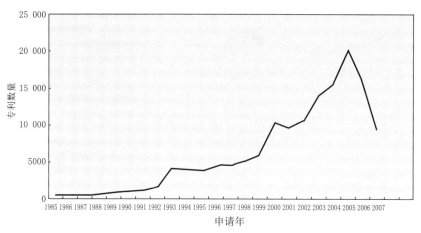

图 3-2 我国医药领域历年专利申请数量统计图[1]

（二）针对保护地域的分析

通过专利信息的地域性分析，可以了解行业发展的重点区域、不同区域内专利研发的重点方向和各区域之间技术的差异性、不同区域内专利技术的主要竞争者（申请人）和发明人（如图 3-2）。

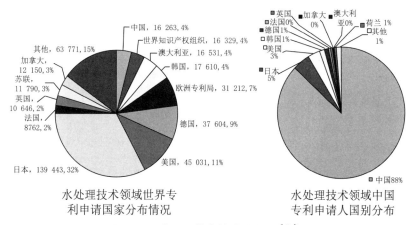

水处理技术领域世界专
利申请国家分布情况

水处理技术领域中国
专利申请人国别分布

图 3-3 水处理技术的地域分析[2]

---

〔1〕 刘化冰："企业专利信息分析与应用"，载 http://www.cnipr.com，最后访问时间：2022 年 3 月 21 日。

〔2〕 刘化冰："企业专利信息分析与应用"，载 http://www.cnipr.com，最后访问时间：2022 年 3 月 21 日。

（三）针对专利申请人的分析

行业竞争决定于行业的供方、买方、竞争者、新进入者和替代产品，不同的企业提供的产品技术不同，决定了其在行业中扮演的角色也不同，为自身经济利益保护的专利类别也各不相同。因此，进行目标技术领域的申请人分析，了解行业竞争体系及其状况，有利于企业分析竞争环境，制定竞争策略和与之相关的专利战略（如表3-2）。

表 3-2　2010 年 PCT 申请量企业排名

2010 年排名	排名变更	申请人名称	所属国家	PCT申请量	比 2009年增加
1	0	松下公司	日本	2154	263
2	20	中兴公司	中国	1863	1346
3	2	高通公司	美国	1677	397
4	-2	华为公司	中国	1528	-319
5	-1	飞利浦公司	荷兰	1435	140
6	-3	博世公司	德国	1301	-287
7	0	LG 公司	韩国	1298	208
8	2	夏普公司	日本	1289	289
9	-3	爱立信公司	瑞典	1149	-92
10	-2	NEC 公司	日本	1106	37

（四）针对技术领域的分析

通过对不同技术领域专利申请的分析，可以了解到技术申请热点；通过对不同技术分支专利申请趋势分析，可以了解不同技术分支的技术演变过程和变化周期（如图3-4）。

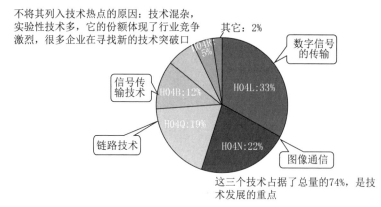

图 3-4 电通信领域某月份的技术热点分析[1]

第三节 企业专利布局

一、专利布局的含义

专利布局是专利申请前对其进行的谋划，其含义有广义和狭义之分。广义的专利布局，是指考虑何时何地就何种领域申请多少专利。狭义的专利布局，是指对企业某一技术主题的专利申请进行系统筹划，以形成有效排列组合的精细布局行为。[2]本节仅论述狭义的专利布局。

合理的专利布局能够有效提高企业专利的价值，提升企业的市场竞争力，最大限度地发挥专利武器在企业竞争中的作用，特别是能够构建合理的专利保护网，有利于在保护自身权益的同时，削弱竞争者的优势，抑制竞争者的发展或者转移竞争者的视线。有学者曾经对专利布局的意义这样进行评价：没有布局的专利只是一盘散沙，经过布局后的专利才是混凝土。

---

〔1〕 孙旭："专利信息分析与利用"，载 http://wenku.baidu.com，最后访问时间：2020年6月5日。

〔2〕 谢顺星、高荣英、瞿卫军："专利布局浅析"，载《中国发明与专利》2012年第8期。

二、专利布局的主要模式

在实践中，常见的专利布局有路障式布局、地毯式布局、栅栏式布局、城墙式布局和包围式布局五种方式。

（一）路障式布局

路障式布局是指将实现某一技术目标之必须的一种或几种技术解决方案申请专利，形成路障式专利的布局模式。运用这种模式进行布局的企业必须对某特定技术领域的创新状况有比较全面、准确的把握，特别是对竞争者的创新能力有较多的了解和认识。技术领先型企业在阻击申请策略中较适合采用该模式。[1]

路障式布局是在分析竞争对手技术的基础上，找到其技术方案突破点或者必须经过的环节，对此进行专利布局，阻碍竞争对手所研发技术的实施，拖延其产品上市时间，降低竞争对手的竞争力，保障自身市场利益。因此，该专利布局中所申请的专利必须是一个具有较大阻绝功效的专利，应当是某特定产品领域所必需的技术，具有阻碍性高、无法回避设计的特点。因此该布局的申请成本和维护费用比较低，缺点是受研发水平和技术思路的限制，该布局中作为路障专利的阻碍性是相对的，一旦被对手找到绕开技术，这种布局就会被竞争对手攻破而失去防御功能。

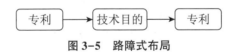

图 3-5　路障式布局

（二）地毯式布局

如果没有找到强大的具有阻隔功能的专利，可以实现将某一技术目标的所有技术方案都申请专利，形成类似于雷区的专利布局，以阻断竞争者进入，这种就是地毯式布局。因此该种专利布局的指导思想是"宁可错置一千，不可漏过一件"，通过对实现某种技术目标的充分挖掘，研发出大量实现该目的的技术方案，对所有的技术

〔1〕 谢顺星、高荣英、瞿卫军："专利布局浅析"，载《中国发明与专利》2012年第8期。

方案申请专利后，就会围绕该技术目标形成严密的专利网，一旦竞争者进入，便可通过法律手段追究其责任，将其驱逐出去。

地毯式专利布局模式通常用于尚未成熟的新兴技术、多种研发方向都能实现的某种技术目的或是专利的重要性尚未明朗化的时期，该种布局需要专利申请人拥有足够的资金以及大量研发人员，投入的成本极高，如果没有足够的资金及研发力量，不建议采用该种布局。

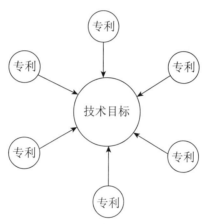

图 3-6   地毯式布局

（三）栅栏式布局

栅栏式布局是指将实现某一技术目标的所有规避设计方案全部申请专利，形成栅栏屏障，以阻止竞争对手通过规避设计和寻找替代方案入侵自己的技术领地。当围绕某一个技术目的有多种不同的技术解决方案，而且每种方案都能够达到相同或类似的功能和效果时，就可以使用这种布局模式形成一道屏障，以防止竞争者有任何的缝隙可以用来回避。

栅栏式布局主要有两种布局形式，一种是替代布局法，基于自身实施的技术方案所解决的问题（发明目的），将实现该发明目的的其他多个可能的替代技术方案进行专利布局；另一种是特征替换布局法，是将发明的技术方案中某些或某个技术特征、特征组合等进行替换，或变换各个技术特征的组合关系形成的新技术方案所进行的专利布局。所替换的技术特征或特征组合可以是功能、效果、结构等相近的部件、成分、步骤等，或者根据相应技术特征所存在的缺陷进行替换，或采用形态分析（创造技法的一种）得到尽可能穷尽的替换方案，甚至发现打破常规的替换方案。将特征替换后形成的技术方案进行专利布局，防止竞争对手可能形成的回避设计，还可能通过此布局方法形成意料之外的"新发明"。[1]

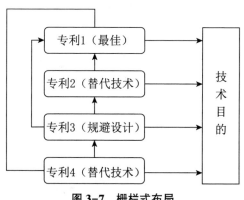

图 3-7 栅栏式布局

（四）城墙式布局

城墙式布局是指在掌握了核心专利的情况下，围绕该核心专利的外围技术包括应用技术、产品及其延伸的技术和产品等均申请专利，使得这些专利围绕核心专利形成"城墙"，使竞争者难以攻入。例如一项与化学相关的发明，将其化学方程式、分子设计、几何形状、温度等变化的范围都申请专利保护，形成一道围墙，以防止竞争对手有任何缝隙刻意回避。例如海尔公司的"小小神童"品牌洗衣机，该企业就针对其在其核心专利之外，围绕其应用又申请了多项专利技术，现已发展至第九代，共获得26项专利技术，其外围专利技术犹如"铜墙铁壁"，有力防御了竞争者的技术入侵，保障了海尔公司该款产品的市场竞争力。

---

〔1〕 杨斌："专利布局设计方法浅析"，载中华全国专利代理人协会编：《提升知识产权服务能力促进创新驱动发展战略——2014年中华全国专利代理人协会第五届知识产权论坛优秀论文集》，知识产权出版社2014年版，第313~322页。

在使用这种布局模式时，应尽量采取核心专利和外围专利同时申请的策略，即如果企业拥有某技术领域的一项或者几项核心技术，则可以等待与之配套的技术也开发成功后，同时提交专利申请，以避免给竞争者留下外围技术开发和申请专利的机会。当然，为了使得某些核心技术的信息不被公开，延迟竞争者获取核心技术相关信息的时间，也可以采用先申请外围专利，后申请核心专利的次序，这样可以将核心专利保护期限的起算点向后推移，延长专利保护时间。[1]

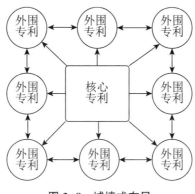

图 3-8　城墙式布局

（五）包围式布局

在核心专利或基础专利被竞争者掌握的情况下，可以通过研发该专利的应用技术或改进技术，在其周边形成若干个小专利，将核心专利或基础专利包围起来，这就是包围式布局。这些包围核心专利或基础专利的小专利，也许其本身价值性并不高，但其组合包围却可以阻碍竞争对手重要专利的有效商业应用，很可能就使得基础性专利的价值荡然无存。另外，当用外围专利包围竞争对手的基础专利或核心专利时，可以以此作为双方交互授权谈判的筹码。

包围式专利布局模式尤其适合自身尚不具有足够的资金和技术实力，不足以直接与核心技术企业相抗衡，而主要采取"跟随型"研发策略的企业。实施这种布局模式，企业应对核心技术企业及其

---

[1]　谢顺星、高荣英、瞿卫军："专利布局浅析"，载《中国发明与专利》2012 年第 8 期。

研发动向具有一定的敏感度，并能够针对其技术动态采取有效的措施快速跟进。

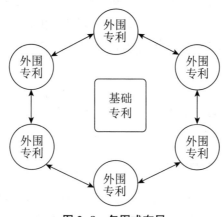

图 3-8　包围式布局

三、专利布局的步骤

企业要进行专利布局，通常按照如下步骤进行：

（一）明确专利布局的目的

专利布局的目的，一是要明确专利所要实现的技术目标，这是进行专利布局的关键；二是要明确该专利所要实现的市场竞争目标，即要防止竞争对手攻入还是要攻入竞争对手的技术领地。

（二）找出该技术领域的关键技术

该技术领域的关键技术，首先是该领域的核心技术和基础技术，可利用其获得核心专利；其次是非核心技术和基础技术但却是实现某种技术目的所必需的关键技术，该关键技术可以作为路障式布局必不可少的技术。

（三）挖掘外围技术空间

围绕该领域的核心技术和基础技术，对其外围技术（包括应用技术、替代技术、产品及其外观设计、延伸技术及延伸产品等）进行挖掘；围绕某种技术目的，挖掘实现该技术目的的重要技术方案或所有技术方案以及替代技术方案。

（四）根据技术研发情况，制定专利布局方案

根据自身实力和研发情况，并根据该领域技术的发展状况，制订专利布局。一般情况下，在该领域的技术处于起步阶段时，可采用路障式布局；对于技术处于发展阶段时，可采用栅栏式布局或地毯式布局；在技术处于成熟期或衰退期时，可采用城墙式布局或包围式布局。

（五）根据专利布局方案，申请专利

针对专利布局方案研发所形成的技术方案，逐一申请专利，从而形成专利屏障。

四、专利申请的时机选择

不同的产业与科技领域，专利申请时机选择所对应的技术成熟度可能会有很大差别，有些在研发取得初步成果时就要提出申请，有些可能要在专利研发成熟完备时申请。

一般而言，一项技术通过基本测试以后，进入应用研究、开发或商品化之前的这段时间是相对恰当的专利申请时机。当然，有些企业考虑产业或技术的特性，对某些专利可以提前或延迟申请。在当前知识经济条件下，产业的技术发展突飞猛进，且各国专利制度多半采用先申请主义，因此为了避免技术过时，建议所研发的技术只要已具备基本轮廓，大致符合专利的新颖性、进步性、实用性三要件，就无须太顾虑技术成熟度，应尽快提出专利申请，以便及早获得专利权，抢占市场先机。

在某些情况下，也可考虑专利延迟申请。这种情况主要适用于：①该领域的技术尚处于早期发展阶段，尚不成熟，仍需继续完善；②保密措施得当，无须担心技术泄密；③技术难度大，竞争对手破解的机会不大；④该技术推向市场的前景不明朗，消费者恐难以接受该技术产品或服务。

现在许多高新技术企业提出了"研发一代、储备一代、生产一代"的研发策略，专利申请的时机，也会根据企业的研发策略及企业战略的需要进行选择。例如日本的东芝公司，对其某一领域基础的研究开发或设计，提出概念性发明、领先性发明和成果发明的概

念，并根据这三个概念分别定义出未来产品、下一代产品和现行产品，并采取不同的申请及布局策略：

（1）概念性发明，其定位于 5 年以后的未来产品，主要是进行基础研究，处于概念性发掘阶段，所研发的成果在全球进行申请，因为是基础专利申请，所以这种申请是在"点"的层面。

（2）领先性发明，其定位于 3~5 年后下一代产品，主要是在基础研究的基础上开发领先技术，并切实保证研发成果获得权利，在这个阶段是基于领先技术"线"的层面进行专利布局，是战略性专利注册阶段。

（3）成果发明，其定位于 2 年以内的现行产品，主要是研究应用技术，从而实现产品的设计、生产，在此阶段进行由点到面的专利布局，构成坚固的"城墙式"专利布局。

第四节　企业专利运用管理

一、企业专利运用的含义及分类

（一）专利运用的含义

专利运用的含义，有狭义和广义之分，狭义的专利运用又称为专利运营，是指将专利技术转化为生产力并为企业产生经济效益的经营运作行为；广义的专利运用，除了包括运营的内容外，还包括将专利权作为竞争武器使用，即在市场竞争中用于企业的进攻型策略或防御型策略。所谓专利的进攻型策略就是利用专利权来限制竞争对手的策略，而防御型策略则是利用专利权而不受竞争对手限制的策略。

目前，我国虽然有大量的科研成果，但是将科研成果转化为生产力的效果相对较差，因此如何提高专利的运用能力，成为当前我国企业急需要解决的重要课题。

（二）专利运用的框架结构

专利运用包括两部分：专利的运营和竞争策略。其中，专利运营又包括专利的投资和交易，专利的竞争策略则包括进攻型策略和防御型策略，其结构图示（图3-10）如下：

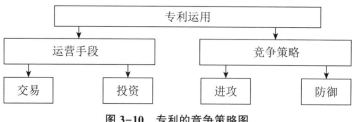

图3-10　专利的竞争策略图

专利运营是将企业专利技术进行经济效益转化的过程，因为专利不仅仅是一种权利，也是一种财产，除了直接将专利技术用作生产专利产品进行销售外，还可将专利作为一种资产进行经营运作，专利常用的运营方式有两种：专利投资和专利交易，专利投资包括股权出资和质押融资；专利交易又包括专利转让和专利许可。专利运营结构图示（图3-11）如下：

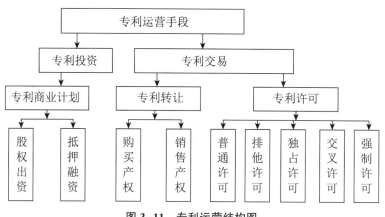

图3-11　专利运营结构图

企业专利用作市场竞争策略，是有效遏制竞争对手、占领市场的手段。实践中进攻型专利战略常用的运用策略有：基本专利策略、专利网策略、专利与商标搭配策略、专利诉讼策略、专利技术标准化策略等。防御型专利战略常用的策略有：消除对方专利策略、文献公开策略、交叉许可策略、干扰授权策略、绕开障碍专利策略、专利失效策略等。

（三）专利运用应重点注意的问题

1. 做好企业专利的评估工作

提升运用企业知识产权的能力，首先要明确知识产权本身的价值，即通过资产评估机构的评估或企业的自我评估，对知识产权有一个明确的评价。[1]对专利的评估应从企业专利的目的出发，即从专利对提升企业的竞争力、是否促进企业的生存与发展方面进行评估，具体包括企业技术的革新、产品升级、市场竞争优势、经济效益等方面，而对这些内容最熟悉的就是企业自身，因此在企业专利战略评估方面，如无特殊需要，企业只需作自我评估即可。但是如果专利要进行投资和交易，为了体现评估的客观性，就需要委托专门的评估机构进行价值评估。

2. 选择好企业专利运用策略方案

选择企业的专利运用方案，应当结合企业的战略目标和企业的客观情况。首先，能够实现战略目标是选择专利运用方案的最高标准，因为企业专利战略是企业经营发展战略的组成部分，企业专利运营策略方案应符合企业发展战略的需要。其次，企业专利运用策略方案应当紧密结合企业的实际情况，要充分考虑专利在企业技术的革新、产品升级、市场竞争优势、竞争策略，经济效益等方面的影响，以实现将专利转化为生产力，提升企业的市场核心竞争力的目的，更好地增强企业的生存与发展。

朗科公司是全球移动存储及无线数据领导厂商，该公司于1999年成功研发出世界第一款闪存盘，取名"优盘"（注：优盘是朗科公司注册商标），先后成功在中国、美国获得闪存盘的全球基础性发明专利，此举填补了我国在计算机存储领域20年来的发明空白，在全球成功开创了一个崭新的闪存盘产业。目前朗科公司结合其专利的优势，已制定了清晰、明确的专利运用策略，其方案主要包括以下三部分：一是将专利进攻与防御相结合，主要是将多项核心技术

---

〔1〕 彭文胜、刘逸星：《企业知识产权战略与实施方案制作指引》，法律出版社2009年版，第17页。

申请基本专利，同时围绕基本专利再申请多项其他外围专利，建立闪存盘领域的专利网；二是建立有效的商标体系，朗科公司继注册"优盘"商标后，相继申请注册了其他"优"系列商标，此外在多个国家和地区申请注册了"Netac"商标；三是专利与标准相结合，朗科公司称其正着手制订有关闪存盘的行业标准，此标准将融合朗科公司的多专利技术。至此，朗科公司成为我国企业专利战略推行取得成功的公司之一。

3. 健全现代企业管理制度来推进企业专利的运营工作

现代企业管理制度是企业执行力增强的依据，更是知识产权战略运营的保障。制度对推进企业专利运营工作的作用主要体现在：一是明确企业各部门的职责分工，促进各部门在专利运营中实现有机协作；二是保障专利运营工作有条不紊地开展，实现战略目标。因此，企业在制定相关制度时，应充分考虑以上两方面的因素。

二、专利运营管理

专利运营是企业通过经营运作，将专利技术转化为生产力，从而实现经济效益的过程。在知识经济条件下，专利作为一种智力财产，同有形财产一样，可以转让、出租（实施许可）、质押，还可以作为出资入股，这些方式的运作，能为企业带来一定的收入，既体现了专利的财产属性，也体现了它的价值，实现了企业的经济效益。因此，从战略角度而言，专利运营的方式有以投资入股、抵押投资为主的投资方式，还有以转让、实施许可为主的交易方式。

（一）专利出资入股

专利出资入股是指以专利技术成果作为财产作价后，以出资入股的形式与其他形式的财产（如货币、实物、土地使用权等）相结合，按法定程序组建有限责任公司或股份有限公司的一种经营行为。我国《公司法》及《合作企业法》中规定知识产权可以用来作价出资，这是专利作为资产出资的法律依据。

用知识产权作为出资，应当注意以下事项：

（1）出资人是出资专利的合法权利人，有该专利有合法的处置权。

（2）出资程序上，应当按照如下程序进行方能做到出资无瑕：①专利权入股首先须对专利的价值进行评估，依据评估的价值作为出资金额的依据；②专利权人与其他股东就专利权出资事宜签署出资合同，约定出资的内容和比例，并据此起草公司章程；③依据设立公司的出资合同和章程到专利局办理专利权转移至被投资公司的登记和公告手续；④办理出资工商登记手续，凭专利权转移手续，工商登记机关确定以专利技术入股出资人的股东资格，并确认完成出资义务。

（3）专利技术入股，不同于一般的出资财产之处在于其技术的专业性，因此公司因出资而获得该项专利权时，还应当掌握该技术方能正确使用。因此，在使用专利技术入股时，还必须注意技术资料的交接和权利的移交、专利入股方的技术培训和指导、后续改进成果的权属等。

（4）要特别注意专利技术的可靠性。实践中亦存在已授予专利权，但因此后被其他利害关系人申请无效而宣告作废，尤其是在申请实用新型专利和外观设计专利时并不进行实质审查的。据有关数据统计，中国大约有50%的新型专利和外观设计专利被无效宣告程序所否决。专利权一旦被宣告无效就不具备财产权的属性，不再具备入股的条件。所以在出资时有必要对专利进行检索，以明确其专利性，同时还应在合同中约定无效后的处理办法，避免出现纠纷后无章可依。

（二）专利权质押融资

2014年4月，新浪网登载了一条新闻："山东泉林纸业有限责任公司以110件专利、34件注册商标等知识产权质押，获得79亿人民币贷款，引起了业内关注，这是迄今为止国内金额最大的一笔知识产权质押贷款。"这则新闻体现了知识产权可以通过质押方式进行融资的功能。目前，在当地政府的引导推动之下，知识产权质押贷款已经在上海、天津、重庆、浙江、江苏、山东、四川、湖南等许多省市陆续开展起来，已经成为各商业银行普遍接受的信贷产品，为中小企业融资增加了新的渠道。笔者在此对专利权质押融资中的质押手续如何办理进行重点阐述。

1. 什么是专利权质押

专利权质押是指债务人或第三人将拥有的专利权对所负有的债务向债权人进行担保，当存在债务人不履行债务的情况时，债权人有权就折价、拍卖或者变卖该专利权所得的价款优先受偿的物权担保行为。在专利权质押法律关系中，提供专利质押一方称为出质人，获得该专利质押权利的一方称为质权人，通常就是指债权人。

为了规范专利权的质押行为，国家知识产权局于 2010 年 8 月颁布了《专利权质押登记办法》，这是进行专利权质押的规范依据。

2. 专利权质押有哪些特征

专利权质押是指以专利权中的财产权作为质押的标的物，在债务人届期不履行债务时，债权人有权就该专利权转让的价款优先受偿，专利权质押有以下几个特征：

（1）专利权质押的标的物是权利，以专利权中的财产权益作为标的。根据《担保法》的规定，质押的标的物有两种形式：一种是动产质押，这是指对有形的财产的质押，包括产品、电脑、黄金等；另一种则是权利质押，这是指对无形财产的质押，除了专利权以外，还包括商标权、股权、债权等。

（2）在专利权出质期间，质权人无权许可他人使用或转让该出质的专利权，只有占有和保全该权利的权利。

（3）在专利权出质期间，维持专利权本身的一切费用应由出质人承担，如专利年费。但质权人如认为该出质的权利可能对自己有益，也可先行支付相关费用，然后请求出质人进行补偿。

（4）专利权质押登记生效。一般情况下，动产质押只要把质物交付质权人即可生效。但是，专利权质押还必须办理出质登记，专利权质押自登记之日起生效。

2. 如何设定专利权质押

作为出质的专利权，必须是处于授权状态的有效专利权，在权属上没有争议，对于被宣告无效、未按照规定缴纳专利年费致使专利失效的或权属存在争议的专利，均不能办理质押。

首先，应签订专利权质押合同。

在专利权质押融资中，除了就融资事项签订借款合同外，专利权人还应与债权人就专利权质押事项达成专利权质押合同。根据《专利权质押登记办法》的规定，专利权质押合同应当具备以下条款：当事人的姓名或者名称、地址；被担保债权的种类和数额；债务人履行债务的期限；专利权项数以及每项专利权的名称、专利号、申请日、授权公告日；质押担保的范围。

除了约定上述事项外，当事人可以在专利权质押合同中约定下列事项：质押期间专利权年费的缴纳；质押期间专利权的转让、实施许可；质押期间专利权被宣告无效或者专利权归属发生变更时的处理；实现质权时，相关技术资料的交付。

根据规定，当事人除了签订单独的质押合同外，也可将专利权质押事项列入主债权合同中的担保条款，不另行签订质押合同。

其次，需要办理专利权质押登记。

国家知识产权局负责专利权质押登记工作，其具体受理部门是专利局专利工作管理部专利市场处。申请专利权质押登记的，当事人应当向国家知识产权局提交下列文件：

（1）出质人和质权人共同签字或者盖章的专利权质押登记申请表；

（2）专利权质押合同；

（3）双方当事人的身份证明；

（4）委托代理的，注明委托权限的委托书；

（5）其他需要提供的材料。

专利权经过资产评估的，当事人还应当提交资产评估报告。

除身份证明外，当事人提交的其他各种文件应当使用中文。身份证明是外文的，当事人应当附送中文译文；未附送的，视为未提交。

国家知识产权局自收到专利权质押登记申请文件之日起7个工作日内对其进行审查并决定是否予以登记。专利权质押登记申请经审查合格的，国家知识产权局在专利登记簿上予以登记，并向当事人发送《专利权质押登记通知书》。质权自国家知识产权局登记时设立。

专利权质押后，国家知识产权局要在专利公报上对其质押事项进行公告，公告的内容包括：出质人、质权人、主分类号、专利号、授权公告日、质押登记日等。

（三）专利许可

专利许可也称专利实施许可，是指专利权人或其授权人许可他人在一定期限、一定地区、以一定方式实施其所拥有的专利，并向他人收取使用费用的一种交易方式。专利实施许可仅转让专利技术的使用权，许可方仍拥有专利的所有权，受让方只获得了专利技术实施的权利，并不拥有专利所有权，因此，专利许可又被形象地称为"专利权租赁"。

目前，我国专利许可市场正在逐渐形成。2012 年，四川金象赛瑞化工股份有限公司的发明专利"一种加压生产熔融硝酸盐的工艺方法"获专利许可费 3400 万元。根据朗科公司 2014 年的科技年报显示，专利许可收入已成为朗科的主营业务，营业收入达 1500 多万。而在 2015 年 4 月，湖北华烁科技股份有限公司将其拥有的 5 项催化剂专利打包许可给河北一家化工企业使用，对方支付了 5000 万元人民币，该交易刷新了武汉技术交易最高金额的纪录。

专利实施许可在实践中有如下种类：

1. 普通实施许可

普通实施许可是许可方（专利权人）可以将专利技术多次许可他人使用的贸易方式。

根据这种许可方式，专利权人除了允许被许可人实施其专利外，还可以允许第三方使用其专利，专利权人自己仍然保留其专利的使用权。这种许可方式的好处是有利于专利技术的推广应用，但如果专利权人考虑不周，管理专利工作的部门管理失当，没有限制地签订这种实施许可合同，会导致专利产品的生产过剩，影响专利权人与被许可人的利益。

2. 排他性实施许可

排他性实施许可，是指许可方除允许被许可方在规定的期限和地区使用其专利技术外，不再将专利技术许可给第三方使用，但许可方仍有权使用该专利技术。

这种许可的特点是：①被许可人可以在合同规定的条件和范围

内享有该项发明创造专利的使用权，并取得利益的独占权。被许可人应为此向专利权人支付一定数额的报酬。这种许可只能许可被许可人在一定地区内独家使用的权利，而不能许可其他人使用该专利。②专利权人仍自己保留利用该专利的权利，实际上，此种许可指除被许可人和专利权人，其他任何人都不能在合同规定的范围内使用该专利。

3. 独占实施许可

独占实施许可，是指被许可方在规定的期限和地区内对许可方的专利享有独占的使用权，即被许可方是该专利的唯一许可使用者，许可方和任何第三方均不得在该地域和期限内使用该专利。

独占许可的特点是：

（1）按此许可规定，在一定地域和期限内，被许可人完全享有该发明创造专利的使用权，取得该项专利利益的独占权。同时，被许可方应以约定的方式和数额向专利权人支付较高的报酬。如果独占许可合同的期限与专利的有效期相等，从实质上讲，它与专利权转让合同是类似的。

（2）专利权人不但不能将该发明创造的专利使用权转移给第三人，就连专利权本人也不能使用该专利。

（3）这种许可不利于新技术的推广使用，且转让费较高，因而实际生活中很少使用此许可。[1]

4. 分实施许可

分实施许可是指，专利权人作为许可人允许被许可人使用其专利，按照合同的约定，被许可人还可以将专利许可给第三方使用，相对于原实施许可合同，这就是分实施许可合同。在这种许可方式下，专利权人可以从分实施许可合同中收取部分提成。

5. 交叉实施许可

交叉实施许可指的是在两项专利同时存在的情况下，专利权人相互许可对方实施自己的专利。至于许可的具体利益如何分享，可由双方以合同的形式进行约定。

---

[1]　郑成思主编：《知识产权法教程》，法律出版社1993年版，第206页。

上述五种专利许可方式，具体采用哪一种许可，主要取决于实践中具体的市场容量、技术的价值及双方当事人追求的目标。许可方和被许可方可以根据具体情况和自身的实际需要相应地选择采用何种许可方式。

（四）专利权转让

2014年11月25日，在郑州大学与浙江奥翔药业有限公司专利技术转让协议签字仪式上，郑州大学常俊标教授将其研发的一类新药"布罗佐喷钠"以4500万元的价格转让给浙江奥翔药业股份有限公司。上述案例是典型的专利转让案例，也是常见的"产学研"模式，高校将其研发成果转让给企业，再由企业将研发成果转化成产品。

专利转让是指专利权人作为转让方，将其发明创造专利的所有权或持有权移转给受让方，受让方支付约定价款的交易行为。通过专利权转让，受让人取得专利权成为新的合法专利权人，原专利权人不再拥有该专利的支配权。根据我国《专利法》的规定，专利在授权后或者在申请中均可进行转让，所以专利权转让实际上包括现有专利权转让和专利申请权转让。

企业之间通过专利权转让，可以使转让人获得可观的收入，使企业生产经营获得一定资金，也使投资者实现盈利分配成为可能；对于受让者而言，则是获得了企业所需要的技术，对于提高自身的技术水平和市场竞争力具有重要意义。

进行专利权或专利申请权转让时，转让方和受让方应自行协商签订专利（申请）权转让合同，并在国家知识产权局专利局办理著录项目变更手续。专利权转让主要包括三道手续：签订转让合同，办理变更登记，交接技术资料。

1. 专利权转让合同

签署专利权转让合同是专利权转让必须要实施的行为，鉴于其专业性较强，建议在签署合同时，最好聘请专业的专利律师参与。

根据《技术合同法实施条例》第56条规定："专利权转让合同一般应当具备下列条款：（一）项目名称；（二）发明创造名称和内容；（三）专利申请日、申请号、专利号和专利权的有效期限；（四）专利实施和实施许可的情况；（五）技术情报和资料的清单；（六）价款及其支付方式；（七）违约金或者损失赔偿额的计算方法；（八）争议的解决办法。"第57条规定："专利申请权转让合同一般应当具备下列条款：（一）项目名称；（二）发明创造名称和内容；（三）发明创造的性质；（四）技术情报和资料的清单；（五）专利申请被驳回的责任；（六）价款及其支付方式；（七）违约金或者损失赔偿额的计算方法；（八）争议的解决办法。"

2. 办理变更登记手续

办理变更登记手续是指专利权转让的双方向国家知识产权局专利局办理著录项目变更手续，经专利局登记和公告后生效。实践中，办理专利权转让手续主要是去国家知识产权局填写《专利权转让合同》和《著录项目变更申报书》，都是固定格式的，只需要按照要求填写即可。

3. 交接技术资料

交接技术资料主要是转让方向受让方交付资料，所交接的资料主要包括：

（1）向专利局递交的全部专利申请文件，包括说明书、权利要求书、附图、摘要及摘要附图、请求书、意见陈述书以及著录事项变更、权利丧失后恢复权利的审批决定、代理委托书等（若申请的是专利合作条约，还要包括所有专利合作条约申请文件）。

（2）专利局发给转让方的所有文件，包括受理通知书、中间文件、授权决定、专利证书及副本等。

（3）转让方已许可他人实施的专利《实施许可合同书》，包括合同书附件（即与实施该专利有关的技术、工艺等文件）。

（4）专利局出具的专利权的有效证明文件，即最近一次专利年费缴费凭证（或专利局的专利法律状登记簿），在专利权撤销或无效请求中，专利局或专利复审委员会或人民法院作出的维持专利权有效的决定等。

（5）上级主管部门或国务院有关主管部门的批准转让文件。

在办理专利申请权和专利权转让业务时，应注意以下几点：

（1）中国单位或者个人向外国人转让专利申请权或者专利权的，

必须经国务院有关主管部门批准。

（2）转让专利申请权或者专利权的，让与人与受让人应当订立合同。该合同为要式合同，即必须以书面形式订立。对转让专利申请权或者专利权的合同，除专利法或有关行政法规另有规定外，应适用《合同法》的有关规定。

（3）转让专利申请权或者专利权的让与人与受让人订立转让合同后，应当在国务院专利行政部门办理登记。专利申请权或者专利权的转让自登记之日起生效。需要指出的是，当事人办理登记，是专利申请权或者专利权转移生效的要件，而不是转让合同生效的要件。依照《民法典》的规定，依法成立的转让专利申请权或者转让专利权的合同，成立时即生效，当事人一方不得以未经登记为由主张合同无效。合同成立后，因未在国务院专利行政部门办理登记手续使转让不生效的，当事人应当依法补办登记手续。

（4）根据《国防专利条例》第7条规定："国防专利申请权和国防专利权经批准可以向国内的中国单位和个人转让。转让国防专利申请权或者国防专利权，应当确保国家秘密不被泄露，保证国防和军队建设不受影响，并向国防专利机构提出书面申请，由国防专利机构进行初步审查后依照本条例第三条第二款规定的职责分工，及时报送国务院国防科学技术工业主管部门、总装备部审批。国务院国防科学技术工业主管部门、总装备部应当自国防专利机构受理申请之日起30日内作出批准或者不批准的决定；作出不批准决定的，应当书面通知申请人并说明理由。经批准转让国防专利申请权或者国防专利权的，当事人应当订立书面合同，并向国防专利机构登记，由国防专利机构在《国防专利内部通报》上刊登。国防专利申请权或者国防专利权的转让自登记之日起生效。"第8条规定："禁止向国外的单位和个人以及在国内的外国人和外国机构转让国防专利申请权和国防专利权。"第9条规定："需要委托专利代理机构申请国防专利和办理其他国防专利事务的，应当委托国防专利机构指定的专利代理机构办理。专利代理机构及其工作人员对在办理国防专利申请和其他国防专利事务过程中知悉的国家秘密，负有保密义务。"

第五节　企业专利保护管理

企业专利保护是指企业针对其拥有的专利权采取正当、合法的有效手段，防止或制止他人侵权的法律行为。企业专利保护分为企业内部专利保护和企业外部专利保护两种形式。其中，防止他人侵权的行为主要是指企业内部专利保护，是指企业自身应根据企业内部的实际情况，制订相应的专利保密制度，实施相应的专利保密措施，以加强企业自身知识成果的保密性，企业专利的内部保护方式主要包括：企业内部保密意识的宣传与培训、企业保密制度的确立与执行、与员工保密协议的订立与考核、采取物理技术保密隔离措施、软件方面内部保护措施建立预警机制和应急预案等。企业专利的内部保护主要散见于其他各章节有关企业专利管理的各项制度和措施中，在此不再赘述，本节主要阐述企业专利的外部保护管理。

一、企业进行专利权外部保护的方式

企业专利权的外部保护方式主要有：行政保护、司法保护、海关保护和国际保护四种方式。

（一）行政保护

企业应善于通过国家行政管理机关，依据有关法律的规定，运用法定的行政权力，通过法定的行政程序，用行政手段来实现对企业知识产权的法律保护。专利权的行政保护是通过专利主管机关——国家知识产权局及各级地方知识产权局进行的保护。据报道，2013年全国行政执法机关共立案侵犯知识产权和制售假冒伪劣商品案件26.2万件，移送司法机关4550件，捣毁窝点5441个；全国公安机关共侦破侵权假冒犯罪案件5.5万件，抓获犯罪嫌疑人5.9万人；全国检察机关共批捕侵权假冒案件9161件、犯罪嫌疑人1.4万人，审查起诉案件1.4万件、2.3万人；全国审判机关共审结侵权假冒刑事案件1.2万件，生效判决1.7万件。

根据我国《专利法》的规定，知识产权局对专利侵权行为依法拥有如下权力：

1. 制止专利侵权行为

根据《专利法》第 65 条规定："未经专利权人许可，实施其专利，即侵犯其专利权，引起纠纷的，由当事人协商解决；不愿协商或者协商不成的，专利权人或者利害关系人可以向人民法院起诉，也可以请求管理专利工作的部门处理。管理专利工作的部门处理时，认定侵权行为成立的，可以责令侵权人立即停止侵权行为，当事人不服的，可以自收到处理通知之日起十五日内依照《中华人民共和国行政诉讼法》向人民法院起诉；侵权人期满不起诉又不停止侵权行为的，管理专利工作的部门可以申请人民法院强制执行。进行处理的管理专利工作的部门应当事人的请求，可以就侵犯专利权的赔偿数额进行调解；调解不成的，当事人可以依照《中华人民共和国民事诉讼法》向人民法院起诉。"

2. 进行行政处罚

根据《专利法》第 68 条规定："假冒专利的，除依法承担民事责任外，由负责专利执法的部门责令改正并予公告，没收违法所得，可以处违法所得五倍以下的罚款；没有违法所得或者违法所得在五万元以下的，可以处二十五万元以下的罚款；构成犯罪的，依法追究刑事责任。"

《专利法》第 69 条规定："负责专利执法的部门根据已经取得的证据，对涉嫌假冒专利行为进行查处时，有权采取下列措施：（一）询问有关当事人，调查与涉嫌违法行为有关的情况；（二）对当事人涉嫌违法行为的场所实施现场检查；（三）查阅、复制与涉嫌违法行为有关的合同、发票、账簿以及其他有关资料；（四）检查与涉嫌违法行为有关的产品；（五）对有证据证明是假冒专利的产品，可以查封或者扣押。管理专利工作的部门应专利权人或者利害关系人的请求处理专利侵权纠纷时，可以采取前款第（一）项、第（二）项、第（四）项所列措施。负责专利执法的部门、管理专利工作的部门依法行使前两款规定的职权时，当事人应当予以协助、配合，不得拒绝、阻挠。"

（二）司法保护

专利权司法保护，是指企业对侵犯专利权的行为通过司法途径进行保护。企业可通过如下几种司法保护途径来实现对本企业知识产权的保护：

（1）由企业作为享有专利权的权利人提起民事诉讼，以及追究侵权人的民事法律责任；或通过国家公诉人向法院对侵权人提起刑事诉讼，以及追究侵权人的刑事责任；

（2）不服知识产权局处罚的企业向法院提起行政诉讼，通过司法程序对行政执法的合法性进行审查，以保障行政处罚的合法性及合理性；

（3）通过法院对专利权属纠纷或许可使用合同纠纷等专利权纠纷进行处理，以维护企业作为专利人的合法权益；

（4）就某专利申请或某专利无效宣告存在的争议，请求法院对国家知识产权局作出的决定的合法性进行终局的司法审查。

相对于行政保护而言，司法保护具有时间长、维权成本高的缺点，但它却是专利权保护的最终方式，行政保护如有异议，最终要通过司法保护解决。随着我国经济的发展以及人们知识产权意识的不断提高，专利司法保护的案件正在不断增长。据《最高人民法院知识产权案件年度报告》（2013 年）统计，2013 年度知识产权案件数量呈现猛增势头，增长率创 2009 年以来新高。专利等技术类案件增幅较大，所涉法律问题深度触及专利基本制度和基本理念，所涉技术事实愈加前沿和复杂，市场价值和利益更加巨大；专利行政案件增长较快，医药、电子、通信等领域基本专利的案件比重增大；专利民事案件中涉及侵权判定规则的案件较多；植物新品种案件呈高速增长态势。

（三）海关保护

先看下面一则案例：

2013 年 7 月 14 日，青岛海关接到戴森公司举报，称其发现威海海欣进出口有限公司即将在威海出口侵犯其专利权的无叶风扇，请求海关采取保护措施。青岛海关立即向威海海关下达指令，威海海关按照专利权人提供的集装箱编号进行布控。考虑到主动布控无法即时生效，为防止货物在布控生效前出口，海关人员决定启动监管区域全程监控模式，确定重点监控码头，最终锁定目标集装箱准确位置。在箱体中部发现了夹藏在其他货品中的 504 台无叶风扇。经过比对，确定了该批无叶风扇正是戴森公司举报的侵权产品。戴森公司向济南市中级人民法院提起民事诉讼并请求法院对威海海关扣留的 504 台无叶风扇予以查封。2013 年 12 月 9 日，济南市中级人民法院作出判决，责令海欣公司停止销售侵害戴森专利权的无叶风扇产品、销毁侵权产品并向戴森公司赔偿各类经济损失 25 万元。此案是海关履行口岸监管有效保护专利权的典型案例。[1]

根据上述案例，我们不难看出，专利的海关保护是指海关对与进出口货物有关并受我国法律、行政法规保护的专利权实施的保护。启动海关保护模式的前提是企业必须按法律规定的程序在海关办理专利权备案登记。

专利权人将自己的专利在海关备案后，若发现侵权嫌疑货物即将进出口，可以向货物进出境地海关提出扣留侵权嫌疑货物的申请，并应当向海关提供不超过货物等值的担保；海关发现进出口货物有侵犯备案知识产权嫌疑的，应当立即书面通知知识产权权利人，专利权人自通知送达之日起 3 个工作日内依照规定提出申请，并提供担保。海关根据权利人的申请及担保，扣押涉嫌侵权的货物。海关应当自扣留之日起 30 个工作日内对被扣留的侵权嫌疑货物是否侵犯知识产权进行调查、认定；不能认定的，应当立即书面通知知识产权权利人。

被扣留的侵权嫌疑货物，经海关调查后认定侵犯知识产权的，由海关予以没收。海关不能认定被扣留的侵权嫌疑货物侵犯知识产权权利人的知识产权，或者人民法院判定不侵犯知识产权权利人的知识产权的，知识产权权利人应当依法承担赔偿责任。

（四）国际保护

专利权的国际保护是指通过订立多边条约、双边条约、国际公约、地区性条约等来实现缔约国之间的知识产权保护，这主要发生

---

[1]　"2014 年中国知识产权海关保护典型案例出炉"，载 http://www.sipo.gov.cn/mtjj/2015/201504/t20150429_ 1110137. htm，最后访问时间：2015 年 6 月 18 日。

在企业的资本、商品、技术从国内市场走向国际市场的过程中。目前涉及专利权保护的国际公约有《建立世界知识产权组织公约》《与贸易有关的知识产权协定》《保护工业产权巴黎公约》《工业品外观设计国际注册海牙协定》《建立工业品外观设计国际分类洛迦诺协定》《专利合作条约》等。上述国际公约、条约，我国已经全部加入，因此我国企业的专利在国际上可以通过我国已经加入的公约、条约寻求保护。

二、企业专利侵权民事诉讼

专利侵权民事诉讼是专利诉讼中最重要的诉讼方式，是专利权保护的主要手段之一。把握好专利侵权民事诉讼，对于企业做好专利权的保护工作具有十分重要的意义。

（一）专利侵权民事诉讼的主要规定

1. 法院管辖

根据我国《民事诉讼法》（2021 年修正）第 28 条规定："因铁路、公路、水上、航空运输和联合运输合同纠纷提起的诉讼，由运输始发地、目的地或者被告住所地人民法院管辖。"因此，若权利人要启动专利侵权诉讼，既可以到侵权行为地法院提起诉讼，也可以向被告住所地法院提起诉讼。专利侵权行为作为侵权行为的一个组成部分，亦适用该条规定。对于其中的侵权行为地，《最高人民法院关于适用〈中华人民共和国民事诉讼法〉的解释》将其界定为侵权行为实施地和侵权结果发生地。《最高人民法院关于审理专利纠纷案件适用法律问题的若干规定》（2020 年修正）第 2 条对侵权行为地和侵权结果发生地也作出了相应界定："因侵犯专利权行为提起的诉讼，由侵权行为地或者被告住所地人民法院管辖。侵权行为地包括：被诉侵犯发明、实用新型专利权的产品的制造、使用、许诺销售、销售、进口等行为的实施地；专利方法使用行为的实施地，依照该专利方法直接获得的产品的使用、许诺销售、销售、进口等行为的实施地；外观设计专利产品的制造、许诺销售、销售、进口等行为的实施地；假冒他人专利的行为实施地。上述侵权行为的侵权结果发生地。"

　　既然法律规定专利侵权诉讼由侵权行为地或者被告住所地人民法院管辖，那么，是不是上述地域的法院都有管辖权呢？答案是否定的。因为专利纠纷案件较为专业、复杂，不是所有的法院都有处理专利纠纷案件的能力，所以《最高人民法院关于适用〈中华人民共和国民事诉讼法〉的解释》（2020 年修正）第 2 条第 1 款对受理专利纠纷案件的法院专门做了限定，即"专利纠纷案件由知识产权法院、最高人民法院确定的中级人民法院和基层人民法院管辖"。目前，我国已设立北京知识产权法院、上海知识产权法院和广州知识产权法院三个专业的知识产权法院，专门受理涉及知识产权纠纷的案件，其对确定辖区内的专利权纠纷拥有管辖权。最高人民法院确定的对专利纠纷有管辖权的中级人民法院通常包括各省、自治区、直辖市人民政府所在地的中级人民法院和最高人民法院指定的中级人民法院，如青岛、大连、温州、佛山、烟台、葫芦岛、潍坊、苏州、宁波、景德镇等地的中级人民法院。最高人民法院根据实际情况，还可以指定基层人民法院管辖第一审专利纠纷案件，这是根据目前我国专利案件数量的增多以及基层人民法院审判水平的提高作出规定，但目前具有专利管辖权的基层人民法院较少。

　　目前，我国专利纠纷的二审受理法院也发生了变化。2018 年 10 月 26 日第十三届全国人民代表大会常务委员会第六次会议通过《全国人民代表大会常务委员会关于专利等知识产权案件诉讼程序若干问题的决定》第 1 项规定："当事人对发明专利、实用新型专利、植物新品种、集成电路布图设计、技术秘密、计算机软件、垄断等专业技术性较强的知识产权民事案件第一审判决、裁定不服，提起上诉的，由最高人民法院审理。"该项决定将当事人对发明专利、实用新型专利纠纷的二审管辖权收归最高人民法院，是针对我国当前专利司法审判管辖权体制的一项重大变化，这对于统一知识产权案件裁判标准、加强知识产权司法保护、优化科技创新法治环境、加快实施创新驱动发展战略有着重要意义。

　　2. 专利侵权的诉讼时效

　　由于《民法典》规定的一般诉讼时效为 3 年，因此最新修订的《专利法》第 74 条也将侵犯专利权的诉讼时效由原来的 2 年修改为 3

年，该时效自专利权人或者利害关系人知道或者应当知道侵权行为之日起计算。

3. 专利侵权诉讼中止

专利侵权诉讼中止，主要是指人民法院受理的侵犯实用新型、外观设计专利权纠纷案件，被告在答辩期间内请求宣告该项专利权无效的，人民法院应当中止诉讼。因为实用新型、外观设计专利权在申请期间，专利授予机关对其只作形式审查，而不作实质审查，在专利权授予后，任何单位或者个人认为该专利权的授予不符合《专利法》有关规定的，可以请求专利复审委员会宣告该专利权无效。如果在诉讼期间被告向专利复审委员会对该专利权提出无效宣告申请，专利复审委员会将按照无效宣告程序对专利进行审查，在此情况下，该专利就有可能被宣告无效。因此，法院有必要中止诉讼，待专利复审委员会将无效宣告程序处理完毕后，根据该处理结果再进行处理。如果维持该专利权有效，法院则会继续该案件的审理；如果该专利被宣告无效，法院将驳回原告的诉讼请求。

当然，并不是被告提出的所有无效宣告申请都会导致案件的中止，根据《最高人民法院关于审理专利纠纷案件适用法律问题的若干规定》（2020年修正）第5条规定："人民法院受理的侵犯实用新型、外观设计专利权纠纷案件，被告在答辩期间内请求宣告该项专利权无效的，人民法院应当中止诉讼，但具备下列情形之一的，可以不中止诉讼：（一）原告出具的检索报告或者专利权评价报告未发现导致实用新型或者外观设计专利权无效的事由的；（二）被告提供的证据足以证明其使用的技术已经公知的；（三）被告请求宣告该项专利权无效所提供的证据或者依据的理由明显不充分的；（四）人民法院认为不应当中止诉讼的其他情形。"第6条规定："人民法院受理的侵犯实用新型、外观设计专利权纠纷案件，被告在答辩期间届满后请求宣告该项专利权无效的，人民法院不应当中止诉讼，但经审查认为有必要中止诉讼的除外。"第8条规定："民法院决定中止诉讼，专利权人或者利害关系人请求责令被告停止有关行为或者采取其他制止侵权损害继续扩大的措施，并提供了担保，人民法院经审查符合有关法律规定的，可以在裁定中止诉讼的同时一并作出有关裁定。"

4. 证据交换程序

证据交换，是指庭审前双方当事人在法官的主持下交流案件的事实和证据方面的信息，其实质是一方当事人用自己已有的证据去交换对方当事人持有而己方没有的证据。证据交换制度有利于当事人迅速了解诉讼分歧，提高庭审效率，同时也有利于促使当事人和解。在知识产权民事诉讼中，证据交换已经形成了一种基本做法。

专利侵权诉讼是知识产权诉讼中相对复杂的案件，所以法院在审理涉专利权案件时，通常会在答辩期满后组织证据交换。证据交换的时间一般由法院指定，也可由双方当事人协商一致后经法院认可。证据交换一般是在法官的主持下进行，由原、被告双方就相互提交的证据发表质证意见，法院书记员会将该质证意见记录在卷。通过证据交换，可以确定双方当事人争议的焦点问题，法院在庭审时亦可有的放矢。

为了更好达到证明目的，当事人在提交证据时，最好根据证据的数量，制作证据清单，列明证据的名称、来源、内容及所要证明的对象，将证据按编号附后，让法院及对方更好地了解其所要证明的问题。

5. 司法鉴定程序

专利司法鉴定是指在专利诉讼过程中，为了查明事实，人民法院依据职权，或者应当事人的申请，指派具有专门知识的人，或者委托鉴定机构组织具有专门知识的人对专门性的问题进行检验、鉴别和评定的活动。

（1）专利司法鉴定程序的启动。专利司法鉴定程序的启动有两种方式：一是当事人申请，二是法院依职权决定。

当事人申请是司法鉴定程序启动的主要方式，实践中大多采用此种方式。在专利侵权纠纷中，当事人对涉及的专利技术问题（主要是关于是否构成侵权的问题）或其他专门性问题有异议，可以向法院提出鉴定申请，人民法院经审查认为确有鉴定的必要，应当准许。当事人申请鉴定，应当在法定的期限内提出，并在法院指定的期限内预交鉴定费用。

根据《民事诉讼法》第 79 条规定："当事人可以就查明事实的专门性问题向人民法院申请鉴定。当事人申请鉴定的，由双方当事人协商确定具备资格的鉴定人；协商不成的，由人民法院指定。当事人未申请鉴定，人民法院对专门性问题认为需要鉴定的，应当委托具备资格的鉴定人进行鉴定。"专利纠纷所涉及的专利技术问题具有相对专业性，自然属于该条规定的"专门性问题"。随着我国民事诉讼由职权主义向当事人主义的转变，人民法院依职权进行鉴定在知识产权的诉讼实践中非常之少，大多数司法鉴定都以当事人申请的方式启动。

（2）鉴定范围。鉴定范围，又称鉴定对象，是指诉讼中涉及的与特定案件事实有关的，需要采用专业知识、技能或者手段进行分析研究后才能鉴别或判明的专门性问题。需要明确的是，鉴定结论是证据的一种，其作用是帮助法院查清事实，而不是帮助法院适用法律，能够提交鉴定的只能是事实问题，而不是法律问题，任何鉴定机构都不能对案件涉及的法律问题进行鉴定。专利侵权案件的鉴定范围主要是对专利技术与对比技术的异同进行比较，从而得出两项技术是否相同或者等同的结论。

（二）专利侵权诉讼证据

从形式上看，专利侵权的证据是基于《民事诉讼法》的有关规定，分为以下几类：书证，如专利证书、专利年费发票等；物证，如被控侵权的产品；视听资料；证人证言；电子数据；当事人陈述；鉴定结论；勘验笔录、现场笔录。上述证据的内涵与《民事诉讼法》的要求并无二致，在此不再赘述。笔者在此按照专利侵权纠纷的特点来阐述诉讼证据。

1. 指控侵权的证据

指控侵权的证据是专利侵权诉讼中原告应当向法庭提交的证据，按照其证明对象，分为权利证据、侵权证据和损失证据。

权利证据主要是用来证明专利权人及其利害关系人的身份及专利权，包括：

（1）原告主体资格证明，自然人为身份证，企事业单位为营业执照或事业单位登记证等。

（2）专利权证书，证明专利权授权时的权属状况。

（3）专利登记簿副本，其在一定意义上讲是比专利证书更为重要的证据，其不仅载明了专利授权时的权属状况，也记载了专利在授权之后权属状况的变动情况，如专利权转让、专利被宣告无效等，这些内容在专利证书上是反映不出来的，但却可以在专利登记簿副本上反映出来，因此专利登记簿副本比专利证书更能真实地反映专利的权属状况。

（4）专利授权公告文本：发明或实用新型的公告内容为权利要求书、说明书、摘要及摘要附图；外观设计公告的内容则是授权的图片或照片及简要说明。

（5）专利年费收据：证明专利持续有效。当然这一证据在提供了上述的专利登记簿副本的情况下，是可以不提供的。因为在专利登记簿副本的最底行会注明"该专利年费已缴纳至某年某月某日"。司法实务中专利权人提供专利年费收据的证明目的在于说明专利已缴纳年费，专利持续有效。但在国家知识产权局的专利缴费实务中，即使专利已被宣告无效，或因没缴纳年费而导致专利权终止后，缴纳专利费也是可以进行的，从而取得专利年费收据。因此仅仅通过专利年费收据证明专利持续有效是不充分的。

（6）专利权评价报告：《专利法》第66条第2款规定："专利侵权纠纷涉及实用新型专利或者外观设计专利的，人民法院或者管理专利工作的部门可以要求专利权人或者利害关系人出具由国务院专利行政部门对相关实用新型或者外观设计进行检索、分析和评价后作出的专利权评价报告，作为审理、处理专利侵权纠纷的证据；专利权人、利害关系人或者被控侵权人也可以主动出具专利权评价报告。"

侵权证据就是证明侵权事实的证据，包括：

（1）书证：①购物票据，即购买侵权产品时所开具的发票或收据；②购买侵权产品的公证文书：专利权人通过市场调查，发现侵权行为后，为更好地证明侵权产品的来源及侵权产品的特征，可申请公证机关对购买过程进行公证，由公证机关以公证书的形式对侵权行为予以证明；③相关网页、广告、杂志及报刊等相关资料，载明侵权人生产、销售、许诺销售侵权产品的事实。

（2）物证：专利权人从市场上购得的或者通过法院证据保全所获得的侵权产品。从市场上购得的侵权产品最好经过公证并由公证人员封存并拍照；或者由申请法院进行证据保全获得侵权产品。

损失证据就是证明原告因专利侵权而遭受损失的证据。在当前的司法实践中，提供损失证据的案件较少，客观原因是此类证据举证难度较大，举证成本较高。根据《专利法》第71条规定："侵犯专利权的赔偿数额按照权利人因被侵权所受到的实际损失或者侵权人因侵权所获得的利益确定；权利人的损失或者侵权人获得的利益难以确定的，参照该专利许可使用费的倍数合理确定。对故意侵犯专利权，情节严重的，可以在按照上述方法确定数额的一倍以上五倍以下确定赔偿数额。权利人的损失、侵权人获得的利益和专利许可使用费均难以确定的，人民法院可以根据专利权的类型、侵权行为的性质和情节等因素，确定给予三万元以上五百万元以下的赔偿。赔偿数额还应当包括权利人为制止侵权行为所支付的合理开支。人民法院为确定赔偿数额，在权利人已经尽力举证，而与侵权行为相关的账簿、资料主要由侵权人掌握的情况下，可以责令侵权人提供与侵权行为相关的账簿、资料；侵权人不提供或者提供虚假的账簿、资料的，人民法院可以参考权利人的主张和提供的证据判定赔偿数额。"

据此，可以从以下几方面来证明损失：

（1）财务审计报告：在原告主张以自己所受到的损失作为赔偿数额的依据时，可以提供自己单位产品获利情况的财务审计报告，以及原告因被告侵权造成销售量减少的总数或者被告制造的侵权产品的数量，两者相乘之积就是原告的损失数额的依据；在原告主张以被告的获利作为赔偿的依据时，原告通常要申请法院保全被告的财务会计账册，或者根据售出产品的数量及价格，经独立的第三方审计后，以审计结论确定被告的侵权获利情况，从而明确被告赔偿的依据。另外在赔偿请求中，原告可提供一些证明被告侵权情节及专利产品市场价值的辅助证据，作为法院在确定具体赔偿数额时的参照因素。

（2）专利实施许可合同：专利权人通过与他人签订专利实施许可合同，以合同约定的许可使用费的合理倍数（一般是 1~3 倍）作为请求赔偿的依据，专利实施许可合同就成为经济损失的证据。但签订专利实施许可合同时，需要具备相应的备案手续以及专利许可使用费的付款和缴税凭证。在实践中，虽然具备上述手续，但若被许可方实际并未生产专利产品，合同约定的许可使用费在此种情形下，是不作为赔偿的参照依据的，因为该约定的许可使用费已不能客观反映专利的市场价值。

（3）律师费票据：因侵权行为而聘请律师的费用应列为制止侵权所支出的费用。对此，在最高人民法院关于知识产权审判的有关意见中，已经明确指出符合规定的律师费计入赔偿范围。

需要注意的是，根据目前《专利法》的规定，权利人的损失、侵权人获得的利益和专利许可使用费均难以确定的，人民法院可以根据专利权的类型、侵权行为的性质和情节等因素，确定给予 1 万元以上 100 万元以下的赔偿，所以，如果损失难以举证，可以不提交损失证据，并要求法院依法酌情认定损失。

2. 答辩证据

主要是被告为减轻或免除其法律责任，为证明其答辩观点而提交的证据，主要围绕以下几方面举证：专利已过保护期或未及时缴费已失效；在先使用或科学实验等不视为侵权的情况；被控侵权产品使用的是现有技术；合法取得的材料；其他有关减轻或免除其法律责任的材料，即《专利法》第 77 条之规定："为生产经营目的使用、许诺销售或者销售不知道是未经专利权人许可而制造并售出的专利侵权产品，能证明该产品合法来源的，不承担赔偿责任。"

3. 证据保全

专利侵权的证据保全方式主要有以下两种方式：

（1）公证保全方式。公证保全，一般是专利权人及其利害关系人就存在的侵权行为，向公证机关提出申请，对其购买侵权产品的过程及购得的侵权产品进行公证，或对侵权现场（如许诺销售）或对侵权产品的安装地进行勘查公证，取得公证书，从而证明被告存在侵权行为。在公证取证的过程中，专利权人最好主动向销售者索取产品宣传册、销售侵权产品人员的名片、购货发票或收据，以进一步明确产品的生产者和销售者，同时专利权人可要求公证机关对前述资料的来源和真实性作出说明，一并记载在公证书中。

（2）法院证据保全方式。法院证据保全方式，即通常所说的民事诉讼法意义上的"证据保全"，指的是为了防止证据的自然灭失、人为毁灭或者以后难以取得，经诉讼参加人申请或者人民法院依职权主动实施，人民法院对民事诉讼证据加以收集和固定的制度。证据保全有两种形式：诉前证据保全和诉中证据保全。

诉前证据保全是 2008 年修正的《专利法》增加的内容，其中第 67 条规定："为了制止专利侵权行为，在证据可能灭失或者以后难以取得的情况下，专利权人或者利害关系人可以在起诉前向人民法院申请保全证据。人民法院采取保全措施，可以责令申请人提供担保；申请人不提供担保的，驳回申请。……人民法院应当自接受申请之时起四十八小时内作出裁定；裁定采取保全措施的，应当立即执行。申请人自人民法院采取保全措施之日起十五日内不起诉的，人民法院应当解除该措施。"

诉讼证据保全是指申请人在起诉后，按照《民事诉讼法》规定的程序和要求，书面申请法院对民事诉讼证据加以收集和固定的制度。

三、专利诉讼的策略运用

专利诉讼不仅仅是一种保护自己权利的手段，在知识经济条件下，随着以知识产权为核心的市场竞争日趋激烈，诉讼也成为知识产权战略运用的一种有效策略，作为知识产权中最具竞争力的专利，自然也是诉讼策略运用的重中之重。在市场竞争中，以专利诉讼作为进攻武器，灵活运用专利的各种诉讼策略，能够有效地遏制竞争对手，占领市场，更好地实现企业的经济效益；同时，作为防守方，灵活运用专利的各种诉讼策略，能够有效化解竞争对手的进攻，化被动为主动，维护企业的经营成果。

（一）遏制策略

诉讼的遏制策略主要用于企业的市场竞争中。在市场经济社会，企业之间的竞争异常激烈，突出表现在对市场的争夺和占有上。企业均采取各种有效的措施，争夺和占有市场，其中采用诉讼方式遏制竞争对手，也成为企业通过进攻方式占有市场的一种策略。

先看一则有关专利诉讼遏制策略的案例：

甲公司是某一发明专利的专利权人，其生产的专利产品在市场颇具竞争力，2005 年 10 月，甲公司将该专利技术授权许可给乙公司，双方签订专利许可使用协议，约定使用期限为 2 年，2 年期满后，双方未能继续合作。而乙公司利用其所掌握的该项专利技术，与更具实力丙公司合作，将原专利技术经过改进，研发出比原技术更具竞争力的产品。于是乙、丙两公司共同将经过改进的新产品投入市场，对甲公司的专利产品造成极大的冲击，严重影响了甲公司的市场份额。

针对乙、丙两公司的市场攻势，甲公司着手研究应对策略。经甲公司对乙、丙两公司推出的新产品的研究发现，虽然新产品与专利产品相比有所改进，但只是在保留原专利技术的基础上，又添附了新的技术，所以该新产品仍在甲公司专利权的保护范围。于是，甲公司在 2009 年 8 月，以侵犯其专利权为由，将乙、丙两公司告上法庭。经过法院审理，最终认定乙、丙两公司侵犯了甲公司的专利权，判令乙、丙两公司销毁侵权产品，赔偿损失。甲公司通过诉讼，有效阻止了乙、丙两公司的市场攻势，维护了自己的市场份额。

上述案件中的甲公司就是成功运用了专利诉讼的遏制策略，使自身的市场利益得以维护，这就是一个典型诉讼遏制策略的案例。从以上案例中我们不难看出，诉讼的遏制策略的诉因是竞争对手对自己市场的占有构成威胁，起诉的目的是遏制竞争对手的发展，赢得市场。与一般的专利侵权诉讼相比，二者都是采用进攻的方式，要求对方停止侵权行为并赔偿损失，但是一般的专利侵权诉讼的目的是制止侵权行为，并没有或者主要目的不在于抢占市场；而遏制策略核心目的则是抑制竞争对手的发展，以维护自己的市场份额或抢占市场。

一般的专利侵权诉讼，原告所追求的目的就是胜诉，而作为以遏制竞争对手为目的的诉讼，其追求的结果不一定必须胜诉，有些情况下，通过起诉对手，让对方疲于应诉，起诉方就可以趁机抢占市场，等对方从繁忙的诉讼中回过神来，起诉方已然抢占了市场，最终使自己在市场的竞争中占得先机即实现目的，市场战略目的实现后，在诉讼难以取胜的情况下可以选择与对方和解或撤诉。因此，诉讼遏制的主要目的在于遏制竞争对手，便于起诉方趁机抢占市场，而并非追求胜诉。例如 2003 年思科公司起诉华为公司，采用的就是遏制策略，其目的就是要阻止华为进入美国市场，虽然最终双方达成和解，但是华为公司承诺退出美国市场，思科公司的遏制目的已经达到。

（二）反击策略

先看下面一则案例：

2005 年 1 月 20 日，英特尔公司在深圳市中级人民法院起诉深圳市东进通信技术股份有限公司（以下简称东进公司），指控其研发的语音卡产品侵犯了英特尔 SR5.1.1 软件中的"Intel 头文件"这一知识产权。英特尔公司索赔 796 万美元（约合人民币 6583 万元），相当于东进公司当时的全部资产。由于索赔金额之大，该案也被称为"2005 年中外知识产权第一案"。

案件的被告东进公司，是国内最早专业从事 CTI 核心部件的研发企业，专门开发语音板卡产品，曾设计出国内第一个 CTI 硬件产品——TC-08A 电话语音处理卡，并获得了第一张同类产品的全国入网许可证。1998 年以前，东进公司一直是 CTI 行业国内厂商的老大，在国际上同行业所有厂商中排第三位。而自 2000 年英特尔公司以 8 亿美金收购行业排名第一的 Dialogic 公司之后，东进公司就和这位 IT 业界老大直接对垒。当英特尔公司注意到东进公司在争夺市场的行为中存在侵犯英特尔公司所有的知识产权时，对于手中的证据和中国知识产权保护状况信心满满的英特尔公司，按照国际惯例作出了"采取法律行动"的决定，并期望在中国打第一场知识产权官司以警醒其他侵权企业。

东进公司一方面积极应诉，称自己并没有侵权，另一方面寻找机会对英特尔公司的起诉行为进行反击，在 2005 年 3 月 23 日，由东进公司北京分公司在北京市第一中级人民法院反诉英特尔公司"技术垄断"，指控英特尔公司在明知中国拥有《反垄断法》的情况下搞技术垄断，企图封杀竞争对手，请求法院确认《英特尔软件许可协议》中关于软件许可使用条款的限制性格式条款以及免除英特尔公司法定产品质量的格式条款无效。并借助媒体和舆论造势，由此，媒体将此案炒作成为"中国企业 2006 年反垄断第一案"，把东进公司塑造成"明知不可为而为之"的民族英雄，从而媒体赋予东进公司"以小博大"的"民族高科技企业"的光环。而媒体将英特尔公司向东进公司索赔 796 万美金，指责为"以大欺小""欲将东进置于死地"，以道德方式批判英特尔公司。形势的发展，使英特尔公司面临东进公司反击及媒体批判的双重压力。

最终，一度备受业界关注的英特尔公司诉东进公司侵权案，在历经两年多的对峙后，于 2007 年 5 月 14 日以一种戏剧性的方式告终，双方以和解协议的方式握手言和。

上述案例中，东进公司针对英特尔公司的起诉，在积极应诉的同时，又另行起诉对方，就是运用了诉讼的反击策略。当然，专利诉讼的反击策略不仅仅是另行起诉，也可以针对相同的诉讼标的在同一案件中进行反诉，使对方同样面临困境，从而达到相互妥协的目的。

诉讼反击策略得以实施的前提是，针对对方的专利诉讼，己方手中也有能抓住对方软肋的东西，即己方也有向对方主张权利的依据，通过该权利主张，同样会使对方处于不利的境地，从而逼迫对方在进攻的诉讼中妥协或者作出让步，避免两败俱伤。

（三）防守策略

专利诉讼的防守策略，是针对对方的专利侵权起诉，进行有效的答辩，使对方的诉讼请求不成立或者部分不成立，从而使自身避免损失或减少损失的一种诉讼策略。例如，在合同纠纷中，一方起诉违约，另一方可以根据有效的证据答辩自己没有违约，或者采用合同的免责条款进行抗辩。

诉讼的防守策略，通常在无法实施或者没必要实施反击策略的情况下，针对对方的进攻所采取的防守策略。防守策略的重点就是找到证明对方的主张不成立或部分不成立的证据，然后组织证据在法庭上进行有效的抗辩。

下面是笔者参与办理的一起运用防守策略的典型专利诉讼案件：

2011 年，一枚小小的鼻鼾贴，引发了中美专利之争，美国的专利公司联手其在中国的合作企业，将中国的青岛某医药科技开发公司（以下简称"青岛医药公司"）以专利侵权为由告上法庭，要求依法判令被告立即停止侵犯其专利权的行为；销毁用于生产"鼻鼾贴"的模具和已生产出的成品及半成品；并要求赔偿各项损失 100 万元。

代理人接受本案被告青岛医药公司的委托，代理该案。因为鼻鼾贴是青岛医药公司的主打产品之一，一旦停产会造成公司的大量损失，该公司对此案非常重视，要求尽可能保住企业的生产经营成果。经过多次研究，代理人发现，涉案专利的申请日期是 1992 年 6 月 9 日，其保护期限至 2012 年 6 月 8 日，如果利用法律规章进行抗辩，使法院在 2012 年 6 月 8 日之后才能对该案作出判决，此时即使认定侵权，也会因为涉案专利已过专利保护期，成为公有技术，任何人都可以对其进行使用，所以法院不能再支持停止侵权行为、销毁生产的模具和已生产出的成品及半成品的诉请；而且认定侵权的行为在专利即将过保护期时发生，对损失认定亦相对较低，对青岛科技公司正常的生产经营不受影响，这样也保住了企业的发展成果。

因此在诉讼过程中，代理人从管辖权异议、诉讼主体资格、现有技术抗辩、不侵权抗辩角度制定答辩意见，同时又针对对方证据方面的缺陷提出证据不足的质证意见。通过这些抗辩策略，使该案复杂程度不断提升，且双方提交证据众多，法院难以在短时间内作出判决，先后用了一年多时间进行了数次开庭，最终在 2012 年 7 月初法院才作出一审判决，认为青岛医药公司侵犯了美国专利公司的专利权，判决青岛医药公司赔偿原告经济损失 20 万元，但因判决时涉案专利已经过了有效期，所以驳回原告主张被告停止侵权行为、销毁生产模具和成品及半成品的诉求。从该案判决结果看，虽然判令青岛医药公司赔偿损失，但其仍然可以继续生产经营，基本实现了保住其发展成果的战略意图。一审判决后，青岛医药公司经综合权衡，决定继续提起上诉。上诉不久，美国专利公司主动提出和解，随后在二审法院的主持下，双方就本案纠纷达成了和解，青岛医药公司仅支付给美国专利公司9万元补偿金，美国专利公司不再向青岛医药公司主张任何权利。

最终，青岛医药公司仅以微小的成本，成功地从美国专利公司联手实施的专利诉讼"围攻"中成功突围，使企业生产经营继续正常运转，保住了经营成果。该案入选"2012年青岛市十大典型案例"。

在诉讼实践中，作为防守方实现防守成功率的多少，这主要取决于案件的特点、双方的证据情况以及采用的抗辩策略。一般来说，只要针对事实和法律，抛出对方证据不足或不充分的诉讼请求并得到法院支持，就应当是成功的。

（四）营销策略

专利的营销策略，是指通过对竞争对手提起专利诉讼，引起新闻媒体的关注，并借助新闻媒体的积极宣传，提升企业品牌、产品的知名度，从而提高自己产品的销量和市场占有率，更好地实现企业的经济效益。通俗一点讲，营销策略就是"诉讼炒作"，借诉讼之名，吸引媒体和公众眼球，以提升品牌及产品的知名度，便于其开拓和占领市场。这种策略在知识产权领域，尤其是商标领域备受推崇。

专利的营销策略中最为典型的案例当属苹果公司与三星公司的专利诉讼之争：

2011年4月15日，苹果公司在美国的法院提起针对三星公司的诉讼，称三星公司剽窃了部分苹果公司平板电脑iPad和iPad2的设计，侵犯了苹果公司的专利权，要求法院判令三星公司赔偿25亿美元，并停止销售三星公司的平板电脑产品。仅仅不到一周时间，当年4月21日，三星公司迅速反击，分别在韩国、日本和德国的法院起诉苹果公司，称苹果公司侵犯了三星公司的专利权，并于当年6月28日，以苹果公司侵权为由请求美国国际贸易委员会展开调查。随后双方的专利诉讼战愈演愈烈，苹果公司通过在美国市场封杀三星公司的旧款机型来为iPhone 5销量的持续增长提供保证，三星公司则通过4G LTE专利来和苹果公司讨价还价，双方的争夺你来我往、互不相让。

两家公司的"法庭争霸"成为媒体的聚焦点，各大电视台、报刊、网络纷纷报道，其他竞争对手却逐渐远离消费者视线。通过叫板对抗，三星公司和苹果公司常年占据媒体关注的焦点位置，这使得这些诉讼成了两家在全世界的免费的、有力度的宣传广告，两家公司的品牌知名度大幅提升，以至于在加州圣何塞联邦法院苹果公司诉三星公司专利侵权诉讼案作证时，苹果公司营销总监菲尔·席勒表示，发布新产品时苹果公司已不再需要做任何广告。所以通过这些专利诉讼，三星公司和苹果公司的销量不仅没有减少，反而大幅提升，成了目前智能手机市场最大的两个赢家。因此，可以说，两大公司的专利纠纷是一场没有输家的产品营销诉讼。

对于营销诉讼，需要把握一个度，即要求"适可而止"，如果过度频繁，会引起公众的反感，导致公众对企业品牌认同度的降低；同时营销诉讼也是一把"双刃剑"，弄不好会两败俱伤。

第四章

企业商标管理

第一节　企业商标设计与布局

在知识经济时代，企业不仅需要运用技术提升核心竞争力，还需要依靠商标所产生的品牌效应来争夺市场。商标作为品牌载体，不仅象征着企业产品或服务的品质，而且代表着企业的文化理念和商业信誉。因此，企业进行商标管理，在推进企业可持续发展、促进品牌建设、拓展国际市场、优化经济效益等方面具有重要意义。

一、设计商标的途径

商标是指能够将不同的经营者所提供的商品或服务区分开来，并可为视觉所感知的显著标记。[1]商标以工商业活动为基础，是生产经营者用来区别产品或服务来源的标记，因此商标主要具有如下功能：识别来源功能，即消费者通过商标即能识别产品或服务的来源；品质保证功能，即通过商标向社会展示经营者的商业信誉；广告宣传功能，借助广告宣传，使经营者的商标深入人心，使商标对其所代表的产品或服务的影响大大强化，形成品牌效应。

通常而言，一个成功的商标设计应该符合以下四个准则：简洁明了，易于认识；个性突出，内涵明确；新颖独特，引人注目；具有延伸性，使其可以在不同的场合和媒体上使用，为企业搭建具有远见卓识的系统。

对企业而言，商标是企业与产品的代表符号，是一种以精炼的方式表达一定含义的标识，同时也是一种浓缩的信息载体生成的独

---

〔1〕　吴汉东主编：《知识产权法》，北京大学出版社 2014 年版，第 211 页。

特视觉语言。信息传播是商标标识设计的核心，因此企业在设计自己的商标时，应该从信息传播入手，从功能的需要出发，明确自己的商标代表了什么，向消费者传达了什么。

一般来说，设计商标可通过如下途径入手：

（一）根据商品的功能、用途选用商标素材

如果拟设计的商标仅用于某一种产品或某一类产品，那么该商标的设计需要对产品具有间接的叙述性或有一定的暗示性，例如，用于儿童饮料的"娃哈哈"，用于牙膏的"芳草"，用于保健品的"青春宝"，用于汽车的"梅赛德斯－奔驰"等。仔细品味这些商标可以发现，其创意都恰到好处，既没有直接的描述产品，也没有与其产品相差太多。因此，这些商标的成功之处就在于通过商标本身引导消费者认识和理解产品的功能和用途，从而获得更好的市场效应。

（二）根据企业的性质设计商标

根据企业的性质设计商标，是将企业的文化理念融入商标中的一种商标设计方法。企业的性质是多样的，也是在不断发展变化的。如果将所设计的商标用于公司的主商标或公司的形象标识，甚至用来作公司名称中的商号，从而达到"三位一体"的现代商标使用模式，这其中体现企业性质的商标就不应侧重于表达某一方面的含义，而应选用内涵丰富、外延宽广的文字或图形，如"华为""海尔""太阳神""步步高""联想""万科"等。越是从商标本身看不出它生产什么产品，其使用范围就越广，涵盖面就越宽，企业可以赋予其更深层、更广泛的含义，企业的文化理念就可以更好地融入其中。

（三）根据市场特点设计商标

在设计商标时，还可以根据市场的区域选择商标素材，因为不同的市场区域，其消费群体的信仰、价值理念和文化理念不同，因此商标设计要考虑产品销售地区的生活习惯、宗教信仰、民俗民风、道德观念等各种因素。以美国可口可乐公司为例，其用于碳酸饮料上的商标共有三个，即英文的"COCa-COLA""COKE"和里面装满饮料的小玻璃瓶形状的立体商标图案。这三个商标永远同时出现在各种可口可乐饮料的外包装上，包括大瓶装、中瓶装、小瓶装和易拉罐装，而且在世界各地都一样。但是，在中国市场销售的可口可乐饮料，其包装上除了上述三个商标外，还有一个中文商标"可口可乐"，其大小与英文"COCa-COLA"一样；如果在日本，你就会发现，在可口可乐的外包装上有用日文片假名拼写的可口可乐字样，在德国销售的可口可乐的外包装上，有用德文拼写的可口可乐字样。可口可乐公司为什么采用这种商标设计模式呢？道理很简单，因为任何人对其母语都最熟悉，也最容易记忆，因此，用当地语言作为商标是最容易被接受的，也是最容易打开市场的。通过这个案例所得到的启发是，如果采用文字作为商标设计的素材，其产品在中国销售，则选择汉语的文字词语进行搭配组合应该是最理想的，如果市场在国外，选择用汉语拼音、英语或当地的语言则是较为合适的。

（四）根据商标的定位设计商标

根据商标的定位设计商标，就是根据其企业发展战略创造商标，在创造商标时，应当考虑企业现在及将来生产和经营的产品、企业现在的市场和未来的市场、企业发展的规模和企业发展方向等要素，使商标既符合时代的需要，又能满足企业长远发展的战略需求。如果企业确定所设计的商标为企业的主商标，且将用于多类商品及多国市场，那么，企业应当确定商标使用模式，此时对商标的设计创意，可能不仅仅是一个商标的创意，而是一套商标甚至包括公司徽记或公司标志的创意。

二、商标设计应注意的问题

商标设计除了遵循上述原则外，还应当符合法律规定以及文化的要求，因此，企业在设计商标时还应注意以下事项：

（一）符合法律规定，不能违法

我国《商标法》对商标的使用及申请都作了一定的限制，因此在设计商标标识时，首先应考虑法律规定，避免因设计了不合法的商标标识而不受法律保护。

我国《商标法》规定了不得作为商标使用的情况。《商标法》第 10 条规定："下列标志不得作为商标使用：（一）同中华人民共和国的国家名称、国旗、国徽、国歌、军旗、军徽、军歌、勋章等相同或者近似的，以及同中央国家机关的名称、标志、所在地特定地点的名称或者标志性建筑物的名称、图形相同的；（二）同外国的国家名称、国旗、国徽、军旗等相同或者近似的，但经该国政府同意的除外；（三）同政府间国际组织的名称、旗帜、徽记等相同或者近似的，但经该组织同意或者不易误导公众的除外；（四）与表明实施控制、予以保证的官方标志、检验印记相同或者近似的，但经授权的除外；（五）同'红十字'、'红新月'的名称、标志相同或者近似的；（六）带有民族歧视性的；（七）带有欺骗性，容易使公众对商品的质量等特点或者产地产生误认的；（八）有害于社会主义道德风尚或者有其他不良影响的。县级以上行政区划的地名或者公众知晓的外国地名，不得作为商标。但是，地名具有其他含义或者作为集体商标、证明商标组成部分的除外；已经注册的使用地名的商标继续有效。"

另外，根据我国《商标法》的规定，下列标志不能作为商标注册：

《商标法》第11条规定："下列标志不得作为商标注册：（一）仅有本商品的通用名称、图形、型号的；（二）仅直接表示商品的质量、主要原料、功能、用途、重量、数量及其他特点的；（三）其他缺乏显著特征的。前款所列标志经过使用取得显著特征，并便于识别的，可以作为商标注册。"

《商标法》第12条规定："以三维标志申请注册商标的，仅由商品自身的性质产生的形状、为获得技术效果而需有的商品形状或者使商品具有实质性价值的形状，不得注册。"

《商标法》第13条规定："为相关公众所熟知的商标，持有人认为其权利受到侵害时，可以依照本法规定请求驰名商标保护。就相同或者类似商品申请注册的商标是复制、摹仿或者翻译他人未在中国注册的驰名商标，容易导致混淆的，不予注册并禁止使用。就不相同或者不相类似商品申请注册的商标是复制、摹仿或者翻译他人已经在中国注册的驰名商标，误导公众，致使该驰名商标注册人的利益可能受到损害的，不予注册并禁止使用。"

（二）不能触及当地的文化、宗教禁忌

商标开发要迎合消费者的口味，绝不能用消费者忌讳的文字、图形作商标，应避开当地的文化、宗教禁忌，否则商品就有可能卖不出去，失去市场。例如在我国有"夜猫子进宅，无事不来"的说法，因此在我国的传统文化中猫头鹰被视为不祥，所以在我国设计商标时，就应考虑不使用猫头鹰作为标识。再如，如果企业的目标市场定位于穆斯林地区，在设计商标时就不要出现"猪"的形象，否则会触犯当地的民族禁忌。

（三）注册前要做好商标的检索工作

据统计，目前在我国注册的商标有好几百万个，如果企业自己设计的商标与已经注册的商标出现相同或近似，则在申请注册过程中会被驳回；即使商标侥幸获得注册，其他的权利人也有可能对其提出无效宣告，最终可能导致所申请的商标被宣告无效，造成一定的损失。如何保证自己设计的商标不与已经注册的商标出现相同或近似的情况，这就需要在商标注册前做好检索工作。中国商标网（网址是 http://sbj.cnipa.gov.cn/）提供注册商标的查询服务，同时还对注册的商标进行公告，届时到该网站查询即可。

三、企业商标布局应遵循的原则

企业的商标被设计出来后，接下来需要做的就是商标布局的谋划工作，这项工作对企业将来实现商标的运用具有非常重要的意义。因为商标布局的好坏直接关系企业商标权益的维护以及市场战略的实现。企业在商标布局谋划时，应当遵循一定的原则，其中最重要的有两项原则：商标及时注册原则和联合开发、系统防御原则，前者是对单个商标应遵循的原则，后者是企业开发多个商标应遵循的原则。

（一）商标及时注册原则

商标只有按照法律程序通过注册后才能获得法律保护（驰名商标除外），这是世界各国关于商标保护的统一规定。因此，企业在商标设计出来后，在使用前应该先申请注册商标，否则该商标就会得不到法律的保护，他人也可以随意使用该商标，而原权利人却难以通过法律手段制止其侵权行为；更有甚者，该商标一旦被他人抢先申请为注册商标，原权利人就会失去该商标使用的资格，甚至还会侵犯他人权利。所以，世界各国在商标开发方面均奉行"产品未动，商标先行"的理念，而不是商标"使用在先"的做法。

我国有不少企业的商标注册理念差，使用的商标不去商标局申请注册，结果吃了不少苦头。例如，我国广东省某集团公司的一饮料商标"强力"一直没有申请注册商标，但其饮料却在我国一些市场颇受欢迎，在此情况下，某一个小公司看准时机申请了"强力"注册商标，反过来指控广东的这家公司侵权，最后使该公司不得不花巨款将该注册商标购买过来。不仅如此，我国企业的商标在国际市场上也遭到频繁抢注，据国家工商总局的不完全统计，国内有15%的知名商标在国外被抢注，其中超过80个商标在印度尼西亚被抢注，近100个商标在日本被抢注，近200个商标在澳大利亚被抢注，每年商标被国外抢注的案件超过100起，特别是中国有不少老字号品牌如"狗不理""北京同仁堂""六必居""海信"等商标在国外遭到抢注，不仅影响了老字号的声誉，也给企业走出国门设置了贸易壁垒。另据国家工商管理总局商标局统计数据显示，自20世纪80年代，中国出口商品商标被抢注的有2000多起，造成每年约10亿元无形资产流失。可见，"商标及时注册"的理念淡薄，给企业带来的教训是非常深刻的。

（二）联合开发、系统防御原则

四川省宜宾五粮液集团有限公司在国家工商总局申请注册商标的同时，还陆续申请注册了"数字粮液"等多个保护性商标，包括"一粮液""二粮液""三粮液""四粮液""五粮液""六粮液""七粮液""八粮液""九粮液""十粮液""千粮液"等，此外，还申请注册了"五琅液""五银液""五梁液""五根液""五浪液""五埌液"等数百种与"五粮液"类似的商标。这种一个商标所有者在相同的商品上开发、注册若干个近似的商标的布局策略，被称为"联合商标"策略。这些商标中首先注册的或者主要使用的为主商标，其余的则为防御商标，即防止他人注册使用从而弱化主商标的市场价值。

在我国，当一个商标注册成功，尤其是成名之后，往往会在同一种或类似商品上有意或无意地出现其他近似商标。在我国商标法律意识正处于"初级阶段"，保护尚不完善的情况下，这种现象不可避免。所以，企业在现有使用的注册主商标的基础上，进行保护性防御商标注册，是较常用的保护手段之一。

当然这种防御商标的注册是有法律风险的，根据我国目前《商标法》规定，如果注册的商标没有正当理由连续 3 年未被使用，任何人或单位都可以申请撤销该注册商标。基于该项规定，如果防御商标连续 3 年未被使用，就存在被撤销的可能。

联合商标除了在相同的商品上开发注册若干个近似商标的情形外，还可以在不同类别的商品上注册一个或几个相同的商标。我国是尼斯协定缔约国，我国申请注册商标适用的分类是按照《商标注册用商品和服务国际分类尼斯协定》的规定执行的，该协定将商标注册用商品和服务分为 45 大类，其中商品 34 类，服务项目 11 类，每个大类项目下又分为若干小类，共包含一万多个商品和服务项目。申请人可以根据需要选择自己注册商标所适用的商品和服务项目类别。商品和服务类别的选择，决定了注册商标的使用和保护范围，商标在哪些类别、哪些群组、哪些商品或者服务项目上核准注册，对于申请人来说，都是至关重要的。所以企业在申请商标时，商品或者服务项目一定要选好，不仅要考虑目前的现实经营情况，还要考虑企业以后的发展，必须进行长远规划、适当储备并根据市场竞争状况系统地做好商标的防御工作，为企业的未来发展打好基础，这样才会免去很多后顾之忧。

为有效地实现商标的防御和储备，企业在商标适用选择类别上，所采用的布局主要有以下两种：

1. 商标全类注册

商标全类注册就是将《类似商品和服务区分表》中的 45 类全部申请注册。商标全类注册一般适用于经营规模化、其商标具有一定市场影响力的企业，如"海尔""娃哈哈""可口可乐"等商标都是全类注册的。通过全类注册，实现该商标在商品和服务适用领域的垄断，防止他人利用空隙"傍名牌""搭便车"，坐收渔翁之利。

但是，商标全类注册也有诸多弊端和风险：

首先，申请成本高。全类注册光商标局收取的费用就达 4 万元之多，再加上代理公司的代理费用等，总费用高达 10 万元之多。

其次，维护成本高。商标不是注册成功后就万事大吉了，注册成功才是商标管理的开始。企业为了维护品牌的唯一性和不被近似商标稀释，需要花大量金钱和时间进行管理、维护，特别是会不断地应对商标异议、商标无效、商标撤销、商标答辩等争议，企业将会为此付出大量的人力和财力解决这些问题。

最后，全类注册还面临已注册商标被撤销的法律风险。商标如果注册满 3 年未被实际使用，一旦有其他人提出撤销申请，很容易就会被撤销，这对企业又是得不偿失。

鉴于上述问题，不建议普通企业对其商标采用全类注册的方式。

2. 商标组合开发注册

商标组合开发注册就是主营业务加延伸领域注册的方式：首先根据自己的主营业务选择商标使用类别，然后再选择自己将来可能发展的领域，必要的情况下，将自己主营业务领域和未来发展领域的延伸领域或相近领域也进行类别选择，例如主营业务注册的是纺织类别，可将服装、鞋、帽及地毯、席类进行防御注册。

这种做法的成本低、维护和管理费用低，便于企业经营运作，有效地解决了企业过度防御注册的问题，也降低了企业在商标使用过程中的法律风险。

四、企业商标布局的模式

企业进行商标布局，主要有两种模式：统一商标的专业化布局模式和主副商标的多元化布局模式。

（一）统一商标的专业化布局

专业化经营的企业往往专注于某一领域的产品，甚至某一种产品，在这种情况下，企业只需要开发一个或几个商标即可，现在我国的许多中小企业因资金和规模的限制，决定了其主要从事专业化经营，因此大多只使用一个统一的商标。这种企业只采用一个商标品牌的模式，就是统一商标策略。统一商标策略使企业节省了开发成本，节省了维护、宣传和管理费用，有利于中小企业集中财力宣传商标，能迅速提高商标的知名度，使企业能够较快地取得可观的经济效益。例如江苏康博集团原来是生产"波司登"羽绒服的厂家，在"波司登"扬名后，该集团便相继推出了"波司登"牌运动鞋、牛仔裤、衬衫等系列产品。凭借"波斯登"的声誉，集团以新产品迅速扩大了市场占有率，取得了可观的经济效益。

采用统一商标策略的企业，因其具有明确的专业化方向、准确的产品定位，所以其在开发商标时，应当着重从商品的功能、用途入手进行设计，在不违反《商标法》的前提下，商标对产品具有一定的间接叙述或暗示，能够更好地引导消费者购买产品。例如世界著名品牌"雀巢"（Nestle），在德语里，Nestle 是小鸟巢的意思，英文的含义是"舒适，安顿下来"和"依偎"；因为英文雀巢（Nest）与它的名字为同一词根，所以中文一并译为"雀巢"，而雀巢图形自然会使人们联想到嗷嗷待哺的婴儿以及慈爱的母亲哺育婴儿的情景。因此，"雀巢"育儿奶粉的销量一直很好。

随着企业专业化经营的发展以及规模的扩大，企业也并非一直奉行"统一商标策略"，尤其在企业兼并或收购其他企业后，也会同时获得其他企业的品牌，从而在规模扩张过程中逐渐形成了多品牌的经营模式。例如青岛啤酒，原为青岛啤酒厂的一个单一品牌，1996 年以来，青岛啤酒运用兼并重组、破产收购、合资建厂及多种资本运作方法，在华南、华北、华东、东北、西北等全国啤酒消费重点区域控股了 45 家啤酒企业，最终形成了以"青岛啤酒"为主商标，以"崂山啤酒""汉斯啤酒""山水啤酒"等为子商标的品牌体系。

（二）主副商标的多元化布局

实行多元化经营的企业，需要根据其产品的种类和层次，开发较多的商标，具有一定数量的商标储备，以适应企业多元化市场战略的需要。在众多商标中，像日本的丰田、东芝、日立、索尼等大型公司一般采用主副商标的布局层次，通常是注册一个商标作为主商标，然后再根据产品的种类和层次在特定的商品上注册不同的副商标，形成主副结合、梯次搭配的商标布局结构。

1. 主商标的开发

多元化企业的主商标应该体现企业的文化内涵和形象，并应在多个类别及国家注册。主商标应当突出显著性，具有长久运作价值，其本身具有一定的反"傍名牌"的功能。[1]因此，用臆造词所设计的商标较为适合多元化企业的主商标使用，像大众、通用、丰田、美孚、宝洁等臆造词都是作为企业的主商标使用的。

实践中，企业的主商标往往又是企业的商号，作为企业的名称使用，例如宝洁公司的主商标是"宝洁"、通用汽车公司的主商标是"通用"等。另外，主商标还可作为公司的形象标识使用。采用企业的主商标、商号和形象标识"三位一体"布局模式，基于"同一视觉识别"效果，使企业形象、知名度和产品能得到更好的市场推广。

2. 副商标的开发

多元化企业副商标应根据商品的功能、用途选用商标素材进行开发，并根据产品的种类和层次形成逐次搭配的结构，设计这类商标可以对其产品具有间接的叙述性或有一定的暗示性，使消费者对商品的功能、效果产生积极的联想。例如宝洁公司根据旗下产品种类、用途和档次级别开发了诸多的副商标：护发品类有"飘柔""海飞丝""潘婷""伊卡璐""沙宣"；口腔护理品类有"佳洁士""欧乐B"；个人清洁用品类有"舒肤佳""卡玫尔""OLAY"；婴儿护理品类有"帮宝适"；妇女卫生用品类有"护舒宝""朵朵"；护理品类有"汰渍""碧浪"；护肤品类有"OLAY"；男士护肤有"OLAYMEN"等，这些商标逐次搭配，系统地代表了宝洁公司的产品结构。

第二节　企业商标运用管理

商标运用是企业商标管理的一个重要组成部分，商标的运用包括商标的使用及运营两个层次，前者是对商标的正确规范使用，这

---

[1] 王瑜、丁坚、滕云鹏：《企业知识产权战略实务》，知识产权出版社2009年版，第52页。

是商标运用的基础，后者则是通过市场运作实现经济效益，这是企业进行商标运用的更高层次的手段。

一、企业商标的使用管理

（一）企业商标的规范使用

商标使用是商标运营的基础，商标的规范使用，能更好地实现商标运营。按照我国《商标法》第48条规定："本法所称商标的使用，是指将商标用于商品、商品包装或者容器以及商品交易文书上，或者将商标用于广告宣传、展览以及其他商业活动中，用于识别商品来源的行为。"如何正确使用商标，使其更好地进行市场推广，实现企业市场占有，同时又使得商标的使用符合规范要求呢？笔者建议从以下几方面入手。

1. 商标使用要在显著位置，引人注目

大家是否经常发现这样的现象：在许多商品的包装上，显眼的是该产品的通用名称，例如葡萄酒、蛋糕、饼干、挂面、红茶、绿茶等，而其商标却被标注在一个非常不起眼的角落里，让消费者很难识别这是什么牌子的产品。而世界驰名的跨国企业的品牌，"可口可乐""麦当劳""耐克"等，都是将其商标标注在其包装非常显眼的位置，例如"可口可乐"，无论其易拉罐包装，还是其玻璃瓶外观，都印着一个大的、环绕的"Coca-Cola"文字，非常醒目，使消费者看到该商品时首先看到的就是"Coca-Cola"商标，非常容易识别出商品的生产者。这就是商标使用中两种不同的意识理念，前者不注重"品牌"的培养和宣传，不能形成持久的市场竞争力，而后者则有着极强的"品牌"意识，通过商标的销售不断强化自己的"品牌"及市场影响力，从而使自己的市场占有率越来越高。因此，我国企业在商标使用中应纠正以往不恰当的做法，像国外企业那样，将商标置于显著、突出、核心的位置，使其具有很强的视觉冲击力，使消费者在琳琅满目的商品中很快能够看到自己的商标，而不能本末倒置，重点渲染商品名称。特别是应处理好商标使用、商品包装和装潢的关系，在商品包装和装潢设计中，应当以商标为中心，将商标设计置于显著位置，同时将商标与商品名称统一起来。这样才能使消费者在购买商品或者接受服务时，对商标产生非常深刻的印象。[1]

2. 商标要持续使用

企业商标的市场影响力不是短时间内就具备的，它是企业经过长期的营销，通过不断地宣传、推广而逐渐被市场所认可而形成的。例如"福特""梅赛德斯-奔驰""大众""可口可乐"等世界知名品牌都有上百年的历史，再如我国的"全聚德""同仁堂""狗不理""老凤祥"等品牌也具有上百年的积淀。所有知名品牌的形成通常蕴含了时间的积淀，因此，企业在品牌培育方面就应持续使用商标，不要今天用这个商标，明天又用另一个，这样"朝令夕改"既不利于企业品牌的培育，又会浪费企业的市场资源，不利于企业市场的推广。

当然，商标的持续使用并不排除企业在使用上的灵活性，企业可针对市场千变万化的情况，在不同时期对不同品质、不同特点的商品采用不同的商标使用方式，例如根据市场竞争需要采用一品多牌、统一商标方式、主副商标方式等。

3. 商标使用要符合法律规范

商标使用要符合法律规范，否则就会受到禁止或处罚，这是在商标使用过程中应重点考虑的问题。我国《商标法》及其实施细则对商标的使用管理主要体现在以下几方面：

（1）使用注册商标，可以在商品、商品包装、说明书或者其他附着物上标明"注册商标"或者注册标记，注册标记应当标注在商标的右上角或者右下角。

（2）商标注册人在使用注册商标的过程中，不得自行改变注册商标、注册人名义、地址或者其他注册事项。

（3）《商标注册证》遗失或者破损的，应当向商标局提交补发《商标注册证》申请书。《商标注册证》遗失的，应当在《商标公告》上刊登遗失声明；《商标注册证》破损的，应当在提交补发申

---

〔1〕 冯晓青："企业商标使用策略研究"，载《东南大学学报（哲学社会科学版）》2006 年第 5 期。

请时交回商标局。

（4）商标注册人需要商标局补发商标变更、转让、续展证明，出具商标注册证明，或者商标申请人需要商标局出具优先权证明文件的，应当向商标局提交相应申请书。

（5）注册商标无正当理由连续 3 年不使用的，任何单位或者个人均可向商标局申请撤销该注册商标。

企业在使用商标时，应当注意以上规定，避免违反而承担法律责任。

（二）商标使用的方式

1. "一品多牌"使用模式

"一品多牌"使用模式是指企业对自己的一种产品或服务根据其市场定位的不同而采用不同商标的营销模式。选择该种品牌使用模式，通常是企业对自己的同一产品或服务有不同的市场定位，为区分其市场定位而采用不同的品牌。例如宝洁公司针对其洗发水，分别使用了"飘柔""潘婷""海飞丝"等商标，其中"飘柔"主要针对三四级乡镇和县区市场；"潘婷"针对中档人群，主打乳液修复概念；"海飞丝"针对中高档和具有去屑需求的高端消费群体。我国的"五粮液"酒也是采用"一品多牌"的营销模式，其根据不同的消费群体，分别开发了"金六福""浏阳河""京酒""五粮春""尖庄"等品牌。

企业采用"一品多牌"方式，应注意以下几点：①各品牌之间实施严格的市场区隔并协同对外，品牌之间"不打架"；②在营销和广告策略上应充分体现各品牌之间的差异；③新品牌的独特卖点应有足够的吸引力；④每一品牌所面对的细分市场具有规模性；⑤顺应市场的需要及时调整品牌数量与定位；⑥充分考虑风险性。[1]

使用"一品多牌"模式的优点是，企业面向不同的消费群体和不同的市场，市场占有率高；因为产品分属不同的品牌，一个品牌出现问题，一般不会影响其他品牌产品的销售，所以一品多牌能有

---

[1] "叶剑：中国企业一牌多品还是一品多牌？"，载 http://www.tech-food.com/kndata/1029/0059908.htm，最后访问时间：2015 年 7 月 1 日。

效地抵御市场风险；另外，在企业内部，可以促成不同品牌管理者之间的合理竞争，激励士气。

当然，一品多牌也有其自身的缺点，主要是企业推广和维护的费用较高，因为要对多个品牌进行宣传和推广，需要投入大量的人力和财力，一般企业难以支撑其巨大的人力和财务成本，所以该营销模式主要适用于资金雄厚的大企业。另外，这种多个品牌、多种营销及传播的模式，无论在资金、人才及管理上都对企业提出挑战，往往会造成企业顾此失彼，耗费精力，与单一品牌推广相比，多品牌的推广难度相对较高。

2."多品一牌"使用模式

"多品一牌"使用模式又称"统一商标"模式，是企业经营的不同种类的商品或服务使用统一的商标的营销模式。"多品一牌"模式首先起家于"一牌一品"，然后采用品牌延伸的策略，利用原来产品为品牌所建立的市场忠诚度，使市场转移至新的产品中，从而实现"一牌一品"到"一牌多品"的产品延伸。海尔公司就是"多品一牌"使用的典范。海尔公司从做冰箱产品开始，企业所用的品牌就是"海尔"，取得了巨大的成功，后来经过多轮的兼并和扩张，海尔公司先后涉足冷柜、空调、洗衣机、彩电等电器产品，都一直使用"海尔"品牌，再后来，海尔公司投资电脑、医药、房地产等领域，还是使用"海尔"品牌，品牌不断延伸形成"多品一牌"的模式，使"海尔"品牌誉满全国并走向世界。杭州的"娃哈哈"也是使用"多品一牌"模式的成功者，"娃哈哈"品牌旗下的产品最初是营养液，后来又涉及果奶，这两种产品使企业获得了巨大的成功，曾一度占据中国市场的半壁江山；后来"娃哈哈"公司决定进军纯净水市场，在另起炉灶使用新商标还是继续沿用"娃哈哈"商标的问题上，集团创始人权衡利弊，决定采用品牌延伸的策略，继续实施其"多品一牌"模式，利用"娃哈哈"品牌所积淀的市场优势，为其在纯净水市场争得一席之地。

企业是否选择"多品一牌"策略关键看企业是否有可包容这些产品的核心竞争力。"一牌多品"的核心可以是企业文化、表现于外部界面，可以是有形的产品专利，也可以是无形的创新机制；可以是卓越的产品质量，也可以是完美的营销服务，甚至是企业崇尚的一种经营理念。这些不同的能力因为拥有具体属性而产生不同的产品包容力，也就决定了品牌延伸的可能性。[1]

采用"多品一牌"模式的优点主要是有利于企业建立强大的品牌，因为企业的所有资源都用于一个商标的宣传、推广，使企业的品牌在短时间内迅速获得各种资源的优势，从而有利于企业品牌价值的迅速提升。因此，"多品一牌"模式的品牌培育成本低、见效快，一个类别产品建立的忠诚度很容易会转移到同一品牌的其他类别的产品，从而使得新产品的推广变得更容易，这是"一品多牌"模式所不具备的。因此，企业规模小、资金少、正处于发展阶段的企业适合采用此种方式，目前我国的企业多采用"多品一牌"模式。

"多品一牌"模式的缺点也是很明显的，就是统一品牌下的各个产品"一荣俱荣，一损俱损"，即在"多品一牌"模式下，往往一个产品出现问题，会影响到其他产品，甚至会给企业带来灭顶之灾。最典型的当属"三鹿"集团的"三聚氰胺"事件，该企业实施"多品一牌"的模式，"三鹿"注册商标曾入选中国 500 个最具价值品牌，还被评为最具市场竞争力品牌，但 2008 年其生产销售的奶粉因涉及"婴儿结石"被查出"三聚氰胺"，造成了极坏的市场影响，致使标有"三鹿"商标的产品全部停止销售，企业最终也走向破产。

3. 商标分类使用模式

商标分类使用模式是指企业在同一类型商品或服务上使用同一种商标，在不同种类型的商品或服务上使用不同商标的营销模式。中粮集团就是采用商标分类使用模式的企业，其在食用油上使用的是"福临门"商标，在肉类食品上使用的是"家乐康"商标，食品罐头方面使用的是"梅林""象山"商标，在葡萄酒方面使用的是"长城"商标，在黄酒方面使用的是"孔乙己""黄中皇"商标，在酒店服务方面使用的是"凯莱"商标。

商标分类使用模式的优点是可以实现企业对某一类商品或服务

---

〔1〕 "叶剑：中国企业一牌多品还是一品多牌"，载 http://www.tech-food.com/kndata/1029/0059908.htm，最后访问时间：2015 年 7 月 1 日。

的重点开发、运营，包括对品牌的转让或投资，而且该项运营一旦失利，对企业的其他类商品或服务也不会构成影响。缺点是企业经营的商品或服务种类多，品牌多，要全面开发，投入的成本高，付出的精力多，且难以保证所有的品牌都会运营成功。所以在选择商标分类使用模式时，对品牌的运营应有所侧重，选择运营的重点，实现重点突破，不要全面出击，否则将得不偿失。

4. 主副商标模式

主副商标模式是指企业将体现企业文化或精神的商标作为主商标，同时根据产品的种类和层次在特定的商品上使用不同的副商标，形成主副结合、梯次搭配的商标布局结构营销模式。主副商标模式兼顾了使用单一商标和使用多种商标的优点，既可以利用主商标的影响力来提升新产品的知名度，保障新产品的品质信誉，从而降低新产品的推广宣传费用；又可以利用副商标向消费者提示具体产品的个性化，并且可以避免新产品营销失败带来的"一损俱损"的风险，不失为一种较好的商标使用策略。

主副商标模式比较适宜于具有多门类、多品种产品的大型企业，目前在家电制造业、汽车制造业采用得较多。例如丰田汽车公司在汽车上分别使用"TOYOTA Crown""TOYOTA Coaster""TOYOT Hiace"等主副商标，上海通用汽车公司用其主商标"上海通用"，分别根据轿车的不同定位，分别使用了"凯迪拉克""别克""雪佛兰"等副商标，而"别克"又根据轿车不同的级别，分别使用"凯越""英朗""君威""君越""林荫大道"等二级副商标；而"雪佛兰"也是根据轿车不同的级别，分别使用"乐风""科鲁兹""迈瑞宝"等二级副商标，这系列商标形成了上海通用汽车公司主副结合、梯次搭配的品牌体系。

5. 商标与商号一体化使用模式

商号是指企业的字号，是企业名称的组成部分，它与商标同属知识产权的范畴。商标与商号一体化使用模式是指企业将其商号申请为注册商标进行使用或将注册商标用作企业的商号。

实行商号与商标一体化，对商号权与商标权统一保护是企业参与市场竞争、有效保护自己的名称权和商标权的一项重要策略。目前，世界各国企业越来越意识到商号与商标一体化的重要意义，尤其是知名跨国企业在商号与商标统一方面早已捷足先登，像"可口可乐""丰田""松下""波音"等都是商号与商标统一的典型范例。著名的耐克国际有限公司，其原来的名称叫比阿埃斯公司，由于该公司用在服装鞋子上的"耐克"商标家喻户晓，为各地消费者所认同，所以公司就将"耐克"用作了公司的商号。这样，无论是企业本身的广告宣传，还是广大消费者相互推荐传扬，在介绍"耐克"这个品牌的同时也宣传了公司。[1]

我国的许多企业也认识到商号与商标一体化策略的重要性，在市场竞争中实行商号与商标的统一，如我国的"同仁堂""全聚德""贵州茅台"等文字商标都来自我国的老字号企业。另外，广东省健力宝集团有限公司、南京熊猫电子集团、杭州华日电冰箱厂、山东孔府宴酒厂、内蒙古伊利实业股份有限公司等企业也都实现了商号与商标一体化。

二、企业商标的运营管理

商标运营是指企业利用商标这一最重要的无形资产，在营造强势品牌的基础上，发挥商标形成强势品牌的扩张功能，促进产品的生产经营，使品牌资产有形化，实现企业长期成长和企业价值增值的市场营销手段。商标运营是企业占领市场、获取经济效率的核心手段，是商标运营的高级层次。企业在商标运营管理中所采取的策略一般有：广告宣传策略、品牌收购策略、许可经营策略、质押融资策略、投资入股策略、商标 CI 策略等。

（一）广告宣传策略

企业的产品要想获得市场及消费者的认可，必须要有可靠的品质（包括好的质量或先进技术），因此品质决定着其商标信誉的好坏。而商标信誉在消费者心中的形成，就涉及对商标的市场认知问题。消费者对商标的认知通常有两个来源：使用商品和广告宣传。而在当前市场竞争激烈的知识经济条件下，广告宣传成为消费者对

---

〔1〕 牛玉科："企业商号与商标一体化策略研究"，载《经济与管理》2009 年第 4 期。

企业产品和商标认知的主要手段。如果说质量、技术是企业实施商标战略的主体、根本和动力，那么广告就是实施商标战略的翅膀，是品牌成名前腾飞的重要武器。因此在当今社会，无论是在室内室外、街头墙角，还是在报纸杂志、电视、网络等信息传播媒介，到处都是铺天盖地以商标为核心的广告宣传。2004 年 11 月 18 日，宝洁公司以 3.85 亿元的中标额成为央视广告招标以来的首个"洋标王"，此后又接连夺得央视广告 2005 年和 2006 年的"标王"，可见其品牌推广的力度之大。

在现代市场经济条件下，不利用广告手段进行宣传，就不可能提高消费者对企业品牌、商标的认知度。事实上，当今像"海尔""海信""通用""西门子""丰田""索尼"等知名品牌，无一不重视品牌的广告宣传工作。企业在实施广告战略时，一定要注意三点：一是广告要真实，不说过头话，不做虚假广告，要实事求是地宣传自己的产品品牌和企业品牌；二是要考虑经济承受能力，选择适合自己承受能力的广告形式，在扩大广告效果的同时，努力节约广告投入成本；三是要突出重点，主题明确，语言精练，形象生动，恰到好处。[1]

（二）品牌收购策略

品牌收购策略是指企业通过并购其他品牌以获得其他品牌的市场地位和品牌资产，从而增强自己实力的一种运营策略。相比商标开发而言，品牌收购是一种极为迅速的品牌组合建立方法。

品牌收购一般有两种方式：一是直接购买该企业的商标，该方式风险小、成本低，但操作难度大，因为企业很少只卖自己的商标，往往是商标连同企业本身一起打包出售；另一种方式是通过并购该企业从而获得该商标，该方式风险大、成本高，但在实践中易于操作。

在品牌经营时代，品牌收购往往带有品牌扩张的目的。品牌化经营的企业，其扩张以品牌扩张为核心动机。通过收购其他企业的

---

〔1〕 刘尚华："现代企业知识产权战略之二——商标战略"，载 http://www.doc88.com/p-9045705179022.html，最后访问时间：2022 年 3 月 21 日。

品牌，企业可利用其品牌资源进行经营，有利于扩大原有品牌所涵盖产品的生产规模，以获取更大的市场力量，实现品牌的快速区域扩张（特别是海外扩张），重构企业的竞争力范围，如青岛啤酒集团利用其"青岛啤酒"这一驰名品牌进行"低成本扩张"实现规模化，就是较为典型的例子。另外，通过品牌收购，企业可以绕开贸易壁垒进军其他国家和地区的市场，同时还可能为品牌延伸、实现产品多元化铺平道路。

品牌收购是跨国公司向中国市场进军的重要知识产权运营手段。在2003年和2004年欧莱雅公司收购"小护士""羽西"，掀起十年中第一波外资日化收购热潮之后，2007年德国拜尔斯道夫公司购入丝宝日化公司，涉及"舒蕾""美涛""风影""顺爽"四大品牌，2008年强生公司收购了北京大宝公司，2010年12月法国科蒂公司收购了"丁家宜"。可以说，在国外企业的攻击下，中国的化妆品品牌纷纷沦陷。

当然，中国企业也有海外收购的案例，2010年8月2日，吉利控股集团正式完成对福特汽车公司旗下沃尔沃轿车公司的全部股权收购，从而实现了对"沃尔沃"品牌的收购。"吉利"成功收购"沃尔沃"后，既可以维持"沃尔沃"的高端品牌形象，在利用"沃尔沃"技术的同时还能提升"吉利"品牌的定位，使其不断脱离低端形象，利用细分的"吉利""华普""帝豪""全球鹰""上海英伦""沃尔沃"来划分不同的市场，"沃尔沃"主打中高端市场，"吉利"主打中低端市场，多品牌战略正是"吉利"在高端发展过程中遇到瓶颈之后的最佳选择。[1]

（三）许可经营策略

商标许可经营，又称商标特许经营，是一种以协议方式形成的特许方将商标使用权授权给受许方，允许受许方在一定时期和地域内使用许可商标进行经营的方式。像麦当劳、肯德基都是商标许可经营的典范。

---

〔1〕 轩子伟、娄峻峰："吉利收购沃尔沃：赢得汽车竞争的三大战略"，载 http://blog.sina.com.cn/loujunfeng777，最后访问时间：2022年3月21日。

商标许可经营是商标运营中的一种非常有效的方式。通过许可经营，企业可以利用品牌作为发展的有力资源，实现通过商标运营增加利润的目的。同时，通过商标许可经营还可以进一步提升品牌价值，扩大品牌市场的影响力。"全聚德"集团曾经一直坚持品牌自营，规模难以扩展，致使烤鸭的销售一直局限在北京地区，不能有效扩大销售范围，增强品牌的影响力和提升品牌价值。后来"全聚德"进行了商标运营规划，实施了商标许可经营，告别单店经营的时代。结果在短短7年时间内，"全聚德"就成为拥有60多家海内外加盟连锁店成员的大型跨国餐饮连锁集团。1999年共完成营业收入2亿元，实现利税3756万元，实现利润2731.4万元；"全聚德"品牌的价值也迅速增长，经权威机构评估，该品牌无形资产价值已达17亿元，是原来的4.63倍。

此外，商标许可经营还是一种低成本、低风险的品牌延伸手段。因为在商标许可经营方式下，商标许可人可以借助受许人的财务资源、人力资源实现品牌的延伸，也正是这个原因使得商标许可经营成了商标延伸的有效方式。据统计，目前美国的社会零售总额中有半数是通过商标许可经营方式实现的，平均每8分钟就有一个特许加盟店开业。现有的558 000个特许经营店已渗透了75个行业、4800家公司。在英国，目前共有25 000家特许权公司，通过商标许可经营投资扩充的直接资本多达25亿英镑。[1]

实施商标许可经营，必须要把握如下几点：

（1）特许方应具有较强的品牌管理能力。商标许可方特许商标给予受许方使用，实质上是其品牌规模的扩大，在商标许可经营过程中涉及品牌的市场反馈信息的搜集、品牌产品的质量监控、品牌使用者营销行为的限制等一系列问题，这些都需要特许方有很强的品牌管理能力，方能有效处理好上述问题。

（2）特许方必须巩固其商标的核心产品。作为商标许可经营的商标在实践中可能会有若干个产品来进行使用，但商标的核心产品是品牌得以发展和成熟的关键。如商标的主导产品不突出就盲目地

---

〔1〕　韦明：《品牌营销——中国人的品牌课堂》，中国致公出版社2008年版，第1页。

进行品牌扩张，极易造成品牌形象的弱化，对品牌的长期建设极为不利。

（3）商标许可方应对受许方及所在产业或行业进行充分的市场考察。考察受许方企业是否有足够的条件和能力运作一个知名品牌，还要考察其经营能力，包括生产的产品或服务的质量、企业的财务状况、企业诚信状况等能否达到商标许可方的要求。在商标许可之后，更要加强对受许方品牌运营的监督与控制。另外，还要考察受许方的行业和市场是否适合商标许可经营，因为并不是所有的行业或领域都适合商标许可经营，尤其是竞争异常激烈而行业利润并不高的市场就应该避免商标许可经营。

（4）通过合同明确双方的权利义务。商标许可经营模式中商标许可方和受许方在对待品牌利益期限上存在明显的不匹配，商标许可方不仅考虑短期利益，同时也会注重长期利益，而受许方更关注的是短期利益的最大化，利益分歧导致了这种制度安排的内在矛盾，同时由于商标许可方以契约方式对受许方实施间接监控存在一定的难度，鉴于商标许可经营存在的这些问题及矛盾，双方应当在合同中协调解决。

（四）质押融资策略

商标质押融资是商标注册人以其商标专用权抵押的方式向金融机构取得贷款的一种融资行为。目前，商标质押融资在我国正处于起步阶段，主要靠地方政府来倡导和推动。依据国家商标局登记信息，2013 年全国商标专用权质押融资数量为 720 件，融资金额近300 亿元，呈现量价齐涨之势。但由于我国商标专用权质押法律制度、法规尚不完善，而且商标专用权价值存在不确定、不稳定的高风险因素，还具有不易处置，变现难的特点，所以商标专用权质押存在诸多困境，其整体发展不容乐观。目前凡是以知识产权质押为中小企业融资的银行，对于贷款企业的授信额度都相对较低。以交通银行为例，该行对知识产权质押贷款采用综合授信方式，发明专利权的授信额不超过评估值的 25%，实用新型专利权的授信额不超过评估值的 15%，商标专用权的授信额不超过评估值的 50%，最高贷款金额为 1000 万元，最长期限为 3 年。

商标质押融资的流程如下：

1. 贷款申请

注册商标的专用权人以其注册商标质押作为条件，向金融机构提出借款申请。

2. 审核

金融机构银行收到借款申请后，应对申请人的借款用途、资信状况、偿还能力资料的真实性，以及质押商标的基本情况进行调查核实，审核完毕后对是否同意给申请人借款给予答复。

3. 商标价值评估

金融机构与申请人达成初步借款意向后，由申请人委托银行认可的评估机构对拟进行质押的商标进行价值评估，评估的价值作为借款授信额度的计算依据。

4. 签订借款合同与质押合同

金融机构根据商标价值的评估结果，确定借款的金额后，与借款人签订借款合同与质押合同。

5. 办理商标专用权的质押登记

质押合同签署后，借贷双方应到国家知识产权局商标局办理注册商标专用权质权登记。根据《注册商标专用权质权登记程序规定》（已失效）的要求，质权登记申请应由质权人和出质人共同提出。质权人和出质人可以直接向商标局申请，也可以委托商标代理机构代理。在中国没有经常居所或者营业场所的外国人或者外国企业应当委托代理机构办理。

根据《注册商标专用权质权登记程序规定》第4条规定："申请注册商标专用权质权登记的，应提交下列文件：（一）申请人签字或者盖章的《商标专用权质权登记申请书》；（二）出质人、质权人的主体资格证明或者自然人身份证明复印件；（三）主合同和注册商标专用权质权合同；（四）直接办理的，应当提交授权委托书以及被委托人的身份证明；委托商标代理机构办理的，应当提交商标代理委托书；（五）出质注册商标的注册证复印件；（六）出质商标专用权的价值评估报告。如果质权人和出质人双方已就出质商标专用权的价值达成一致意见并提交了相关书面认可文件，申请人可不再提交；

（七）其他需要提供的材料。上述文件为外文的，应当同时提交其中文译文。中文译文应当由翻译单位和翻译人员签字盖章确认。"

（五）投资入股策略

我国《公司法》规定知识产权可以通过评估作价的方式对公司投资入股，作为知识产权的商标权自然也可以投资入股。商标权的投资入股，广义上有两种方式：一是以商标所有权作为出资，投资方依法将所拥有的注册商标转让至被投资企业名下，被投资企业成为新的商标权人，投资方则丧失对商标的专用权；二是以一定年限内的商标许可使用权作为出资，投资方将注册商标按照一定的条件和期限许可给被投资企业，被投资企业享有在许可期限内按照设定的条件使用注册商标的权利，而投资方仍是注册商标的所有人，采用商标使用权出资的，需要签订商标许可协议，明确许可的方式（独占、排他和普通使用许可）。

作为法律意义上的商标权投资入股，需要办理商标权人的变更登记手续，否则将会被认定出资不到位。根据《最高人民法院关于适用<中华人民共和国公司法>若干问题的规定（三）》（2020年修正）第10条规定："出资人以房屋、土地使用权或者需要办理权属登记的知识产权等财产出资，已经交付公司使用但未办理权属变更手续，公司、其他股东或者公司债权人主张认定出资人未履行出资义务的，人民法院应当责令当事人在指定的合理期间内办理权属变更手续；在前述期间内办理了权属变更手续的，人民法院应当认定其已经履行了出资义务；出资人主张自其实际交付财产给公司使用时享有相应股东权利的，人民法院应予支持。出资人以前款规定的财产出资，已经办理权属变更手续但未交付给公司使用，公司或者其他股东主张其向公司交付、并在实际交付之前不享有相应股东权利的，人民法院应予支持。"可见法定意义的商标权出资，必须办理权属变更登记。

商标权投资，必须在出资协议中明确商标的投资方式，商标的出价数额，使用商标的商品品种、数量、时限及区域，商标的收益分配，企业终止后商标的归属等内容。同时要按照规定对商标进行评估作价。评估作价是商标出资入股最重要的一个环节，评估应当委托由国家知识产权局核定的商标评估机构进行商标评估，否则评估结果不被认可。下列因素可能影响注册商标的评估价值：注册商标是否已满5年的"无争议期"；该商标的广告宣传费用；使用该商标的商品在国内外的销售量和销售区域；该商标最早使用及连续使用的时间；该商标在国内外的注册情况；使用该商标的商品近期的主要经济指标（如年产量、销售额、利润、市场占有率等）及其在同行业中的排名等。

用商标权投资，还要报经商标主管部门审查，审查时应提交商标评估报告及有关商标投资文件。商标主管部门在收到材料之日起30日内，作出审查决定。被投资企业在申请工商注册时，应向工商行政管理机关提交商标主管部门的审查文件，未提交审查文件的，将不能获得登记注册。

（六）商标CI策略

CI源于英文"Corporate Identity System"，中文意思是企业识别系统，是指企业运用视觉设计和行为展现，将企业理念与特质系统化、规范化、视觉化，以塑造独特的企业形象，并准确地传达给公众，从而获得他们的认可与信赖。该系统由企业理念识别（MI）、企业行为识别（BI）和企业视觉识别（VI）三大支柱组成，是企业内在形象和外部形象的传播工具。[1]

CI系统是将企业的企业经营理念以及由此产生的经营活动，通过特定的识别信息来增进社会的好感与认同。确切地说，企业形象识别系统以商标的造型与色彩设计为核心，运用综合的市场营销传播技术，特别是视觉传播技术，将企业的经营理念、管理特色、社会使命感、产品包装风格与产销策略传达给公众，以树立良好的企业形象，使社会公众更好地了解企业的价值观，对企业产生认同感，从而赢取社会公众的信赖与肯定，实现企业产品和服务的更好推广，最终为企业带来更好的经济效益。

企业要建立其形象识别系统，应将企业的经营理念，以及在企业理念指导下在企业内外部形成的全体员工自觉遵守的工作方式和

---

[1]　江亚芳："引入CI战略 培育优秀医院文化"，载《江苏卫生事业管理》2010年第2期。

行为规范形成明确而统一的概念，然后通过企业独特的一整套识别标志系统，运用综合的传播媒介系统将其传达给社会公众。作为市场竞争中的一种识别体系，同时应借助识别系统表现出企业个性和精神视觉形象，使消费者产生一致的深刻认同感。

现代企业在营销中，形成了市场沟通的新方向，形成了营销沟通的新策略。主要以下列三个方面为主导：①以品牌为基本沟通工具，塑造富于生命活力的品牌；②以整体的企业形象作为同消费市场相沟通的工具，以期达到长远价值的整体形象；③综合运用混合式营销沟通。因此，这就需要为消费者设立"容易被记住"的标志，塑造出能够被消费者认同的企业形象，创造出使消费者"崇拜"的性格，才有可能在新的市场营销环境中立于不败之地，而商标就承担了为消费者建立起"容易被记住"的标志的任务。[1]在企业整个的CI系统中，标志、标志字和标志色是核心，而商标是其中最重要的识别标志，它本身所具备的识别功能以及体现企业文化价值理念的同质性特征，再加上其所有的直观性、艺术性、表意性的构成元素，使其成为企业CI体系的核心，在推行CI中具有决定性的作用。

企业推行商标的CI策略，就应使商标设计、商标使用、商标宣传等与CI系统的要求相符。例如"麦当劳"，其企业理念是Q、S、C+V，即优质（Quality）、服务（Service）、清洁（Clean）和价值（Value）；"麦当劳"忠实地推行它的企业理念，而且渗透到整个组织内，推出具体的企业行动；这些理念和行动，都蕴含于其弧形的企业标志（也是商标）的字形"M"中，以黄色为标准色，稍暗的红色为辅助色，宣传标语是世界通用的语言——"麦当劳"。在"麦当劳"的视觉识别中，最优秀的是黄色标准色和M字形的企业标志：黄色让人想到食欲好，M很简单的设计，无论大小都能实现，从很远的地方就能识别出来，识别度很高。M型的弧形图案非常柔和，和店铺大门的形状结合起来，象征着两扇打开的门、快乐的门。

---

〔1〕 于向东、冷春丽："商标、CI战略与企业营销"，载《艺术研究》2004年第2期。

三、企业商标的反淡化管理

大家是否知道"Jeep""氟利昂""阿司匹林"原来都是国际知名品牌，但在中国，"Jeep"却成为越野车的代名词，"氟利昂"则成为制冷剂的代名词，而"阿司匹林"则成为一种药品的通用名称。这些事例说明，在一定条件下，一个商标有可能演变为商品的通用名称。如果商标演变为商品的通用名称，会产生什么问题呢？根据我国《商标法》的规定，注册商标成为其核定使用的商品的通用名称，任何单位或者个人均可以向商标局申请撤销该注册商标。例如朗科公司的"优盘"商标被国家商标总局认定为商品通用名称而予以撤销注册。

企业商标被淡化为产品的通用名称主要可通过两个途径：

（一）企业自己将商标作为产品名称使用

如果一个企业长期将其商标作为其产品的商品名称，以致消费者认为这并非一个商标，而是代表一种商品名称，进而引起其他企业也生产这样的商品，那么，这个商标就不能起到商标的识别作用，而成为一种商品的通用名称了。在这种情况下，商标就失去了其识别标志的功能，就没有必要按照《商标法》对其进行保护了，最典型的当属朗科公司的"优盘"商标被撤销一案。另外，仁和康美公司的"妇炎洁"曾是全国第一个由司法认定却未注册的中国驰名商标，但该公司在对外宣传中，没有将其产品名称和商标区分开来，客观上将其作为产品名称来对外宣传，最后致使消费者将"妇炎洁"当成了产品的名称。此后，该公司经历了几场维权诉讼，"妇炎洁"最终被认定为知名商标的特有名称，排除在商标之外。

（二）他人的商标淡化行为

商标淡化指未经权利人许可，将与驰名商标相同或相似的文字、图形及其组合在其他不相同或不相似的商品或服务上使用，从而减少、削弱该驰名商标的识别性和显著性，损害、玷污其商誉的行为。

商标淡化是在市场竞争中产生的，最初是一些经营者为了利用驰名商标的品牌效应采取的"搭便车"行为。这些经营者不愿付出成本，急功近利，利用他人驰名商标的品牌效应妄图浑水摸鱼。淡化行为人正是利用驰名商标的信誉优势，市场竞争力优势与消费心理优势，误导、诱骗广大消费者轻易作出购买选择，从中牟利。商标淡化行为给商标权人最直接的危害之一就是商标弱化，所谓商标弱化是指本来只与特定商品或服务联系的商标由于被用在其他商品或服务上，从而降低了该商标的绝对显著性，模糊了该商标与商品或服务间的唯一联系。[1]弱化的危害结果之一就是使商标成为商品的通用名称。例如将"Jeep"曲解为越野车的通用名称，将"氟利昂"曲解为制冷剂的通用名称等，这些都使得商标指向特定商品的显著性和可识别性完全丧失。

如何防止商标被通用化呢？

1. 选择显著性强的标识

如果商标的含义与所指商品的特点和用途有一定的联系，使用不当则很容易会变成商品的通用名称。另外，显著性不强的商标容易被他人以合理使用为抗辩事由运用在自己的商品上。所以，在注册申请时应选择显著性较强的商标，从而防止商标被淡化。

2. 正确使用注册商标

①权利人应按商标法的要求正确使用注册商标。②企业在推出商标和新产品时，一定要正确区分商品名称和商标。因为在新产品上市之初，很容易用商标去命名商品，由此造成商标逐渐通用化，例如蒙牛公司在其"特仑苏"的广告中，特别强调一句"并不是所有牛奶都叫特仑苏"。③权利人尤其要防止商标作为商品名称被列入国家标准、行业标准、工具书、词典等文件中。这类情况，在药品名称和商标冲突的案例中尤为突出。

3. 进行积极主动的维权

权利人若发现他人将其注册商标作为商品名称或其他描述性说明等，应当及时实施维权行动，要求立即停止不当使用行为，必要时在公共的媒体或报刊发布公告。在此需要注意的是，权利人的维权行为必须要及时，否则会放纵他人的不正当使用，导致商标通用

---

[1] 张英怀、袁莎莎："论商标淡化及企业的应对策略"，载《现代商贸工业》2008年第6期。

成为既成事实，那时再维权则无力回天。

第三节 企业驰名商标管理

21 世纪是名牌产品争夺天下的时代。因此，发展名牌产品、实施名牌战略，是企业生存和发展的必备条件。名牌通常是驰名商标和驰名商号的聚合体，而驰名商标则是名牌产品的重要标志，企业名牌战略应当以创立驰名商标为核心。

一、驰名商标的概念及意义

驰名商标作为国际上通用的一个法律概念，最早出现于 1883 年《保护工业产权巴黎公约》，但该公约对什么是驰名商标并没有明确规定，各国赋予它的法律含义也不尽相同。我国现行的《商标法》第 13 条第 1 款规定"为相关公众所熟知的商标，持有人认为其权利受到侵害时，可以依照本法规定请求驰名商标保护"，我国 2014 年修订的《驰名商标认定和保护规定》对"驰名商标"的定义是"在中国为相关公众所熟知的商标"，其中"相关公众"包括与使用商标所标示的某类商品或者服务有关的消费者，生产前述商品或者提供服务的其他经营者以及经销渠道中所涉及的销售者和相关人员等。

驰名商标是企业品牌战略追求的最高目标，商标被认定为中国驰名商标对于企业而言有多方面的积极意义：

（一）法律保护力度加大

如果商标成为驰名商标，则该商标可受更大范围的法律保护，包括：

（1）保护范围扩大。根据《商标法》第 13 条规定："为相关公众所熟知的商标，持有人认为其权利受到侵害时，可以依照本法规定请求驰名商标保护。就相同或者类似商品申请注册的商标是复制、摹仿或者翻译他人未在中国注册的驰名商标，容易导致混淆的，不予注册并禁止使用。就不相同或者不相类似商品申请注册的商标是复制、摹仿或者翻译他人已经在中国注册的驰名商标，误导公众，致使该驰名商标注册人的利益可能受到损害的，不予注册并禁止使用。"驰名商标保护范围的扩大，能有效防止他人"搭便车"，防止他人将企业的商标淡化，同时为企业进行多元化发展、在多个生产和服务领域广泛使用核心品牌打下坚实的基础。

（2）保护力度加大。全国各级执法机关在处理商标纠纷时，驰名商标在各个环节都可以受到更多的礼遇。

（3）保护的领域增加。不仅仅在商标领域进行保护，在企业名称、互联网域名等其他领域，驰名商标仍可得到更多的保护。这就会更加突出该商标的显著性，使其商标的无形资产大大增值。

（二）政府给予大力支持

目前全国各地各级政府纷纷把所属地区的企业"争创驰名商标"作为政府工作的重心之一，各级政府纷纷出台奖励政策，在直接的经济奖励之外，还会给予驰名商标企业特别的政策优惠。

（三）提升品牌价值

"中国驰名商标"这一称号仍是中国商标领域的最高荣誉。获得"中国驰名商标"认定，可以进一步提升企业的品牌形象，使企业的无形资产大大增值。

（四）获得更强的市场竞争力，带来更好的经济效益

驰名商标是品牌知名度与美誉度的结合，商标若获得驰名商标认定，则意味着该品牌已被权威部门认定为优质产品，在消费者心中这才是货真价实而非自我标榜的"名牌"。虽然，现行《商标法》规定生产、经营者不得将"驰名商标"字样用于商品、商品包装或者容器上，或者用于广告宣传、展览以及其他商业活动中，但是，获得驰名商标给企业所带来的更多保护性措施，能使企业能更好抢占市场，在激烈的市场竞争中获得更大的领先优势，从而为企业获得更好的经济效益。

二、如何争创驰名商标

（一）不断提高企业的知名度，做到事实上的驰名

企业怎样才能满足认定驰名商标的条件，对此，我国《商标法》第14条第1款规定："驰名商标应当根据当事人的请求，作为处理涉及商标案件需要认定的事实进行认定。认定驰名商标应当考虑下

列因素：（一）相关公众对该商标的知晓程度；（二）该商标使用的持续时间；（三）该商标的任何宣传工作的持续时间、程度和地理范围；（四）该商标作为驰名商标受保护的记录；（五）该商标驰名的其他因素。"

根据上述规定的要求，企业争创驰名商标不是一朝一夕的事，而是一个长期的过程，在这个过程中，企业需要重点做好以下工作：

（1）从制定企业商标战略和策略入手，搞好企业形象策划，制定科学的实施方案。

（2）始终抓住质量这个根本，稳定和不断提高产品质量，不断提高产品在市场中的美誉度。随着人们生活水平的提高，市场的需求呈现出多样化、追求高质量产品的趋势。商标的知名度是企业以产品质量为基础，在开拓市场过程中，通过消费者对不同商标的同类产品质量进行漫长的比较、筛选才得到的。因此，企业不能故步自封、因循守旧，而应在变化中思进取、求发展、搞创新。开发新产品、创新技术是企业生存发展的关键，也是争创驰名商标的重要条件。企业应立足于新技术、新产品的开发，以技术为依托，形成自己的驰名产品。[1]

（3）不断拓展销售区域，至少在全国建立销售网络，必要时开拓国际市场，并相应地进行商标国际注册。

（4）突出商标的广告宣传。因为相关公众对商标的知晓程度是认定驰名商标的一个基本条件，这个知晓程度主要靠企业各种形式的广告宣传，因此企业应当在广告宣传方面进行资金投入，把有限的宣传费用用足、用好。

（5）打假防伪，保护商标专用权，维护商标信誉和企业形象。

（6）注意积累各种资料，分类保存，便于日后在认定驰名商标时提供证据材料。

（7）建立健全包括商标管理在内的工业产权（或知识产权）管理机构，建章立制，把商标管理纳入企业经营管理的议事日程。

---

〔1〕 杨春昭、武红、许伟丽："如何开发企业的驰名商标"，载《商场现代化》2006年第7期。

驰名商标的认定遵循"个案认定""被动保护原则",即商标所有人认为自己的商标权受到以下损害时,可以申请认定驰名商标:

(1)他人就相同或者类似商品申请注册的商标是复制、摹仿或者翻译自己未在中国注册的驰名商标,容易导致混淆的;

(2)他人就不相同或者不相类似商品申请注册的商标是复制、摹仿或者翻译自己已经在中国注册的驰名商标,误导公众,致使自身利益可能受到损害的;

(3)他人将与自己的驰名商标相同或者近似的文字作为企业名称或名称的一部分登记使用,可能引起公众误认的;

(4)自己的驰名商标被他人恶意注册为网络域名,可能对自身利益构成损害的。

认定机构只有在收到了商标所有人关于上述问题的申诉以及要求认定驰名商标的请求后,才能对其商标是否驰名及能否给予扩大保护范围进行认定,不会没有他人申请而主动去认定驰名商标。

(二)驰名商标认定的途径

在我国认定驰名商标有两种途径:向行政机关申请认定和向法院起诉认定。

1. 向行政机关申请认定

认定驰名商标的依据是我国《商标法》第 13 条之规定:"为相关公众所熟知的商标,持有人认为其权利受到侵害时,可以依照本法规定请求驰名商标保护。就相同或者类似商品申请注册的商标是复制、摹仿或者翻译他人未在中国注册的驰名商标,容易导致混淆的,不予注册并禁止使用。就不相同或者不相类似商品申请注册的商标是复制、摹仿或者翻译他人已经在中国注册的驰名商标,误导公众,致使该驰名商标注册人的利益可能受到损害的,不予注册并禁止使用。"基于上述法律规定,根据我国《驰名商标认定和保护规定》,规定了向行政机关申请认定驰名商标的以下三种途径:

(1)在商标异议中认定。商标所有人认为他人经初步审定公告的商标,违反《商标法》第 13 条规定的,可以依据《商标法》第33 条及其实施条例的相关规定,自商标公告之日起 3 个月内,向商标局提出异议,并提交证明其商标驰名的有关材料。

（2）在商标争议中认定。商标所有人认为他人已经注册的商标违反《商标法》第13条规定的，可以依据《商标法》第45条及其实施条例的相关规定，在该商标核准注册之日起5年内，向商标评审委员会请求认定驰名商标并要求裁定撤销他人已经注册的该注册商标，并提交证明其商标驰名的有关材料。对恶意注册的商标，不受5年的限制。

（3）在商标管理案件中认定。商标所有人认为他人使用的商标属于《商标法》第13条规定的情形，要求保护其驰名商标的，可以向案件发生地的市（地、州）以上的工商行政管理部门提出禁止使用的书面请求，并提交证明其商标驰名的有关材料。地方工商部门经审查后在规定的期限内逐级上报至商标局，商标局自收到案件有关材料之日起6个月内作出是否驰名的认定。

当事人在向行政机关申请认定驰名商标时，应当提交如下证明材料：

第一，证明相关公众对该商标知晓程度的材料。

第二，证明该商标使用持续时间的材料，如该商标使用、注册的历史和范围的材料。该商标为未注册商标的，应当提供证明其使用持续时间不少于5年的材料。该商标为注册商标的，应当提供证明其注册时间不少于3年或者持续使用时间不少于5年的材料。

第三，证明该商标的任何宣传工作的持续时间、程度和地理范围的材料，如近3年广告宣传和促销活动的方式、地域范围、宣传媒体的种类以及广告投放量等材料。

第四，证明该商标曾在中国或者其他国家和地区作为驰名商标受保护的材料。

第五，证明该商标驰名的其他证据材料，如使用该商标的主要商品在近3年的销售收入、市场占有率、净利润、纳税额、销售区域等材料。

前款所称"3年""5年"，是指被提出异议的商标注册申请日期、被提出无效宣告请求的商标注册申请日期之前的3年、5年，以及在查处商标违法案件中提出驰名商标保护请求日期之前的3年、5年。

2. 向法院起诉认定

根据《最高人民法院关于审理涉及驰名商标保护的民事纠纷案件应用法律若干问题的解释》第2条规定："在下列民事纠纷案件中，当事人以商标驰名作为事实根据，人民法院根据案件具体情况，认为确有必要的，对所涉商标是否驰名作出认定：（一）以违反商标法第十三条的规定为由，提起的侵犯商标权诉讼；（二）以企业名称与其驰名商标相同或者近似为由，提起的侵犯商标权或者不正当竞争诉讼；（三）符合本解释第六条规定的抗辩或者反诉的诉讼。"第5条规定："当事人主张商标驰名的，应当根据案件具体情况，提供下列证据，证明被诉侵犯商标权或者不正当竞争行为发生时，其商标已属驰名：（一）使用该商标的商品的市场份额、销售区域、利税等；（二）该商标的持续使用时间；（三）该商标的宣传或者促销活动的方式、持续时间、程度、资金投入和地域范围；（四）该商标曾被作为驰名商标受保护的记录；（五）该商标享有的市场声誉；（六）证明该商标已属驰名的其他事实。前款所涉及的商标使用的时间、范围、方式等，包括其核准注册前持续使用的情形。对于商标使用时间长短、行业排名、市场调查报告、市场价值评估报告、是否曾被认定为著名商标等证据，人民法院应结合认定商标驰名的其他证据，客观、全面地进行审查。"

需要注意的是，在涉及驰名商标保护的民事纠纷案件中，人民法院对于商标驰名的认定，仅作为案件事实和判决理由，不写入判决主文；以调解方式审结的，在调解书中对商标驰名的事实不予认定。当事人如果想通过诉讼方式认定驰名商标的，就不要接受调解。

三、驰名商标的维护

企业在驰名商标被认定后，应当竭力做好品牌的维护工作，继续对品牌进行经营，打击侵权行为，维护自身的商标权益。对驰名商标的维护，应重点做好以下工作：

（一）加强对商标的管理

企业应当建立规范、完善的商标管理制度，对商标的使用、续展、维权打假等事项作出明确的规定，并确定管理部门、明确职责、建立奖惩制度等，确保商标管理的有序进行。

（二）规范对驰名商标的运营

驰名商标被认定后，对其的运营应当更加严格，在此尤其需要注意的是：

1. 慎用商标许可，防止联营毁牌

商标使用许可是商标运营的一个重要策略之一，对拥有驰名商标的企业而言应当慎用。企业在许可之前应当对被许可人的经营管理水平、资金实力、资信状况等有通盘的了解，以确保被许可人生产的产品质量不低于本企业生产的产品质量。拥有驰名商标的企业与其他企业联营，对于提高品牌知名度和开拓市场具有重要意义，但是也要严格把关，防止因短期行为毁了自己的品牌。[1]

2. 在商标出资、转让过程中要慎重，防止品牌流失

曾被视为我国民族饮料象征的"天府可乐"和在我国曾经风靡一时的民族品牌"乐百氏""活力28"等，与外资合作后都在市场上销声匿迹。还有，外企频频收购我国的知名品牌"飘柔""海飞丝""潘婷""沙宣"等，基本挤垮了国内洗涤品企业。这些都是因为将我国驰名商标用于出资、转让造成的恶果。一味地崇洋媚外，终会引狼入室，自食恶果。

（三）防止驰名商标被通用名称化

驰名商标被通用名称化的事例是很多的，像"优盘""Jeep"等商标成为产品的通用名称，值得企业警惕。如何防范驰名商标被通用名称化，笔者已经前文做过阐述，不再赘述。

（四）防止驰名商标被淡化

当驰名商标的专用权遭到侵犯时，企业应当及时通过法律手段实施自我保护，制止侵权行为，维护自己的商标权益。在侵犯驰名商标权益的行为中，最主要的形式就是针对驰名商标的淡化行为。驰名商标淡化主要有以下三种表现形式：

（1）弱化，即无权使用人将驰名商标使用在不相同或不相类似的商品上，破坏驰名商标的识别力和显著性，冲淡商标与特定商品

---

〔1〕 冯晓青：《企业知识产权战略》，知识产权出版社2008年版，第368页。

之间的联系，从而损害驰名商标的商业价值。如无权使用人将"可口可乐"商标用于食品、保健品等领域，就破坏了"可口可乐"商标与饮料的特定联系，如果五花八门的商品都使用"可口可乐"商标，虽然这是在不相同或不相类似商品上使用，但基于"可口可乐"世界驰名的特征，这种乱用很明显会损害其商业价值。

（2）污损，即无权使用人将与驰名商标相同或近似的商标使用在不相同或不相类似的商品上，对驰名商标的信誉或声誉产生玷污、丑化、负效应的行为。例如"梅赛德斯－奔驰"商标是高质量、豪华汽车的象征，如果有人将"梅赛德斯－奔驰"用在坐便器上或用在手纸上，这就玷污了"梅赛德斯－奔驰"原有的形象。另外，如果有人将英文的"Coca-Cola"注册成一个色情网站的域名，这就丑化了可口可乐的商业形象，这也是驰名商标淡化中的污损行为。

（3）退化，即对商标的使用不当，使驰名商标成了商品的通用名称，彻底丧失识别性，不再具有区别功能的行为，最终使商标权人彻底失去了自己的商标。例如"Aspirin""Cellophane""Thermos"过去都曾经是他人的注册商标，就是因为商标的淡化行为，现在已退化为乙酰水杨酸、透明玻璃纸和保温瓶的通用名称。

对于驰名商标的淡化行为，我国《商标法》第13条有"就不相同或者不相类似商品申请注册的商标是复制、摹仿或者翻译他人已经在中国注册的驰名商标，误导公众，致使该驰名商标注册人的利益可能受到损害的，不予注册并禁止使用"的规定。因此，针对驰名商标的淡化行为，可采取如下反淡化措施：

（1）如果他人将复制、摹仿或者翻译自己已经注册的驰名商标申请商标注册，权利人可向商标局提出异议，使商标局对其不予注册。

（2）如果商标局将他人复制、摹仿或者翻译自己已经注册的驰名商标核准在相同或者不相类似商品中初步申请进行公告或公告期满后核准注册的，权利人应当在公告期内或核准注册之日起五年内及时向商标局申请宣告其商标无效。

（3）如果他人将复制、摹仿或者翻译自己已经注册的驰名商标用在商品销售中，商标注册人或者利害关系人可以向人民法院起诉，要求停止侵权行为、消除影响并赔偿损失，也可以请求工商行政管理部门进行查处。

第四节　企业商标保护管理

一、企业注册商标保护的方式

当企业的商标权遭到侵犯时，企业可以通过工商行政保护、海关保护、民事诉讼保护、行政诉讼保护、刑事保护等方式进行维权。

（一）行政保护

《商标法实施条例》第 77 条规定："对侵犯注册商标专用权的行为，任何人可以向工商行政管理部门投诉或者举报。"这就是商标权的工商行政保护的有关规定。现在因我国行政机构改革，原来行使该项职权的工商行政管理局已经合并至市场监督管理局，因此，商标权行政保护的职责现在由国家市场监督管理总局及地方各级市场监督管理局行使。

《商标法》第 57 条规定："有下列行为之一的，均属侵犯注册商标专用权：（一）未经商标注册人的许可，在同一种商品上使用与其注册商标相同的商标的；（二）未经商标注册人的许可，在同一种商品上使用与其注册商标近似的商标，或者在类似商品上使用与其注册商标相同或者近似的商标，容易导致混淆的；（三）销售侵犯注册商标专用权的商品的；（四）伪造、擅自制造他人注册商标标识或者销售伪造、擅自制造的注册商标标识的；（五）未经商标注册人同意，更换其注册商标并将该更换商标的商品又投入市场的；（六）故意为侵犯他人商标专用权行为提供便利条件，帮助他人实施侵犯商标专用权行为的；（七）给他人的注册商标专用权造成其他损害的。"

《商标法》第 60 条规定："有本法第五十七条所列侵犯注册商标专用权行为之一，引起纠纷的，由当事人协商解决；不愿协商或者协商不成的，商标注册人或者利害关系人可以向人民法院起诉，也可以请求工商行政管理部门处理。工商行政管理部门处理时，认定侵权行为成立的，责令立即停止侵权行为，没收、销毁侵权商品和主要用于制造侵权商品、伪造注册商标标识的工具，违法经营额五万元以上的，可以处违法经营额五倍以下的罚款，没有违法经营额或者违法经营额不足五万元的，可以处二十五万元以下的罚款。对五年内实施两次以上商标侵权行为或者有其他严重情节的，应当从重处罚。销售不知道是侵犯注册商标专用权的商品，能证明该商品是自己合法取得并说明提供者的，由工商行政管理部门责令停止销售。对侵犯商标专用权的赔偿数额的争议，当事人可以请求进行处理的工商行政管理部门调解，也可以依照《中华人民共和国民事诉讼法》向人民法院起诉。经工商行政管理部门调解，当事人未达成协议或者调解书生效后不履行的，当事人可以依照《中华人民共和国民事诉讼法》向人民法院起诉。"

（二）海关保护

商标权的海关保护是指商标权利人根据《知识产权海关保护条例》的规定，将商标在海关进行备案，对通关的货物涉嫌侵犯该商标专用权的，由权利人申请或海关依职权对其进行查扣并依法处理的保护方式。

关于海关保护方式，笔者已经在专利战略部分作了详细阐述，因商标与专利的海关保护程序和方式都是一样的，所以在此不再赘述。

（三）民事诉讼保护

民事诉讼保护是指通过民事诉讼的手段请求法院对其商标权益进行保护的方式，包括侵害商标使用权纠纷、商标权合同纠纷和商标权权属纠纷。

商标权合同纠纷主要是基于商标权使用许可合同或商标权转让合同而产生的纠纷。作为商标权合同纠纷案件的当事人，应仔细研究合同本身，就合同本身及各条款的效力、合同的履行情况、违约情况等因素作出详细的分析，最终确定是否采用诉讼手段维权。根据《上海市律师提供商标法律服务业务操作指引》第4.1.2.1条规定："商标权使用许可合同或商标权转让合同一般会约定争议解决条款，如果该约定有效，则根据约定的争议解决方式申请仲裁或者向人民法院起诉。如果向人民法院起诉，对商标权合同纠纷案件有管辖权的法院包括被告住所的或合同履行地人民法院管辖。如果合同双方同意，可以协议选择被告住所地、合同履行地、合同签订地、原告住所地、标的物所在地人民法院作为受理案件的一审法院。"

商标权权属纠纷主要发生在商标权转让或许可以及其他商标权转移过程中。根据《上海市律师提供商标法律服务业务操作指引》第4.1.3条规定："在商标权转让或许可以及其他商标权转移等过程中，可能会发生商标权权属纠纷，除向有关商标主管机关提出行政请求外，就商标权权属纠纷，当事人可以直接向人民法院起诉。商标权权属纠纷诉讼属于民事确认之诉。"第4.1.3.2条规定："律师作为商标权权属纠纷案件原告方或被告方的代理人，应具体分析案情，尤其是针对恶意变更商标注册登记信息，收集有效的权属证据，具体过程可以参见前述的商标侵权纠纷诉讼案件代理。根据人民法院的确权判决的结果，律师应指导和配合客户通过执行程序要求国家商标局协助变更商标注册登记信息。"

（四）行政诉讼保护

通过行政诉讼方式进行商标维权的主要有如下两类：一是对各级工商行政管理机关的具体行政行为提起行政诉讼的案件；二是不服商标评审委员会决定或裁定而提起行政诉讼的案件。

根据我国《行政诉讼法》的规定，对符合起诉条件的行政行为不服提起的行政诉讼，应当在知道作出具体行政行为之日起6个月内提出；不服行政复议决定提起行政诉讼的，应当在复议期满之日起15日内提出。管辖法院的确定，由最初作出具体行政行为的工商行政管理机关所在地人民法院管辖。经行政复议的案件，也可以由行政复议机关所在地人民法院管辖。对国家知识产权局及商标局的具体行政行为提起诉讼的案件，由其所在地人民法院管辖。

对商标评审委员会作出的决定或裁定不服的，可以在收到通知之日起30日内提起行政诉讼，被告是商标评审委员会，管辖法院为北京市第一中级人民法院。

（五）刑事保护

刑事保护是指司法机关对商标侵权严重已经构成犯罪的违法行为依法追究其刑事责任的商标权益保护方式。

我国《刑法》规定的侵犯商标权益构成犯罪的三种情形：

（1）假冒注册商标罪：未经注册商标所有人许可，在同一种商品、服务上使用与其注册商标相同的商标，情节严重的构成犯罪。

（2）销售假冒注册商标的商品罪：销售明知是假冒注册商标的商品，违法所得数额较大的构成犯罪。

（3）非法制造、销售非法制造的注册商标标识罪：伪造、擅自制造他人注册商标标识或者销售伪造、擅自制造的注册商标标识，情节严重的构成犯罪。

商标专用权的利害关系人如果发现侵害其商标权益情节严重（主要是社会影响恶劣或造成损失严重），可以向司法机关举报，但是要有充分的证据证明"情节严重"。实践中，限于证据问题，当事人举报往往很难做到刑事立案，大量的侵害商标权案件往往是在工商行政机关查处或法院审理过程中，发现构成犯罪的，移交公安机关刑事立案。

二、商标侵权及法律认定

商标侵权，又称侵犯商标专用权，是指未经商标所有人同意，擅自使用与注册商标相同或近似的标志，或者妨碍商标所有人使用注册商标，并有可能造成消费者产生混淆的行为。[1]随着我国市场经济的发展，商标的商品识别作用愈加重要，企业品牌建设形成的市场影响力愈加明显，商标侵权也愈演愈烈，甚至出现只要品牌一出名，就会出现假冒者的现象。商标侵权行为不仅损害了商标注册人和消费者的合法权利，而且严重扰乱了社会正常的经济秩序。因此，鉴于我国当前的形势，有必要加强对商标侵权行为的治理力度，维护正常的市场秩序。

（一）商标侵权行为的表现形式

1. 使用注册商标

根据《商标法》第57条规定："有下列行为之一的，均属侵犯注册商标专用权：（一）未经商标注册人的许可，在同一种商品上使

---

〔1〕 吴汉东主编：《知识产权法》，北京大学出版社2014年版，第296页。

用与其注册商标相同的商标的；（二）未经商标注册人的许可，在同一种商品上使用与其注册商标近似的商标，或者在类似商品上使用与其注册商标相同或者近似的商标，容易导致混淆的；（三）销售侵犯注册商标专用权的商品的；（四）伪造、擅自制造他人注册商标标识或者销售伪造、擅自制造的注册商标标识的；（五）未经商标注册人同意，更换其注册商标并将该更换商标的商品又投入市场的；（六）故意为侵犯他人商标专用权行为提供便利条件，帮助他人实施侵犯商标专用权行为的；（七）给他人的注册商标专用权造成其他损害的。"

这里涉及商标相同、商标近似、类似商品等法律概念。所谓的"商标相同"，是指被控侵权的商标与原告的注册商标相比较，二者在视觉上基本无差别。所谓的"商标近似"，是指被控侵权的商标与原告的注册商标相比较，其文字的字形、读音、含义或者图形的构图及颜色，或者其各要素组合后的整体结构相似，或者其立体形状、颜色组合近似，易使相关公众对商品的来源产生误认或者认为其来源与原告注册商标的商品有特定的联系。类似商品，是指在功能、用途、生产部门、销售渠道、消费对象等方面相同，或者相关公众一般认为其存在特定联系、容易造成混淆的商品。

2. 销售侵权产品

销售侵权产品就是指销售侵犯注册商标专用权的商品，即商品中所用的商标是未经商标权人许可的。这一侵权行为发生在商标的销售环节。

在实践中，作为商标销售的中间商，往往难以核实商品中所用的商标是否经商标权人准许，如果一味都要求承担赔偿责任，会造成不公平、不合理的现象。对此，我国《商标法》规定了销售侵犯注册商标专用权商品赔偿的例外情形，即第 60 条"销售不知道是侵犯注册商标专用权的商品，能证明该商品是自己合法取得并说明提供者的，由工商行政管理部门责令停止销售"之规定。根据规定，下列情形属于能证明该商品是自己合法取得的情形：有供货单位合法签章的供货清单和货款收据且经查证属实或者供货单位认可的；有供销双方签订的进货合同且经查证已真实履行的；有合法进货发票且发票记载事项与涉案商品对应的；其他能够证明合法取得涉案商品的情形。

在这里需要明确的是，即使能够证明自己不知道销售商品侵犯了商标权并能够提供合法来源，也会构成侵权，一旦认定侵权就要停止销售，只不过免于经济赔偿而已。

3. 伪造、制造商标标识

伪造、制造商标标识是指伪造、擅自制造他人注册商标标识或者销售伪造、擅自制造的注册商标标识的侵犯商标专用权的行为。该行为一般包括四种情况：①伪造他人注册商标标识；②未经商标权人授权制造他人注册商标标识；③虽然商标权人授权，但超出授权范围之外制造他人注册商标标识；④销售他人注册的商标标识。这种侵权行为在印刷行业较多，因此从事包装印刷的企业应当格外重视，避免出现侵权行为。

4. 更换商标

更换商标是指未经商标注册人同意，更换其注册商标并将该更换商标的商品又投入市场的行为。这主要针对市场经营中，某些经营者将购进的商品中他人的注册商标撤掉，换成自己的商标，然后说成是自己的产品对外销售，这又被称为"反向假冒"。当年，北京服装厂以其"枫叶"商标起诉"鳄鱼"，起因就是"鳄鱼"将从北京服装厂采购的"枫叶"牌服装的商标撤换成"鳄鱼"商标再向市场销售。

5. 其他侵权行为

其他侵权行为包括：故意为侵犯他人商标专用权行为提供便利条件（为侵犯他人商标专用权提供仓储、运输、邮寄、印制、隐匿、经营场所、网络商品交易平台等），帮助他人实施侵犯商标专用权行为；将他人的注册商标、未注册的驰名商标作为企业名称中的字号使用，误导公众；其他给他人的注册商标专用权造成损害的行为，例如：将与他人注册商标相同或者相近似的文字作为企业的字号在相同或者类似商品上突出使用，使相关公众产生误认的；复制、摹仿、翻译他人注册的驰名商标或其主要部分在不相同或者不相类似商品上作为商标使用，误导公众，致使该驰名商标注册人的利益可能受到损害的；将与他人注册商标相同或者相近似的文字注册为域名，并且通过该域名进行相关商品交易的电子商务，使相关公众产生误认的。

（二）商标侵权的认定

根据《最高人民法院关于审理商标民事纠纷案件适用法律若干问题的解释》的规定，认定商标侵权的相同或者近似商标按照以下原则进行：

1. 以相关公众的一般注意力为准

相关公众，是指与商标所标识的某类商品或者服务有关的消费者和与前述商品或者服务的营销有密切关系的其他经营者。因此，相关公众包括两部分：一部分是与商标所标识的某类商品或者服务有关的消费者，也就是最终消费者；另一部分是与商标所标识的某类商品或者服务的营销有密切关系的其他经营者。

2. 既要进行对商标的整体比对，又要进行对商标主要部分的比对，比对应当在比对对象隔离的状态下分别进行

（1）整体比对，是指将商标作为一个整体来进行观察，而不是仅仅将商标的各个构成要素抽出来分别进行比对。这主要是看商标在消费者的心目中留下的整体印象是怎样的，而不是要看构成该商标的某些单个要素。如果两个商标在各自具体的构成要素上存在区别，但将它们集合起来作为一个整体所产生的视觉，仍然使消费者产生误认，在此情况下就应当认定二者为近似商标。

（2）要部比对，是将商标中发挥主要识别作用的部分抽出来进行重点比较和对照，看是否会造成相关公众误认，这主要是对近似商标采用的一种对比方法。一般而言，消费者对商标的感受或留下最深记忆的部分是商标的主要部分或者称要部，即商标中起主要识别作用的部分。两个商标的主要部分相同或者近似，就容易造成消费者的误认，就可以判断为商标近似。

所谓的在隔离状态下进行比对，是指将注册商标与被控侵权的商标放置于不同的地点在不同的时间进行观察比对，不是把要比对的两个商标摆放在一起进行比对观察。这是一种基本的商标比对方法，无论是在进行整体比对还是要部比对时，都应当采用隔离比对

的方式。在隔离状态下进行比对，可以有效地防止先入为主，从而使比对更加客观、公平、合理。

3. 判断商标是否近似，应当考虑请求保护注册商标的显著性和知名度

（1）商标的显著性，是指将商标使用于商品或者其包装以及服务上时，能够引起一般消费者的注意，并凭此与其他商品或者服务相区别。商标的显著性，是注册商标的基本构成要件之一，注册商标必须有显著性。而在实践中，注册商标的显著性存在大小程度不同之分，有的商标设计独创性很强，如用文字、拼音字母组合成并未实际存在的生造文字，这种商标一旦被别的商标"搭便车"，很容易认定近似。对于显著性弱的商标，在侵权认定中作出判断的难度较大。

（2）商标的知名度。因为商标的知名度高低，在一定程度上体现着被控侵权商标的主观恶意程度以及权利人损失的大小。如果商标没有知名度，就失去仿冒的意义，在一定程度上讲商标近似可能是一种巧合，所以在此情况下，也不应认定为商标法意义上的相似。而对于知名度高的商标，则应认定相似的概率较大，如果是驰名商标，更应当考虑其知名度，按照驰名商标的保护标准给予认定。

4. 是否造成相关公众混淆

我国在 2013 年修正的《商标法》中，将认定商标侵权引入了"混淆"的限定条件，这样可以减少"垃圾商标"的注册，督促注册商标的使用，改良大量囤积商标的不良风气。根据修正后的《商标法》规定，相关公众"混淆"适用于如下情形：未经商标注册人的许可，在同一种商品上使用与其注册商标近似的商标；未经商标注册人的许可，在类似商品上使用与其注册商标相同的商标；未经商标注册人的许可，在类似商品上使用与其注册商标近似的商标。

上述情况认定侵权，必须以上述商标使用行为易使相关公众混淆为条件，否则不构成侵权。要满足上述条件，这就要求商标权人必须在注册范围内使用其注册商标，否则就不存在构成混淆的前提，侵权则无法认定。

三、商标侵权的民事诉讼管理

侵犯商标专用权民事诉讼是商标诉讼案件中数量最多的，也是企业在市场竞争中遇到最多的问题，作为企业知识产权的管理者应当知晓这些程序和要求，从而实现对诉讼的有效管理。

（一）商标侵权民事诉讼的基本规定

1. 法院管辖

级别管辖方面，商标侵权纠纷案件由中级以上人民法院和最高人民法院指定的少数基层人民法院对一审商标案件行使管辖权。

地域管辖方面，商标侵权纠纷案件，由侵权行为的实施地、侵权商品储藏地或者查封扣押地、被告住所地人民法院管辖。如果存在多个被告，可以选择其中一个被告侵权行为实施地的人民法院起诉。

2. 诉前禁令

商标注册人或者利害关系人有证据证明他人正在实施或者即将实施侵犯其注册商标专用权的行为，如不及时制止，将会使其合法权益受到难以弥补的损害的，可以在起诉前向人民法院申请采取责令停止有关行为和财产保全的措施。

商标侵权诉前禁令的程序按照《民事诉讼法》规定的程序办理。

3. 诉讼时效

目前，商标侵权的诉讼时效适用《民法典》规定的 3 年的诉讼时效。

（二）商标侵权的证据

1. 起诉证据的搜集与整理

商标权利人要起诉侵权人，按照证据实现的目的和功能，可从以下三方面搜集和组织证据：

（1）权利证据，原告是商标权人，应当提交证明其商标权真实有效的文件，包括商标注册证。如果原告不是商标权人而是利害关系人（被许可人或者商标财产权利的继承人），应当提交注册商标使用许可合同、在商标局备案的材料及商标注册证复印件；未经备案的应当提交商标注册人的证明，或者证明其享有权利的其他证据。

必要时，可以请求法院认定原告的商标已经处于驰名状态。

（2）被告侵权事实的证据，包括证明被告使用的标识与原告的商标相同或相似、被控侵权产品、销售发票等证据。

（3）损害赔偿的证据，是用来证明侵犯商标专用权的赔偿数额的材料，包括权利人因侵权遭受损失的材料，包括被侵权人为制止侵权行为所支付的合理开支；侵权人在侵权期间因侵权所获得的利益的材料；关于商标实施许可的材料（包括许可合同、许可使用费发票等）。如果侵权人因侵权所得利益或者被侵权人因被侵权所受损失以及许可使用费难以确定的，可以直接在诉请中请求酌定赔偿数额。

2. 证据保全

为了获得有效的证据或者防止证据灭失，商标权利人可以采用对证据进行保全的措施，商标侵权证据保全一般有两种方式：公证保全和诉讼证据保全。

公证保全主要适用于获取被控侵权产品，由公证机关对购买侵权产品的过程及购得的侵权产品进行公证，或对侵权现场进行勘查公证，取得公证书，从而证明被告存在侵权行为。在公证取证的过程中，专利权人最好主动向销售者索取产品宣传册、销售侵权产品人员的名片、购货发票或收据，以进一步明确产品的生产者和销售者，同时商标权人可要求公证机关对前述资料的来源和真实性作出说明，一并记载在公证书中。

诉讼证据保全既可以在商标侵权纠纷起诉前，也可以在起诉后，为制止侵权行为，在证据可能灭失或者以后难以取得的情况下，商标注册人或者利害关系人依法向人民法院申请，对侵权证据进行保全。

四、商标侵权的诉讼策略

商标侵权的诉讼策略有进攻策略、遏制策略、反击策略、防守策略、营销策略、妥协策略等，因在专利管理部分已经介绍了部分诉讼策略，而且与商标诉讼策略大同小异，因此在此仅仅介绍营销策略、防守策略和妥协策略。

（一）营销策略

案例如下：

历经两年的"王老吉"凉茶"红绿之争"刚刚罢战，突然失去"王老吉"品牌的加多宝集团，痛定思痛后将自己亲手做大的"加版"红罐"王老吉"，贴上"加多宝"标签重新打天下。2012年6月起，"加多宝"铺天盖地发布广告："全国销售领先的红罐凉茶，改名加多宝"，最终将"加多宝"红罐凉茶打造成了凉茶饮料第一品牌，其"加多宝"凉茶特有的红罐包装，几乎成了凉茶品类的代名词，成为了众多低端乃至山寨凉茶产品模仿的标志性包装……从20世纪末，"加多宝"作为一个新开辟的饮料品类，成为比肩世界饮料骄子可口可乐的中国饮料，2008年和2012年，代表中国传统的凉茶分别登上了北京奥运会、伦敦奥运会等国际顶尖赛事的舞台，再到"加多宝"经历品牌更名后，第六次获得"中国饮料第一罐"称号……17年间，"加多宝"对红罐的耕耘可见一斑。

广药集团在收回"王老吉"商标后才开始生产"王老吉"红罐凉茶，但鉴于"加多宝"红罐凉茶在广大消费者心目中的形象已经根深蒂固，广药集团推出的"王老吉"虽然也是红色包装，但在消费者心中似乎是"山寨"，被有的媒体称作是"克隆"出来的"广版"红罐"王老吉"。于是广药集团认为"红罐"包装属于自己，以加多宝使用"红罐"包装构成侵权为由，将加多宝再次告上法庭。

正当广药集团和加多宝集团围绕谁是"红罐"包装装潢归属在法院打得不可开交时，二线品牌"红冠"借机上位，向"加多宝"发难。2013年5月，广东化州红冠化橘红饮料有限公司向广东省高级人民法院提起诉讼，称"加多宝"的广告涉嫌侵犯其"红冠"商标权益，要求停止侵权行为并索赔1亿元。红冠公司认为："红冠"与"红罐"，普通话和广州话的读音完全相同，汉语拼音的书写也一致。"加多宝"投放的改名广告（红罐凉茶改名"加多宝"），使消费群体误认为"红冠"饮料已改名为"加多宝"。经过这番断章取义的理解后，"红冠"饮料被包装成一个"受害者"。同时该公司召开新闻发布会，宣布"加多宝"的改名广告涉嫌侵犯"红冠"商标权益，已状告"加多宝"侵权并索赔1亿元。

对此，"加多宝"公司一位内部人士表达了他的看法："是红冠公司借机炒作。"许多媒体都毫无疑问地认定，红冠公司一本正经召开发布会，大张旗鼓状告加多宝，是典型的事件营销。其实，"加多宝"才是事件营销的高手，它万万没有想到，红冠公司会以同样的营销方式，向它"致敬"。

红冠公司提起这次诉讼，并通过新闻媒体进行积极宣传，采用的就是诉讼营销策略，从市场营销的角度而言，是事件营销中的"诉讼营销"，再通俗一点就是"诉讼炒作"。诉讼营销策略就是借诉讼之名，吸引媒体和公众关注，以提升品牌及产品的知名度，便于其开拓和占领市场。这种策略在知识产权领域尤其被推崇。[1]

如何有效地实施诉讼营销策略，上海知识产权研究所袁真富博士将其总结为如下几点：[2]

（1）起诉的对象要选择知名的大公司。如果不是世界500强或者"当红"明星企业，就没必要去理它。像苹果公司这样"多金"的明星公司，可以列入诉讼的优先对象。说不定你咬了苹果一口，还能带动民族自豪感，美国侵犯中国的"自主知识产权"了，唯冠公司通过起诉苹果公司，获得了6000万美金，提升了品牌知名度，进行了资产重组，把自己从破产的边缘拉了回来。

（2）要提出天价索赔。索赔1亿元人民币是行业最低价，可以查一查最新的索赔记录，哪怕再追加1元钱，也要成为"中国第一案"。想走国际化路线的话，还可以把币种改成"美元"。

（3）要找个好的理由。最好选择商标、不正当竞争等通俗易懂且群众"喜闻乐见"的理由，便于大众理解和接受，而对于专利侵权、商业秘密等专业性较强的领域，公众不易接受，最好慎于选择。

（4）要选个醒目的标题。官方发布的新闻标题不要太文艺，比如，"奥克斯血洗手机市场"的标题，虽然看得记者都"心惊肉

---

〔1〕 崔忠武、刘锐编著：《公司合同管理体系建设操作实务》，中国海洋大学出版社2014年版，第147~148页。

〔2〕 袁真富："诉讼营销攻略"，载《中国知识产权杂志》2013年第5期。

跳"，但可资借鉴。

（5）要制造有内容的话题。有讨论空间、富于争议的话题，才能引起网民的兴趣和共鸣，并形成热烈讨论的氛围。纵使网民明知是诉讼营销，"只要转发评论就上当"，仍然会积极关注。

（6）要把握舆论导向。尤其要发动公关公司，以各大论坛、微博、贴吧为重要阵地，在保证公司舆论优势的前提下，打响一场由网民"自发"的维权舆论战争。

（7）要保持可持续性。要不断发掘话题刺激网民情绪，有节奏地制造新闻爆点。

（二）防守策略

先看下面一起典型案例：

江苏海门市一家生产车灯的企业（以下简称"海门公司"），持有"LONG LIFE"注册商标。2011 年 10 月 17 日，该公司发现青岛一家公司（以下简称"青岛公司"）出口货物包装上印有"long life"字样，认为侵犯其商标专用权，遂将青岛公司诉至法院，要求停止侵权行为并赔偿损失。

青岛公司的代理人在案件研究中发现，本案所涉商标"long life"中文含义是长寿命，而通过调查得知"欧司朗"等其他几个品牌的车灯包装都印有"long life"文字，由此可见"long life"是车灯行业用来表述产品质量的惯用词语，而非作为商标标识使用。同时，代理人在被控侵权包装上发现了"KTC"标识，经核实，该标识是哥伦比亚一家公司的注册商标，说明该包装所使用的商标是"KTC"，而不是"long life"，但需要取得"KTC"在国外注册的证明。经调查发现持有"KTC"商标的哥伦比亚公司恰好是青岛公司的客户。于是代理人指导青岛公司与国外的这家公司取得了联系，使该公司出具了"KTC"在哥伦比亚商标注册的证明材料，并按照我国《民事诉讼法》的有关规定，办理了公证并经中国驻当地使领馆认证的手续，从而获得了合法有效的证据。这样，代理人经过一系列的分析及调查取证，最终形成了被控侵权包装不构成侵权的答辩意见。

庭审中，原、被告双方围绕被控侵权包装是否侵犯"long life"注册商标专用权展开了激烈争论。青岛公司律师针对原告的诉讼请求，提出如下答辩意见：①被告纸盒包装上印有"long life"字样，是长寿命的意思，仅仅是对产品质量、性能的描述，并且这种描述是灯泡行业对其质量进行陈述的惯用词语。从纸盒所包装的灯泡本体上看，其不锈钢底座上印有此灯泡的商标 KTC，而非"long life"。因此，被告印有"long life"字样的包装盒及其产品，不会使相关公众对商品的来源产生误认或者认为其来源与原告注册商标的商品有特定的联系。②被告在产品包装上使用"long life"，是为表述自己产品的质量特点，没有超出合理、正当的表述范围，因而是合理、正当地使用。

法院最终采纳了青岛公司代理人的观点，认为虽然青岛公司在生产、销售的涉案被控侵权产品上使用的"long life"字样与涉案注册商标从外观上相似，但该字样是作为描述其商品特征的描述性语言而存在的，并不是商标意义上的使用，在海门公司没有证明"long life"字样已经与其公司建立了特定、显著联系的情况下，不会造成相关公众对商品来源的混淆。因此，青岛公司在被控侵权产品上使用"long life"字样的行为并没有侵犯海门公司的商标专用权。法院判令驳回海门公司的诉讼请求。

海门公司对一审判决不服，又提起上诉。二审法院经审理后，驳回了海门公司的上诉请求，维持原判。

上述案件就是一起典型的商标侵权诉讼防守的案例。作为被告方，可以根据案件的实际情况，运用法律规定的答辩理由，对原告的诉讼进行抗辩，从而抵消全部或部分诉讼请求。

在诉讼实践中，针对原告的商标侵权指控，作为被告可从如下几方面进行答辩：

（1）被告使用的标识具有合法来源，可以提供有关的合同、发票等；

（2）质疑原告商标权的正当性，包括反驳原告商标为驰名商标，必要时可以建议客户向商标评审委员会提出撤销原告注册商标的请求，但是目前商标评审程序所需时间较长；

（3）双方的标识不相同亦不近似，可以从是否构成混淆、对方商标是否具有显著性和知名度方面进行辩驳；

（4）双方的商品或服务不相同亦不类似；

（5）损害不存在、数额计算没有依据或者法定赔偿不合理等。

（三）妥协策略

妥协策略，是针对对方的诉讼请求，采用完全接受的策略，以此获得公众的好感，从而赚取更大的利益。因此该策略实际上就是"丢芝麻保西瓜"的策略。

妥协策略的采用需要满足一定的条件，通常具备下列条件方能实施：

（1）实施者为公众关注度高的企业；

（2）对方起诉的请求对企业利益不构成重大影响或虽然构成重大影响但通过妥协能赚取更大的利益；

（3）实施者通过诉讼妥协会进一步增加公众的好感度，扩大其知名度。

华为公司在国际化扩展中，始终将妥协策略应用于国际竞争。任正非强调，华为公司不是成吉思汗和希特勒，当华为公司谋求独霸这个世界时，就是华为公司毁灭和垮台之日。所以，华为公司倡导妥协哲学，要做"投降"派。任正非说，"我20多年来，多数情况下是'投降'主义"。在这种指导思想之下，华为构建了独有的国际化策略，华为公司顾问将其总结为"三个遵从"：一是管理遵从，主动接纳和融入全球商业秩序，在管理制度和流程方面"全面西化"；二是法律遵从，严格遵守联合国法律和所在国家法律；三是文化遵从，华为公司设有道德遵从委员会，引导和规范华为公司员工从语言、习俗、宗教乃至生活习惯等方面主动适应和融入所在国家或地区。对于国产手机厂商来说，在国际化的过程中，学会妥协、放低姿态更容易被接受。2003年华为公司与思科公司之间的知识产权诉讼，华为公司通过和解停止进军美国市场，也是基于这种妥协式策略。

第五章

企业商业秘密管理

企业商业秘密管理是企业知识产权管理的重要组成部分，它与企业的专利管理、商标管理以及版权管理共同构成企业知识产权的管理体系，但是，商业秘密因其本身的特性，保护难度较大。对此，企业应加强对商业秘密的管理意识，以更好地维护自身的权益。

第一节　企业商业秘密的取得

一、商业秘密的概念及特征

商业秘密的概念，在世贸组织制定的《与贸易有关的知识产权协定》中将其描述为"未经披露过的信息"，并将其特征概括为以下三点：其一，它不是一般人可轻易获得的；其二，它具有商业价值；其三，权利人为它的保密采取了具体措施。[1]在我国1991年4月实施的《民事诉讼法》第120条第2款中首次出现"商业秘密"的概念，并将其和国家秘密、个人隐私并列在一起，我国现行的《反不正当竞争法》第9条第4款对商业秘密进行了定义，即商业秘密"是指不为公众所知悉、具有商业价值并经权利人采取相应保密措施的技术信息、经营信息等商业信息"。

因此，根据我国现行法律规定，商业秘密具有以下三个基本特征：秘密性、价值性、保密性。

（一）秘密性

该秘密性的特征是指不为公众所知悉。所谓不为公众所知悉，是指有关信息不为其所属领域的相关人员普遍知悉和容易获得。当

---

〔1〕《与贸易有关的知识产权协定》第39条。

然，这种秘密性是相对的，主要是针对无法通过合法方式获取的第三人而言的。如权利人将自己的商业秘密告知参加使用这种秘密的人或认为能够保守此秘密的人，不失去秘密性。另外，第三人使用正当合法手段获取商业秘密，例如通过反向工程研究获取该商业秘密，也不构成对商业秘密的侵害。

根据《最高人民法院关于审理不正当竞争民事案件应用法律若干问题的解释》（2020 年修正）第 9 条规定："有关信息不为其所属领域的相关人员普遍知悉和容易获得，应当认定为反不正当竞争法第十条第三款规定的'不为公众所知悉'。具有下列情形之一的，可以认定有关信息不构成不为公众所知悉：（一）该信息为其所属技术或者经济领域的人的一般常识或者行业惯例；（二）该信息仅涉及产品的尺寸、结构、材料、部件的简单组合等内容，进入市场后相关公众通过观察产品即可直接获得；（三）该信息已经在公开出版物或者其他媒体上公开披露；（四）该信息已通过公开的报告会、展览等方式公开；（五）该信息从其他公开渠道可以获得；（六）该信息无需付出一定的代价而容易获得。"

（二）价值性

价值性是指商业秘密具有现实的或者潜在的商业价值，能为权利人带来竞争优势。这里所指的价值性是指经济价值，不是诸如精神价值之类的其他价值。价值性是商业秘密作为知识产权的内在经济动因，权利人凭借商业秘密的信息优势取得超额的经济利益回报和竞争中的比较优势。而商业秘密价值性特征的最本质表现，就是权利人因掌握商业秘密而获得竞争优势。[1]价值要具有客观性，即通过现有的客观信息可以发现或计算其价值，仅仅由所有人认为有价值而客观上没有价值的信息，不能构成商业秘密。

（三）保密性

即权利人基于对该秘密信息性质的明确认识，采取了适当合理的措施保守秘密。对于保密措施的采取，法律仅要求合理的措施，

---

〔1〕　曲延兴："浅谈商业秘密的认定与保护"，载 https://www.cnLaw.net，最后访问时间：2015 年 7 月 10 日。

即该秘密在通常情况下无法从权利人手中合法地获取即可。根据《最高人民法院关于审理不正当竞争民事案件应用法律若干问题的解释》（2020 年修正）第 11 条规定："权利人为防止信息泄漏所采取的与其商业价值等具体情况相适应的合理保护措施，应当认定为反不正当竞争法第十条第三款规定的'保密措施'。人民法院应当根据所涉信息载体的特性、权利人保密的意愿、保密措施的可识别程度、他人通过正当方式获得的难易程度等因素，认定权利人是否采取了保密措施。具有下列情形之一，在正常情况下足以防止涉密信息泄漏的，应当认定权利人采取了保密措施：（一）限定涉密信息的知悉范围，只对必须知悉的相关人员告知其内容；（二）对于涉密信息载体采取加锁等防范措施；（三）在涉密信息的载体上标有保密标志；（四）对于涉密信息采用密码或者代码等；（五）签订保密协议；（六）对于涉密的机器、厂房、车间等场所限制来访者或者提出保密要求；（七）确保信息秘密的其他合理措施。"

二、商业秘密的范围及表现形式

我国《反不正当竞争法》将商业秘密主要划分为两种类型，即技术信息和经营信息。

（一）技术信息

作为技术信息的商业秘密，也被称作技术秘密、专有技术、非专利技术等，在国际贸易中往往被称为"Know-How"，主要包括：技术设计、技术样品、质量控制、应用试验、工艺流程、工业配方、化学配方、制作工艺、制作方法、计算机程序等。另外，技术信息还包括如下内容：

（1）工艺程序：有时几个不同的设备经特定组合而产生了新的工艺和先进的操作方法也可能成为商业秘密。如一家公司在生产优质钢部件过程中，有一个连续浇铸的程序，该程序是在浇铸这道工序上工作多年的雇员摸索出的一套生产率最高的操作方法，并且这一方法还不为他人所知，那么该程序就是一项商业秘密。许多技术诀窍就属于这一类型的商业秘密。

（2）机器设备的改进：在公开的市场上购买的机器、设备不是商业秘密，但是经公司的技术人员对其进行技术改进，使其具有更多用途或更高效率时，这个改进就成了商业秘密。

（3）研究开发的有关文件：记录了研究和开发活动内容的文件，这类文件就是商业秘密。如蓝图、图样、实验结果、设计文件、技术改进后的通知、标准件最佳规格、检验原则等，都是商业秘密。

（二）经营信息

主要包括：发展规划、竞争方案、管理诀窍、客户名单、货源、产销策略、财务状况、投融资计划、标书标底、谈判方案以及其他记载公司经营信息的内部文件，例如采购计划、供应商清单、销售计划、销售方法、会计财务报表、分配方案等。

在此需要说明的是，根据《最高人民法院关于审理不正当竞争民事案件应用法律若干问题的解释》（2020年修正）第13条第1款规定："商业秘密中的客户名单，一般是指客户的名称、地址、联系方式以及交易的习惯、意向、内容等构成的区别于相关公知信息的特殊客户信息，包括汇集众多客户的客户名册，以及保持长期稳定交易关系的特定客户。"因此，"客户名单"不是对"客户名称"的简单罗列。

三、企业商业秘密的取得

企业如何通过合法途径获取商业秘密，通常情况下有如下几种途径：

（一）自行开发获得

企业在生产经营中通过的研究、开发所掌握的技术信息以及在经营运作中所形成的经营和管理信息，经过总结和整理并采取保密措施，形成了企业的商业秘密。

企业研发的技术成果，有些需要以专利的形式进行保护，有些则不需要申请专利而是要以商业秘密的方式进行保护，一般选择作为商业秘密保护的技术成果为：①不适宜申请专利的技术。包括技术不属于《专利法》保护的对象；技术是否符合专利的实质性要件不确定；技术的经济寿命不长等。②技术难度大，不容易被他人仿制或开发，无法通过反向工程获得制造方法的技术。③容易被竞争对手利用权利请求范围限制绕开的技术。④企业暂时不实施，也不希望被他人实施的技术。⑤市场前景难以判断，从专利申请和维护成本考虑，暂不宜申请的技术[1]。

（二）通过逆向工程获得

逆向工程是对从合法渠道取得的产品进行剖析、分析和研究，从而推知产品技术秘密的过程。例如，原商业秘密权利人或其受让人通过使用该秘密制造了某种产品，而公众通过正常途径是能够获得该产品的。根据我国法律规定，他人运用现代科技手段对该产品进行逆向工程分析而获得其中的商业秘密，不构成侵权。

（三）通过情报分析与直接调查获取

情报分析的方法也是获取商业秘密的一种重要策略。情报在企业经营、管理、对外公关、人事组织等多方面都会有所折射。企业虽然都严守自己的秘密，但95%的信息还是公开的，通过收集、分类、提炼有关信息，可以获取第三方的商业秘密。例如某企业技术人员在从事技术研究中，仅用自己的专业技术知识或某公司已经公开的技术资料，获得某项商业秘密，则不属于侵犯该公司商业秘密。

（四）权利人自己泄密

即商业秘密权利人自己泄露而被他人获得。秘密性、保密性是商业秘密的根本构成要件，若权利人未对其所有的商业秘密采取严格的保密措施，或将商业秘密随意泄露他人，则商业秘密将失去法律的保护，他人获得后加以利用，自然不构成对商业秘密的侵犯。例如：权利人自己发表文章，或者通过技术展览会、学术交流会透露了商业秘密的信息，而他人从中获得商业秘密，这时则不能追究获得者侵犯商业秘密的责任。

（五）通过合法受让获得

企业之间通过买卖合同、技术使用许可协议或其他合作方式可以获取彼此的商业秘密，但企业获得商业秘密的同时，应当按照协议中保密条款的要求保守秘密，否则就要承担法律责任。

---

[1] 参见张民元、卢晓春、徐昭编著：《企业知识产权战略指引》，知识产权出版社2010年版。

第二节　企业商业秘密保护管理

商业秘密保护管理是商业秘密管理中最核心的内容，只有实行有效的保护，才能使商业秘密处于保密状态，从而对权利人发挥效能。因此，企业如果将商业秘密保护作为其知识产权管理的组成部分，就应当针对自身的实际情况，构建商业秘密保护体系。如何构建商业秘密的保护体系？对此，应从确立商业秘密范围、系统构建管理体系、全面寻求法律救济三方面入手。

一、确立商业秘密范围

企业根据自己技术信息和经营信息的现状，综合分析因保护力度而消耗的成本与被保护的商业秘密可能产生的经济效益，确定哪些作为商业秘密保护，并明确其载体，以确定最为适合的保护范围。

（一）明确保护形式

对于自己的技术信息和经营信息，企业要明确是将其作为商业秘密保护还是作为专利保护、商标保护、著作权保护。比如企业研发的技术，既可以作为商业秘密保护，也可以作为专利保护；企业开发的软件，既可以作为商业秘密保护，也可以作为著作权来保护。因此，企业在确定知识产权保护方式时，应当综合考虑法律赋予的保护方式的不同性、保护措施的优劣以及实现保护的难易程度，并结合企业的发展目标和可能获得的经济效益等多种因素，对不同知识产权予以不同的保护措施。一旦确定采用商业秘密的保护方式，就要按照商业秘密的保护要求进行运作。

通常情况下，企业的下列技术信息和经营信息可作为商业秘密保护：

（1）产品。企业自行开发的产品，在既没有申请专利，也没有正式投入市场之前，尚处于秘密状态，它就是一项商业秘密。即使产品本身不是秘密，它的组成部分或组成方式也可能是商业秘密。

（2）配方。工业配方、化学配方、药品配方等是商业秘密的一种常见形式，甚至化妆品配方，其中各种含量的比例也属于商业秘密。

（3）工艺程序。有时几个不同的设备，尽管其本身属于公知范畴，但经特定组合，产生的新工艺和先进的操作方法，也可能成为商业秘密。许多技术诀窍就属于这一类型的商业秘密。

（4）机器设备的改进。在公开的市场上购买的机器、设备不是商业秘密，但是经公司的技术人员对其进行技术改进，使其具有更多用途或更高效率，那么这个改进也是商业秘密。

（5）研究开发的有关文件。记录了研究和开发活动内容的文件，这类文件就是商业秘密。如蓝图、图样、实验结果、设计文件、技术改进后的通知、标准件最佳规格、检验原则等，都是商业秘密。

（6）公司内部文件。与公司各种重要经营活动相关联的文件，也属于商业秘密。如采购计划、供应商清单、销售计划、销售方法、会计财务报表、分配方案等都是企业的"商业秘密"。这些若被竞争对手知道，都会产生不良后果。

（7）客户情报。客户清单是商业秘密中非常重要的一个组成部分，若被竞争对手知悉，顾客将会受到引诱或骚扰，从而阻碍公司的正常活动。[1]

（二）明确商业秘密载体

商业秘密载体，即商业秘密的物质表现形式，是指以文字、数据、符号、图形、图像、声音等方式记载商业秘密的纸介质、磁介质和光盘等各类物品。磁介质载体包括计算机硬盘、软盘、优盘、移动硬盘、磁带、录音带、录像带等。商业秘密不是仅存在于人抽象的意识形态中的，它还必须是具体存在的信息，应当存在于某种载体上，使人们能够对其进行解读。具备这种条件的信息，方能成为法律所认可的能否受到法律保护的商业秘密。

因此，企业应当以商业秘密最合适保存的载体方式将其固定下来，通常以书面的载体为主。

（1）技术信息，主要通过以下载体固定：书面技术资料、图纸、

---

〔1〕 黄良宋："浅谈企业商业秘密保护战略"，载 http://wenku.baidu.com，最后访问时间：2015 年 7 月 10 日。

电子信息文档（包括电脑存储的文档以及光盘、优盘存储等）、样品、视频资料、照片等。

（2）经营信息，可以通过以下载体固定：书面的记载材料、电子信息文档（包括电脑存储的文档以及光盘、优盘存储等）、视频资料等。

口头方式也是商业秘密固定的方式，但是口头方式一旦泄密需寻求救济时，往往难以证明其内容，导致寻求法律保护较为困难。所以，企业在确定商业秘密的载体时，不建议采用口头方式，除非企业有足够的自信能防止泄密。

二、系统管理

为了切实有效地保护自己的商业秘密，企业应当建立科学、健全的管理体系，做到保护严格、措施得力、防患未然、实施有据。为了实现对商业秘密的有效管理，企业应当从组织制度、商业秘密及其载体管理、涉密人员管理和辅助措施四个方面采取系统的保护措施。

（一）建立健全保密制度

企业应当积极从自身的实际状况出发，建立和健全企业商业秘密保护的规章管理制度及措施，确保秘密信息不致泄露，应当在制度管理、程序管理、人员管理等不同方面制定管理制度，制度和措施至少应当包括：明确其商业秘密的内容，确定商业秘密的保密等级；针对不同技术和经营方法，根据重要性不同进行分类，确定不同的保护力度，制定相应的制度。对上述保密制度，企业可以编制《保密手册》或《员工手册》并发放给员工，这样既可实现员工对企业保密制度的学习和了解，又可以起到警示和防范作用。

（二）对商业秘密载体的管理

有效管理商业秘密载体是企业商业秘密保护的重要措施，企业应重视并加强对商业秘密载体的管理，防止商业秘密泄露。对载体的管理措施，企业可从以下几方面入手。

1. 建立保密区域

实践中，泄密案件很多是由于内部员工轻易地获取了商业秘密文件或其复印件并将其带到新单位使用。因此，为了防止商业秘密被内部员工或外部人员非法获取，企业设立安全的保密区域是十分必要的，比如企业可以建立保密室，保密室的设计应遵循安全原则，应四壁坚固，相对独立，并与地面保持一定距离。同时，在保密室内部，应安装摄像装置，通过这些设施，使其不能或难以利用非法手段获取商业机密，这样可以极大地降低商业秘密泄密的概率。

2. 划分商业秘密等级

为了更好地实现对商业秘密的管理，增强保密意识，企业应将商业秘密进行等级分类，并且对不同等级的商业秘密采取与其价值相适应的保密措施。目前，国内企业一般将商业秘密分为秘密、机密、绝密三个等级。商业秘密等级一经认定，企业就应立即在其所有涉密载体上标识出明显且易于识别的标志。对于等级高的商业秘密，企业应考虑多重保护。

3. 划定知悉商业秘密权限

商业秘密不是束之高阁、永不使用的。企业进行商业秘密保护的目的是实现对信息的垄断，从而获取某种竞争优势，因此作为商业秘密的权利人要对商业秘密进行使用。对于企业而言，为了最大限度地发挥商业秘密的价值，将商业秘密在企业内部一定范围内公开也是必要的。但是，企业应划定有权知悉商业秘密的人员范围与知悉权限，规定不同层次、不同工作领域的人员可以知悉或掌握的不同商业秘密的内容和范围，禁止员工掌握与其工作无关的本单位商业秘密。这种对商业秘密知悉权限的划分，可以避免内部员工知悉其不需要掌握的商业秘密而增加泄密的风险。

4. 严格规定借阅制度

保密工作人员应对借阅人员的借阅情况作详细登记，对于重要的商业秘密应规定不得借出。为防止借阅人员通过复制、电话、录音、录像等形式泄密，应规定不得持手机等通信工具进入，在保密室内不应配置复印机、电话机，电脑应除去软盘、优盘等接口。

（三）对涉密人员的管理

对涉密人员的管理是对商业秘密保护至关重要的环节，因为对商业秘密的保护最重要的还是要靠人。对涉密人员的管理措施主要有签订保密协议、强化保密意识、签订竞业禁止条款、离职管理、与合作方保密措施五方面。

1. 签订保密协议

这不仅是保护商业秘密的最好方法之一，也是执法机关判断保密措施是否合理的一项重要因素，没有保密协议可能导致公司的商业秘密得不到法律的保护。保密协议的签订，既可以是在劳动合同中加列保密条款，也可以是单独签订保密协议。签订保密协议，应当遵循公平、合理的原则，其主要内容包括：保密的内容和范围、双方的权利和义务、保密期限、违约责任等。一般而言，员工对企业承担保密义务的内容包括：保守商业秘密的义务；正确使用商业秘密的义务；获得商业秘密职务成果及时汇报的义务；不得利用单位的商业秘密成立自己企业的义务；不得利用商业秘密为竞争企业工作的义务，等等。而且，保密协议、保密条款并不因劳动合同、劳动关系的终止而终止，在员工离职后一定期限内仍然有效。

2. 强化保密意识

企业应进一步加强对员工的保密教育，使员工了解企业文化、保密的范围、工作规则、泄密后果等，使员工认识到保密工作的重要性，增强在工作中的保密意识，从而有效地防止泄密。

3. 签订竞业禁止协议

当前企业商业秘密泄露的一个主要方式，是因企业员工跳槽而将企业的商业秘密一并带走。防止企业员工跳槽而泄密的手段除了在涉密员工离职时签订保密协议外，还可以采取的措施就是与涉密的离职员工签订竞业禁止协议。竞业禁止，也称竞业限制，是指负有特定义务的员工在任职期间或者离开岗位后一定期间内不得自营或为他人经营与其所任职企业同类的业务。作为一项法律制度，竞业禁止主要体现在《劳动合同法》《公司法》和其他规章中。

《劳动合同法》第 23 条第 2 款规定："对负有保密义务的劳动者，用人单位可以在劳动合同或者保密协议中与劳动者约定竞业限制条款，并约定在解除或者终止劳动合同后，在竞业限制期限内按月给予劳动者经济补偿。劳动者违反竞业限制约定的，应当按照约定向用人单位支付违约金。"第 24 条规定："竞业限制的人员限于用人单位的高级管理人员、高级技术人员和其他负有保密义务的人员。竞业限制的范围、地域、期限由用人单位与劳动者约定，竞业限制的约定不得违反法律、法规的规定。在解除或者终止劳动合同后，前款规定的人员到与本单位生产或者经营同类产品、从事同类业务的有竞争关系的其他用人单位，或者自己开业生产或者经营同类产品、从事同类业务的竞业限制期限，不得超过二年。"《公司法》规定，董事、经理不得自营或者为他人经营与其所任公司同类的业务。科学技术部于 1997 年公布的《关于加强科技人员流动中技术秘密管理的若干意见》第 7 条规定："单位可以在劳动聘用合同、知识产权权利归属协议或者技术保密协议中，与对本单位技术权益和经济利益有重要影响的有关行政管理人员、科技人员和其他相关人员协商，约定竞业限制条款，约定有关人员在离开单位后一定期限内不得在生产同类产品或经营同类业务且有竞争关系或者其他利害关系的其他单位内任职，或者自己生产、经营与原单位有竞争关系的同类产品或业务……"

显然，竞业禁止协议与员工的择业自由相冲突。竞业禁止之所以被允许，是基于对商业秘密保护的一个重要原则，即不可避免披露原则。签订竞业禁止协议时尤其应注意以下四点：①适用人员不宜过多。由于竞业禁止协议限制了离职员工的择业自由，一般只适用于企业高级管理人员和技术人员等关键涉密人员，而不适用于就业竞争力较弱的一般员工。②禁止就业范围不宜过宽。必须有限制的必要，以与员工所接触之商业秘密密切相关的行业为限，过宽则有失合理性。③规定合理的限制期限。根据规定竞业禁止协议的期限不得超过 2 年。④竞业禁止期限内企业应支付离职员工一定补偿，如果不支付补偿，竞业限制则对该员工不产生法律效力。

4. 离职员工的管理

企业对接触过本单位商业秘密而即将离职的员工，应进行离职前的检查，检查内容包括：①要求其履行有关的交接手续，将所掌握的单位资料全部交还公司，并办理交接手续；②彻底清点员工所领借的各种物品；③重要员工在离开本公司之后应继续负有保护商业秘密的义务，根据员工掌握商业秘密的具体情况，签订离职保密协议。必要时，还要与此员工未来的雇主进行沟通，分别或一并向离职员工及其新雇主阐明有关保守商业秘密的法律责任。

5. 与合作方的保密措施

企业在对外合作过程中，其商业秘密经常被供应商、客户、制造商、销售代理商、被许可人以及向公司提供产品或服务的其他合作方掌握。这些人既是生意上的重要伙伴，也是商业秘密泄露的重要途径，所以，有必要与知悉本单位商业秘密的合作方在签订合作协议时设置保密条款，在条款中清楚地表明公司对于有关文件享有的所有权，以及有关文件及其包含信息的专有性和机密性，并要求对方不泄漏其所掌握的企业的商业秘密，否则将承担违约和赔偿责任。

6. 其他管理措施

除了上述措施外，企业还可以在如下方面采取措施，以更好地实现对本企业商业秘密的保护：①限定职工工作区域；②限定职工谈话内容；③上下班登记及上下班时间限定；④限定项目开发期间员工的离职条件，设定离职手续的保密程序；⑤未经批准，任何人不得邀请外来人员参观、访问、学习、观摩；⑥外来人员进厂登记请示批准；⑦采取装设监控、出厂锁门等措施防止外来人员进入；⑧对项目开发或实验区域的保密措施，对实验设备、实验过程的保密措施，对原材料、模具的保密管理，对文件的保密管理，对计算机的保密措施，对废弃物的保密管理等；⑨对外宣传涉及项目开发商业秘密时，应进行审查；⑩对员工发表的文章要进行审稿。

三、全面寻求法律救济

商业秘密被非法泄密即构成侵权。侵犯商业秘密不仅侵犯了商业秘密权利人的权利，给权利人带来了巨大的经济损失，也扰乱了正常的经济秩序，使正当经营者本来拥有的竞争工具——商业秘密因丧失其秘密性而失去商业价值。[1]因此，当商业秘密被他人侵犯

---

[1]　王子正："论商业秘密及其法律保护"，载《辽宁师范大学学报（社会科学版）》2004年第1期。

时，企业应当运用法律赋予的各种手段进行维权，追究侵权人的法律责任，要求赔偿损失。

（一）侵犯商业秘密的具体表现形式

侵犯商业秘密的构成需要满足以下要素：行为人实施了侵犯商业秘密的行为；行为人给商业秘密权利人造成了损害。这种损害可以是物质的，也可以是非物质的；该侵权行为与损害事实之间有因果关系；行为人主观上有过错，从侵权商业秘密的归责原则看，适用过错责任原则，主观过错是行为人承担民事责任的实质要件，既包括故意，也包括过失。

我国《反不正当竞争法》第9条规定了侵犯商业秘密的四种表现形式，包括：

（1）以盗窃、贿赂、欺诈、胁迫、电子侵入或其他不正当手段获取权利人的商业秘密。盗窃商业秘密，包括单位内部人员盗窃、外部人员盗窃、内外勾结盗窃等手段；以贿赂手段获取商业秘密，通常指行为人向掌握商业秘密的人员提供财物或其他优惠条件，诱使其向行为人提供商业秘密；以胁迫手段获取商业秘密，是指行为人采取威胁、强迫手段，使他人在受强制的情况下提供商业秘密；以其他不正当手段包括通过商业洽谈、合作开发研究、参观学习等机会套取、刺探他人的商业秘密等。

（2）披露、使用或允许他人以不正当手段获取的商业秘密。所谓披露，是指将权利人的商业秘密向第三人透露或向不特定的其他人公开，使其失去秘密价值；所谓使用或允许他人使用，是指非法使用他人商业秘密的具体情形。需要指出的是，以非法手段获取商业秘密的行为人，如果将该秘密再行披露或使用，即构成双重侵权；倘若第三人从侵权人那里获悉了商业秘密而将秘密披露或使用，同样构成侵权。

（3）违反保密义务或违反权利人有关保守商业秘密的要求，披露、使用或允许他人使用其所掌握的商业秘密。合法掌握商业秘密的人，可能是与权利人有合同关系的对方当事人，也可能是权利人单位的工作人员或其他知情人，上述行为人违反合同约定或单位规定的保密义务，将其所掌握的商业秘密擅自公开，或自己使用，或许可他人使用，即构成对商业秘密的侵犯。

（4）第三人在明知或应知前述违法行为的情况下，仍然从侵权人那里获取、使用或披露他人的商业秘密。这是一种间接侵权行为。行为人知悉其为他人的商业秘密，并明知或应知侵犯商业秘密的情形，依然获取、使用、披露该商业秘密，所以法律将这种行为也作为侵犯商业秘密行为来对待。[1]

（二）企业寻求法律保护的途径

企业的商业秘密被侵犯，应视不同情况，分别向不同部门寻求法律保护，主要有以下三种途径：

1. 向工商行政管理部门投诉

我国《反不正当竞争法》第 4 条规定："县级以上人民政府履行工商行政管理职责的部门对不正当竞争行为进行查处；法律、行政法规规定由其他部门查处的，依照其规定。"《国家工商行政管理局关于禁止侵犯商业秘密行为的若干规定》（1998 年修订）第 3 条规定："禁止下列侵犯商业秘密的行为：（一）以盗窃、利诱、胁迫或者其他不正当手段获取的权利人的商业秘密；（二）披露、使用或者允许他人使用以前项手段获取的权利人的商业秘密；（三）与权利人有业务关系的单位和个人违反合同约定或者违反权利人保守商业秘密的要求，披露、使用或者允许他人使用其所掌握的权利人的商业秘密；（四）权利人的职工违反合同约定或者违反权利人保守商业秘密的要求，披露、使用或者允许他人使用其所掌握的权利人的商业秘密。第三人明知或者应知前款所列违法行为，获取、使用或者披露他人的商业秘密，视为侵犯商业秘密。"第 7 条第 1 款规定："违反本规定第三条的，由工商行政管理机关依照《反不正当竞争法》第二十五条的规定，责令停止违法行为，并可以根据情节处以 1 万元以上 20 万元以下的罚款。"

因此，根据上述规定，企业的商业秘密被侵犯后，可以向县级以上工商机关投诉，并提供商业秘密及侵权行为的有关证据。工商

---

[1] 彭跃进、余中桂："商业秘密权的法律保护"，载 http://old.chinacourt.org/，最后访问时间：2015 年 7 月 11 日。

机关的处理周期短，可以快速制止侵权行为，而且不收费、成本低。但是，工商机关对侵权人只进行行政处罚，对侵权赔偿只进行调解，调解不成也不能作出处理，权利人只能再通过民事诉讼的方式进行索赔。需要指出的是，在向法院起诉时，法院不直接依据工商部门作出的行政处罚决定书作出侵权判定，法院还要结合相关的证据对是否构成侵权进行查实，但行政处罚决定书可以作为认定事实的重要依据。

2. 向人民法院提起民事诉讼

根据《民法典》《反不正当竞争法》《民事诉讼法》等法律规定，企业的商业秘密被侵犯，可以直接向人民法院提起侵犯商业秘密的民事诉讼，要求对方停止侵权行为，并赔偿损失。向人民法院起诉的，要符合人民法院的管辖范围，按照《民事诉讼法》的规定，对侵权行为提起诉讼应向被告所住地人民法院或侵权行为地人民法院起诉。如果是订立合同而侵犯商业秘密属于违约的，应向被告所住地或合同履行地人民法院起诉。

侵犯商业秘密民事责任的承担方式，主要有停止侵害，排除妨碍，赔偿损失，支付违约金，恢复名誉、荣誉等。其中，司法实践中最常用的是赔偿损失和支付违约金。在赔偿损失方面，以赔偿直接损失为原则。侵犯商业秘密民事赔偿额的确定应根据实际情况而定，损失可以计算的，赔偿额即为该损失额；损失额难以计算的，赔偿额为行为人在侵权期间因侵权所获利润；损失额和利润均难以计算的，应坚持客观、公平、合理的原则，参照同类经营者、同类信息的平均获利情况确定赔偿数额。同时，商业秘密侵权人还应当承担被侵害的权利人因调查其侵犯商业秘密行为所支付的合理费用。

3. 刑事诉讼

若侵犯商业秘密的行为十分严重，则会构成刑事犯罪。根据《刑法》第219条规定："有下列侵犯商业秘密行为之一，情节严重的，处三年以下有期徒刑，并处或者单处罚金；情节特别严重的，处三年以上十年以下有期徒刑，并处罚金：（一）以盗窃、贿赂、欺诈、胁迫、电子侵入或者其他不正当手段获取权利人的商业秘密的；（二）披露、使用或者允许他人使用以前项手段获取的权利人的商业秘密的;(三)违反保密义务或者违反权利人有关保守商业秘密的要求,披露、使用或者允许他人使用其所掌握的商业秘密的。明知前款所列行为,获取、披露、使用或者允许他人使用该商业秘密的,以侵犯商业秘密论。本条所称权利人,是指商业秘密的所有人和经商业秘密所有人许可的商业秘密使用人。"因此,权利人一旦发现严重侵犯其商业秘密的行为,造成重大损失的,可以向公安机关进行举报,也可提起刑事自诉请求法院追究侵权人刑事责任。

第六章
企业版权管理

第一节　企业版权的取得

一、版权的概念及范围

（一）版权的概念

版权在我国法律中被称为"著作权"，是指作者或其他著作权人依法对文学、艺术或科学作品所享有的各项专有权利的总称[1]。版权的权利人包括作者以及其他依照本法享有著作权的公民、法人或者其他组织，版权的权利包括人身权和财产权两部分。

版权的人身权是与作者人身相联系的而无直接财产内容的著作权，包括：①发表权，即决定作品是否公之于众的权利；②署名权，即表明作者身份，在作品上署名的权利；③修改权，即修改或者授权他人修改作品的权利；④保护作品完整权，即保护作品不受歪曲、篡改的权利。版权的人身权不受时间限制，它依附于作者本身，不能像财产权那样转让，任何人不能剥夺其人身权利，因此版权的人身权具有永久性、不可分割性以及不可剥夺的法律特征。

版权的财产权是指作者自己使用或者授权他人使用作品而获得物质财产的权利，包括：①复制权，即以印刷、复印、拓印、录音、录像、翻录、翻拍等方式将作品制作一份或者多份的权利；②发行权，即以出售或者赠与方式向公众提供作品的原件或者复制件的权利；③出租权，即有偿许可他人临时使用电影作品和以类似摄制电影的方法创作的作品、计算机软件的权利（计算机软件不是出租的主要

─────────────

〔1〕　吴汉东主编：《知识产权法》，北京大学出版社 2014 年版，第 33 页。

标的除外）；④展览权，即公开陈列美术作品、摄影作品的原件或者复制件的权利；⑤表演权，即公开表演作品，以及用各种手段公开播送作品的表演的权利；⑥放映权，即通过放映机、幻灯机等技术设备公开再现美术、摄影、电影和以类似摄制电影的方法创作的作品等的权利；⑦广播权，即以无线方式公开广播或者传播作品，以有线传播或者转播的方式向公众传播广播的作品，以及通过扩音器或者其他传送符号、声音、图像的类似工具向公众传播广播的作品的权利；⑧信息网络传播权，即以有线或者无线方式向公众提供作品，使公众可以在其个人选定的时间和地点获得作品的权利；⑨摄制权，即以摄制电影或者以类似摄制电影的方法将作品固定在载体上的权利；⑩改编权，即改编作品，创作出具有独创性的新作品的权利；⑪翻译权，即将作品从一种语言文字转换成另一种语言文字的权利；⑫汇编权，即将作品或者作品的片段通过选择或者编排，汇集成新作品的权利；⑬应当由著作权人享有的其他权利。

版权人许可他人行使或者转让上述版权的财产权利时，有权依照约定或者法律有关规定获得报酬。

（二）版权的范围

从版权的定义可以看出，版权保护的对象是作品，它是指文学、艺术和科学领域内具有独创性并能以某种有形形式复制的智力成果。根据《著作权法实施条例》的规定，版权中的作品包括如下内容：

（1）文字作品，是指小说、诗词、散文、论文等以文字形式表现的作品；

（2）口述作品，是指即兴的演说、授课、法庭辩论等以口头语言形式表现的作品；

（3）音乐作品，是指歌曲、交响乐等能够演唱或者演奏的带词或者不带词的作品；

（4）戏剧作品，是指话剧、歌剧、地方戏等供舞台演出的作品；

（5）曲艺作品，是指相声、快书、大鼓、评书等以说唱为主要形式表演的作品；

（6）舞蹈作品，是指通过连续的动作、姿势、表情等表现思想情感的作品；

（7）杂技艺术作品，是指杂技、魔术、马戏等通过形体动作和技巧表现的作品；

（8）美术作品，是指绘画、书法、雕塑等以线条、色彩或者其他方式构成的有审美意义的平面或者立体的造型艺术作品；

（9）建筑作品，是指以建筑物或者构筑物形式表现的有审美意义的作品；

（10）摄影作品，是指借助器械在感光材料或者其他介质上记录客观物体形象的艺术作品；

（11）电影作品和以类似摄制电影的方法创作的作品，是指摄制在一定介质上，由一系列有伴音或者无伴音的画面组成，并且借助适当装置放映或者以其他方式传播的作品；

（12）图形作品，是指为施工、生产绘制的工程设计图、产品设计图，以及反映地理现象、说明事物原理或者结构的地图、示意图等作品；

（13）模型作品，是指为展示、试验或者观测等用途，根据物体的形状和结构，按照一定比例制成的立体作品。[1]

通常情况下，作者对其作品所享有的版权是受法律保护的，但并非所有的作品都会得到法律保护，对于违反宪法和法律，损害公共利益的作品，例如黄色淫秽图书、音像制品等，是不受法律保护的。另外，根据法律规定，下列作品通常被列入公有领域，不享受著作权法独占性的法律保护：①法律、法规，国家机关的决议、决定、命令和其他具有立法、行政、司法性质的文件，及其官方正式译文；②时事新闻；③历法、通用数表、通用表格和公式。

二、企业版权的取得

版权是企业经营过程中所需的一项重要知识产权，虽然它没有像专利、商标那样对企业的运营有着举足轻重的作用，但是在实践中企业还是经常能够遇到并处理版权问题，而计算机软件开发企业、影视公司、出版社以及其他以版权运营为主的企业，则更与版权息

---

〔1〕《著作权法实施条例》第4条。

息相关。所以，企业同样也要重视版权战略的谋划与实施。取得版权，是企业实施版权战略的前提，如何取得版权呢？根据法律规定，企业可以通过如下途径获得版权。

（一）自主创作取得

一切作品均可通过创作取得，这是版权取得的最原始方式。企业要想获得版权，也可以通过这种方式。当然，一切作品都是靠人完成的，企业也不例外，所以自然人才是作品的最直接的作者。但是实践中某些作品是基于某个组织的意志投资完成且由该组织来承担责任的，法律通常也将该组织视作该作品的作者。我国《著作权法》第 11 条第 3 款规定："由法人或者非法人组织主持，代表法人或者非法人组织意志创作，并由法人或者非法人组织承担责任的作品，法人或者非法人组织视为作者。"因此，根据该规定，企业也可以成为版权的作者。在实践中，企业的宣传册、在互联网上的网站信息以及其他对外发布的广告等，所涉及的版权应属于企业。

企业要进行自主创作，需要具备相应的创作能力，包括资金、人才和设施都要满足开发的需要。例如企业要组织开发一套计算机程序，需要配备具备程序开发能力的技术人员，同时还要配备开发所需的电脑及开发软件，整个开发过程中还需要投入研发经费等。

企业在作品的自主创作过程中，要处理好职务作品与个人作品之间的关系。在实践中，经常出现职工个人在为企业创作的过程中，利用单位的物质、技术条件另行完成了其他作品，为此企业和职工为其版权归属引起争议。对此，我国《著作权法》第 18 条规定："自然人为完成法人或者非法人组织工作任务所创作的作品是职务作品，除本条第二款的规定以外，著作权由作者享有，但法人或者非法人组织有权在其业务范围内优先使用。作品完成两年内，未经单位同意，作者不得许可第三人以与单位使用的相同方式使用该作品。有下列情形之一的职务作品，作者享有署名权，著作权的其他权利由法人或者非法人组织享有，法人或者非法人组织可以给予作者奖励：（一）主要是利用法人或者非法人组织的物质技术条件创作，并由法人或者非法人组织承担责任的工程设计图、产品设计图、地图、示意图、计算机软件等职务作品；（二）报社、期刊社、通讯社、广播电台、电视台的工作人员创作的职务作品；（三）法律、行政法规规定或者合同约定著作权由法人或者非法人组织享有的职务作品。"

企业在独立创作作品时，要保证作品的独创性，即作品属于作者自己的创作，完全不是或基本不是从另一作品抄袭而来。因为一旦出现抄袭、剽窃或篡改他人作品的情况，就会侵犯他人著作权。企业完成自己的作品后，为了明确自己的版权，可以到版权局的版权登记管理部门申请版权登记，领取《作品登记证》。不过需要注意的是，版权是自动产生的，即作品一经完成，作者便享有法律赋予的权利，不是领取《作品登记证》才获得权利。进行版权登记的意义在于：其一，可以解决维权时的举证问题，因为在现实生活中产生版权纠纷时，权利人常常遇到举证困难的情况，如果作者对作品尤其是计算机软件作品，进行版权登记，就可以在今后的行政救济和司法诉讼时获得初步证明。其二，作者在进行版权贸易，进行版权转让、许可使用等活动时，也需要版权证书等的权利证明文件来与另一方签订转让、许可使用等合同。

（二）合作创作取得

对于靠自身难以完成的作品，企业可以与他方合作，共同完成所需要的作品。这类作品被称为合作作品，《著作权法》第 14 条规定："两人以上合作创作的作品，著作权由合作作者共同享有。没有参加创作的人，不能成为合作作者。合作作品的著作权由合作作者通过协商一致行使；不能协商一致，又无正当理由的，任何一方不得阻止他方行使除转让、许可他人专有使用、出质以外的其他权利，但是所得收益应当合理分配给所有合作作者。合作作品可以分割使用的，作者对各自创作的部分可以单独享有著作权，但行使著作权时不得侵犯合作作品整体的著作权。"

企业与他方合作创作时，应签订合作创作合同，明确合作作品的版权归属，尤其要明确各自创作的部分。同时还要约定合作作品使用的方式、收益分配等内容，以免将来出现权属或利益分配纠纷。

（三）委托他人创作取得

对于某些专业要求比较高的作品，自己没有能力完成作品创作的，企业可以委托他方为自己完成，例如，有些企业委托设计公司为自己开发网站或设计工作所需的计算机软件等。根据《著作权法》第 19 条规定："受委托创作的作品，著作权的归属由委托人和受托人通过合同约定。合同未作明确约定或者没有订立合同的，著作权属于受托人。"因此，企业委托他人创作作品时，如欲自己获得版权，一定要在合同中约定版权的归属，否则委托方将不能获得版权。

（四）继受取得

企业继受取得版权是指企业通过合法方式使作品的版权转移至企业自身的方式。企业继受取得版权的方式一般有以下两种：

1. 企业通过兼并、合并或其他股权收购的方式获得版权

如果甲公司拥有某作品的版权，乙公司通过兼并或合作的方式将甲公司并至乙公司，即将甲公司的财产全部收归于乙公司名下，那么作为甲公司的版权自然也归于乙公司。同样，如果乙公司不采用兼并或合并方式，而是通过大量收购甲公司的股权的方式实现其对甲公司的控股，使甲公司实际成为乙公司的子公司，这样也间接实现了对甲公司版权的取得。

2. 版权转让取得

版权转让是指版权的转让方和受让方通过版权交易的方式，转让方将其享有的除人身权之外的财产权全部或者部分转让给受让方。因此，企业可以通过版权转让的方式获得版权。需要注意的是，通过版权转让的方式获得的版权，并不是版权的全部权利，只是其财产权的全部或部分，因为版权的人身权依附于作者的特定人格，是不能转让的。

第二节　企业版权的运营

企业拥有作品版权的目的是用于企业的运营，为企业赚取利润。微软公司运营收入的绝大部分源自 Office、Windows 操作系统以及服务器产品，2014 年微软公司 860 亿美元的收入中，Office、Windows 操作系统以及服务器产品和工具销售额达就 580 亿美元。随着知识产权业务的拓展，版权运营也逐步受到企业的重视，其业务也在不

断发展，有人称我们正步入"全版权运营时代"。[1]从实践看，企业版权的运营主要有如下几种方式：

一、版权营销

这是企业自己使用版权的方式，主要表现为企业将自己的作品用于企业形象及产品的广告宣传，或用作企业产品的外观包装。广告宣传主要是将作品用在电视、报纸杂志、网络、企业宣传册等宣传媒介上，用于对企业形象及产品的宣传。产品的外观包装往往是企业根据自身文化特点设计的作品，例如"可口可乐""海尔"等知名企业都在其产品及其外包装上作出独特的设计，这些产品的外包装版权自然属于生产该产品的企业，通过其独特的外观包装可以增加消费者对企业及其产品的好感及美誉度，从而更好地产生经济效益。例如前期加多宝集团与广药集团围绕凉茶的"红罐"包装的权属之争而诉诸法庭，其背后实际蕴含着巨大的市场利益之争。

为了更好地实现对企业外观包装的保护，企业还可以将版权与专利权结合起来进行保护，即可以将产品的外观包装申请外观设计专利，实现版权和专利权的双重保护。

二、版权许可

版权许可是版权运营中最基本、最重要的交易方式。它是版权人以某种条件（通常是有偿的）许可他人以一定的方式，在一定的时期和地域范围内商业性行使其权利的一种法律行为，是版权贸易中最常见、最普遍的版权使用类型。版权许可往往发生在作者与出版社、文艺公司、音像制品公司、电视台、广播电台之间，上述受让人通过版权许可获得了出版者的权利、表演者的权利、录像制品制作者的权利、录音制作者的权利、电视台对其制作的非作品的电视节目的权利、广播电台的权利，这些权利是基于作品传播所形成的，是版权的延伸，所以又被称为版权的"邻接权"。

版权许可根据许可的权利要求和方式，分为一般许可和集体许

---

[1] "'全版权运营时代'到来"，载《当代生活报》2012年5月16日。

可两类。[1]

1. 一般许可

一般许可是版权许可中最常见的，包括三种基本形式：

（1）独占许可。独占许可是指在合同规定的时间和地域范围内，版权所有人授予许可方使用该版权的专有权利，而版权人不能在此范围内使用该版权，更不能将该版权再授予第三方使用。

（2）排他许可。排他许可是指在合同规定的时间和范围内，版权人授权许可方使用其版权的同时，自己仍然保留继续在同一范围内使用该版权的权利，但不能将该版权授予第三方使用。很多出版社跟作者签订出版合同时，往往就采用排他性许可的方式。

（3）普通许可。普通许可是指在合同规定的时间和地域范围内，版权人授权许可方使用其版权的同时，自己仍保留在同一地区使用该版权的权利，也可以将该版权授予任何第三方使用。

2. 集体许可

当某些作品使用的范围很广泛，也很频繁时，版权人可能需要就同一作品签订成千上万的合同，而这在实际操作中又很难做到，于是一种新的贸易形式——集体许可就在实践中产生了。集体许可一般分为两种类型：

（1）一揽子许可。版权人和许可方都以集体或组织的形式出现，在两个组织之间制定一个一揽子许可协议。通过这个协议，版权人向许可方授予版权的使用权，并获得相应的报酬。对于一些经常被使用的作品来说，一揽子许可是非常方便的，在实践中，一揽子许可所占的比例也越来越高，特别是在网络信息传播权方面。

（2）中心许可。这是一种以组织对个人的形式出现的贸易形式，版权人一方以组织的形式出现，而许可方是以单个个体的身份出现，也就是版权组织向单个个体授予版权使用权并获得报酬的贸易形式。这种许可多用于表演权、录制权、广播权方面。

根据我国法律规定，进行版权许可的，双方应当订立许可使用合同，许可使用合同包括下列主要内容：

---

[1] 詹宏海编著：《知识产权贸易》，上海大学出版社2009年版，第86页。

（1）许可使用的权利种类；

（2）许可使用的权利是专有使用权或者非专有使用权；

（3）许可使用的地域范围、期间；

（4）付酬标准和办法；

（5）违约责任；

（6）双方认为需要约定的其他内容。

三、版权转让

企业版权转让是指企业作为版权人将版权中的财产权利全部或部分转让给他人享有的版权交易行为。版权转让的对象包括复制权、发行权、展览权、公开表演权、网络信息传播权、播放权、改编权、翻译权、汇编权以及整理权和注释权等或者是其中的任何一项或几项。与版权许可相比，版权转让交易的是版权财产权的权属，交易后版权人不再拥有该财产权利；而版权许可交易的则是版权的使用权，交易后该版权的权属仍归原版权人所有。

版权的转让是一种重要的民事行为，涉及双方当事人多方面的权利和义务问题。为保障转让的公平与真实合法，我国《著作权法》要求，转让双方应当订立书面转让合同，明确双方的权利、义务，尤其是对版权的财产权转让究竟是全部转让，还是部分转让，以及转让的地域范围，应当在合同中加以约定。权利转让合同包括下列主要内容：

（1）作品的名称；

（2）转让的权利种类、地域范围；

（3）转让价金；

（4）交付转让价金的日期和方式；

（5）违约责任；

（6）双方认为需要约定的其他内容。

如果版权财产权转让合同约定不明确的，法律应当推定未转让，以避免争议。

第七章

企业知识产权管理体系

第一节 企业知识产权管理体系概述

一、企业知识产权管理体系的概念与特征

（一）企业知识产权管理体系的概念

企业知识产权管理体系是指将知识产权放在企业管理的战略层面，将企业知识产权管理理念、管理机构、管理模式、管理人员、管理制度等方面视为一个整体，界定并努力实现企业知识产权使命的系统工程（如图7-1）。[1]

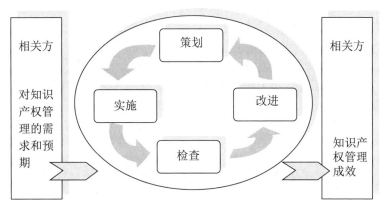

图7-1 基于过程方法的企业知识产权管理模式 [2]

―――――――――

〔1〕 国家保护知识产权工作组组织编：《企事业单位管理人员知识产权读本》，人民出版社2008年版，第395页。

〔2〕《企业知识产权管理规范（试行）》（GB/T29490-2013）第0.2条。

建立企业知识产权管理体系是《企业知识产权管理规范（试行）》对企业知识产权管理的核心要求。该规范采用过程方法建立企业知识产权管理模型，将企业知识产权管理体系分为知识产权管理的策划、实施、检查和改进四个环节。策划是依据企业战略规划，建立知识产权方针、目标和过程；实施是在业务环节实施知识产权管理；检查是根据方针、目标检查知识产权管理体系运行情况，并报告结果；改进是指采取行动，持续改进。

根据《企业知识产权管理规范（试行）》的规定，使用资源将输入转化为输出的任何一项或一组活动均可视为一个过程，通常一个过程的输出将直接成为下一个过程的输入。知识产权管理体系作为一个整体过程，输入是企业经营发展对知识产权管理的需求和预期，通常来说，包括：

（1）企业的知识产权没有进行科学系统的管理，存在知识产权流失和侵权风险；

（2）知识产权没有发挥应有的作用，没有合理利用现有成果；

（3）知识产权投入较大，成效不突出。

通过持续实施并改进的知识产权管理体系，可以提高企业核心竞争力，防范知识产权风险，体现在：

（1）通过知识产权提升企业市值，提高股东满意度；

（2）降低企业因知识产权侵权和被侵权而带来的经济损失；

（3）在业务过程中运用知识产权提升产品价值，提高客户满意度；

（4）促进企业技术创新，提升技术创新对企业发展的贡献。

本标准鼓励采用知识产权管理体系的过程方法：

（1）理解企业知识产权管理需求，制定知识产权方针和目标；

（2）知识产权管理的总体目标是为了提高企业核心竞争力，防范知识产权风险；

（3）在企业的业务环节（产品的立项、研发、采购、生产、销售和售后）中实现对知识产权的获取、维护、运用和保护；

（4）对知识产权管理效果进行监控和评审；

（5）根据评审结果对知识产权管理体系进行持续改进。

（二）企业知识产权管理体系的特征

企业知识产权管理体系具体特征如下[1]：

1. 系统性

（1）企业知识产权管理体系是一个整体系统，不仅是研发或生产某一个方面的事，而且是作为企业管理的一个子系统，贯穿于企业研发、生产、采购、销售、进出口等环节；也不仅仅是知识产权管理部门的职责，而是涉及企业各个方面、每一位员工的事。例如，知识产权中的商业秘密就需要对企业每一位员工进行有效的管理。

（2）企业知识产权战略不仅需要各个部门参与知识产权挖掘与部署，而且需要全体员工投身知识产权保护和风险规避工作。

2. 专业性

企业知识产权管理体系的专业性源于知识产权的专业性，专利、商标、著作权、商业秘密等专业性的要求需要专业的人才进行操作。企业知识产权管理体系的专业性还源于与企业知识产权结合的企业管理所产生的复杂性，这决定了企业知识产权管理人才需要既懂知识产权又懂企业管理。在这样的环境下，专利作为专门的知识体系，许多知识产权文化理念、制度规范、经营管理模式都还有待提高。即使是在那些经济发达、知识产权强势的国家，知识产权的管理、经营、诉讼处理仍然由专业人士承担。所以，企业知识产权管理体系必然体现出以专业机构、专业人士为主进行建设、管理和负责的特点。当然，大中型企业可以自行设置专业机构、配置专业人员进行管理，而中小企业及大型企业都可以利用外部专业代理机构进行知识产权咨询、业务代理等管理好知识产权。

3. 多样性

高新技术企业与资源加工型企业的管理体系有所不同；同为高新技术企业，生产制造型企业与软件开发型企业也有所差异。可以说，每一个企业都有其特殊性。不同行业、不同类型、不同业务、不同使命和理念的企业，其知识产权管理体系也各不相同。虽然企

---

[1]　国家保护知识产权工作组组织编：《企事业单位管理人员知识产权读本》，人民出版社2008年版，第396页。

业知识产权管理体系存在系统性、专业性的共同特点，但世界上绝不会存在着一个统一而正确的知识产权管理体系或模式。企业只有找到适合自身发展需要、适应市场竞争、促进科技创新、拓展国际贸易、适应企业战略发展的知识产权管理体系，才是最好的。

二、企业设计和实施知识产权管理应考虑的因素

根据《企业知识产权管理规范（试行）》第 1.22 条规定，企业在实施自己的知识产权管理，设计和实施知识产权管理体系时，应充分考虑以下因素的影响：

（1）经济、社会、文化、法律、政策和市场环境。经济、社会、文化、法律、政策和市场等属于其外部环境因素，这对于企业发展的影响很大，因此其在设计知识产权管理时，要符合经济、社会和文化的需要，符合法律、政策的规定，满足市场需求。

（2）企业持续发展的要求、竞争策略、组织规模和组织结构。企业持续发展的要求、竞争策略、组织规模和组织结构属于企业内部环境因素，企业制定知识产权管理战略除了要考虑外部环境因素的影响，还要更好地满足自己内部的需要，与企业自身实际相结合。只有如此，企业所设计的知识产权管理体系才能实现企业知识产权的有效运转，方能实现企业知识产权战略目标。

（3）企业的产品及其依赖的核心技术、业务流程。企业进行知识产权管理必须结合企业自身特点，有针对性，即针对企业自己的产品和核心技术，突出战略重点，具有实用性。万不可生搬硬套，毫无实用价值。

三、实施知识产权管理体系应遵循的原则

在实施知识产权管理体系过程中，企业应遵循以下原则：

（一）战略导向

企业要在战略层面统一部署经营发展、研究开发和知识产权管理，使企业的经营发展、研究开发和知识产权管理互相支撑、互相促进。

（二）领导重视

领导者的支持和参与是系统实施知识产权管理的关键，企业的最高管理层如果不重视，知识产权管理就会失去依靠，难以在企业落地生根，更难以实施。因此，对领导者、管理者的培训和教育，使其树立知识产权的管理意识，是取得知识产权管理成功的前提。

（三）全员参与

知识产权管理不是企业一个人的事，也不是仅靠企业知识产权办公室一个部门就能完成的，因为知识产权涉及全体员工、各业务领域和各业务环节，需要动员全员参与，发挥企业系统整体的力量，才能保证知识产权管理体系的有效实施。所以，企业要真正实施知识产权管理体系，需要企业全员参与，共同努力，方能取得成效。

第二节　企业知识产权管理体系的构建

一、管理体系构建的基础工作

企业知识产权的管理体系工作主要包括：设立管理机构，明确管理职责，配备管理人员，建立管理制度。

（一）设立管理机构

知识产权管理机构是对企业知识产权的信息收集与分析、创造、运用、保护以及文化建设进行管理的部门。企业要想实现知识产权战略，就应当把建立健全知识产权管理机构工作认真做好。如果缺少管理结构这一环节，企业知识产权工作便无从谈起。[1]在实践中，企业知识产权管理部门的设置，有如下几种模式：

（1）将知识产权管理部门设置为独立的部门，与企业的行政、业务、财务等部门一起并列为企业的分支机构。如日本的佳能公司，设立知识产权法务部，直接由公司总经理负责。

（2）将知识产权管理部门隶属于企业的研发部门，如华为公司，其成立的知识产权部隶属于研发部门。

---

〔1〕　于正河：《知识产权若干问题研究》，青岛出版社2016年版，第97页。

（3）将知识产权管理部门隶属于企业法律部，比较典型的是德国的拜耳公司。

（4）由企业的综合管理部来直接负责知识产权的管理工作。

（5）由企业的法律部门和研发部门来共同管理知识产权工作，典型的代表当属德国的汉高公司，该公司知识产权管理工作直属于公司总部，将企业的商标和域名分归企业法律部门管理，而专利和技术开发等事项的管理归研发部门。

上述仅是几种主要的企业知识产权管理部门的设置模式，企业在知识产权战略实施过程中，应结合本单位的实际情况而定，本着有利于管理、提高效率的原则设定知识产权管理部门，不必盲目效仿。

（二）明确管理机构的职责

为了有效地开展工作，必须要明确知识产权管理部门的职责，确立该部门的工作范围、责任和义务。一般而言，知识产权管理部门的职责主要有：负责知识产权信息的收集和分析，参与知识产权的决策，办理各项知识产权的申请、登记手续，为研发部门提供有关的信息服务，参与有关知识产权的运营及维护工作等。另外，在明确管理职责的同时，企业还应理顺知识产权管理部门与其他部门之间的关系，因为在知识产权战略实施过程中，该部门需要与其他部门协同开展工作。

（三）配备管理人员

知识产权管理人员可以是企业的技术研究人员、法律事务人员、管理人员及营销人员等。因为知识产权管理工作专业性较强，因此企业知识产权管理部门配备的人员，必须掌握知识产权法律知识，熟悉知识产权的发展状况；同时还应具有良好的沟通与协调能力，其中专利权的管理人员，最好具备理工科背景。

目前，企业普遍缺乏知识产权管理人员，应当重视这方面人才的培养，除此之外，企业还可以从外引进这方面的人才，以补充企业人才缺乏的局面。

（四）建立知识产权管理制度

企业知识产权管理体系的总要求，就是企业应按标准，策划、实施、运行、评审、改进文件化的知识产权管理体系。文件要求实质上就是企业制度化的要求，"没有规矩，不成方圆"，企业要构建知识产权管理体系，首先要制定完善的制度管理体系，制定完善的管理体系文件，即制订企业专利、商标或商业秘密等相关知识产权管理制度，分别对管理模式、工作流程、侵权监控、权利保护、绩效考核、教育培训等方面加以规范。建立一套系统、完善的企业知识产权管理制度，既是构建知识管理体系的是一项重要内容，也是完善现代企业管理制度的需要。

从知识产权管理的需要出发，企业应至少建立如下知识产权管理制度：《企业知识产权管理机构及职责规定》《企业知识产权管理办法》（或《企业专利管理办法》《企业商标管理办法》《企业商业秘密管理办法》《企业版权管理办法》）《企业保密制度》《企业知识产权奖惩办法》《企业知识产权信息管理及利用制度》《企业知识产权合同管理制度》《企业知识产权纠纷处理办法》等。

二、管理体系构建的文件要求

（一）知识产权管理体系的文件构成

企业管理体系应形成文件，并贯彻实施和持续改进，知识产权管理体系文件应包括：

（1）知识产权方针和目标；

（2）知识产权手册；

（3）本标准中要求形成文件的程序和记录。

从制度的角度而言，企业管理体系文件主要体现为企业一系列的管理制度以及履行制度所形成的记录文件，这些制度文件包括：专利管理的制度文件、商标管理的制度文件、著作权管理的制度文件、技术秘密管理的制度文件、经营秘密管理的制度文件、与知识产权相关的协议（合同）等管理制度文件、与人员流动相关的知识产权管理制度文件、与科技创新激励、奖惩相关的制度管理文件、与知识产权市场监控、维权、处理相关的管理制度文件。这些制度文件形成了有机的整体，是企业现代制度的重要组成部分。

上述文件中最重要的就是知识产权管理手册，它是知识产权管理体系文件的核心内容，知识产权管理手册通常主要包括下列内容：

（1）知识产权方针目标和基本要求；

（2）知识产权机构设置、职责和沟通；

（3）为建立知识产权管理体系所形成文件的程序或对其的引用；

（4）知识产权管理体系过程之间相互作用的表述。

上述文件应满足如下要求：

（1）文件的规定应与企业实际运作保持一致。随着管理体系的变化及方针、目标的变化，应及时修改管理体系文件，必要时进行评审与更新，并再次批准，确保符合性、适宜性和有效性，执行《文件控制程序》的有关规定；

（2）管理体系文件（含图纸等）以书面形式存在，按《文件控制程序》要求进行管理。也可以电子文件存在，按照企业 OA 软件要求、IPD 流程要求和相关管理制度进行管理。

（二）文件管理

企业管理体系文件通常由知识产权管理部门负责归口管理，依据管理体系要求，编制《文件控制程序》，对管理体系文件的编制、评审、批准、标识、发放、使用、更改、再次批准、回收和作废等过程活动进行管理。做到：

（1）文件发布前由相应授权人批准，以确保文件是充分与适宜的，文件批准权限问题，参照公司《标准化管理手册》；

（2）必要时对文件进行评审与更新，并再次经审核、授权人批准；

（3）根据自身需要，建立知识产权获取、维护、激励、保密等方面的控制程序，并根据控制程序进行管理，对执行情况进行定期跟踪、评价，确保制度控制的有效性；

（4）文件的管理应根据文件类别及秘密级别的不同分别进行；

（5）规定文件的编号规则和管理要求，确保文件保持清晰、易于识别时撤回或销毁作废文件，若需保留失效文件时，需予以相应标记，加盖"作废保留"章。

企业各部门在知识产权管理体系运行过程中，建立并保持记录，为知识产权管理体系有效运行提供客观依据，记录应有部门及记录人落款和时间，确保过程实施的可追溯性，并按记录管理要求进行管理。外来文件和知识产权管理体系记录文件应满足下列要求：

（1）对行政决定、司法判决、律师函件等外来文件进行有效管理，确保其来源与取得时间可识别；

（2）记录的形成、保管、使用、废弃应按《记录控制程序》要求执行；

（3）对于外来文件与记录文件应采取措施保证其完整性，并明确保管方式和保管期限。

三、管理体系的运行

企业知识产权管理体系是企业管理体系的重要组成部分，该体系作为一个整体，包括知识产权管理的策划、实施、检查、改进四个环节。

知识产权管理体系策划是依据企业战略规划，建立知识产权方针、目标和过程的谋划，是企业知识产权管理活动的重要组成部分。其主要目的是实现企业的管理目标，并确定满足管理目标所需的过程和资源。知识产权管理体系策划工作应由企业专门部门进行。企业在策划时，应按照如下要求进行：

（1）企业应识别并理解所涉及的知识产权种类及其作用，如专利权、商标权、商业秘密等；

（2）在策划知识产权管理体系时，需满足知识产权方针的要求；

（3）依据知识产权方针将知识产权目标分解为可以落实的具体目标，由相关部门负责实施，实施过程中形成的文件应落款可追溯，以实现对企业生产经营活动中各环节知识产权创造、运用、保护和管理的有效运行和控制；

（4）企业应按《企业知识产权管理规范》标准的要求，建立知识产权管理机构和相应的管理程序，规范工作职责，使之形成文件加以实施和保持，并持续改进。

（5）定期开展检查、分析、评价，确保持续改进，对已出现和潜在的不符合知识产权管理要求的问题，采取纠正和预防措施，对体系进行及时调整、修订和完善，助力知识产权目标的实现。

在知识产权目标策划方面，最高管理者应针对企业内部有关职能和层次，建立并保持知识产权目标，目标应确保形成文件并且可测量，并与知识产权方针保持一致，其内容还应包括对持续改进的承诺。

知识产权管理的实施和运行贯穿于企业生产经营的各个阶段，包括概念阶段、研究开发阶段、采购阶段、生产阶段、销售和售后阶段。该部分内容已经在本书第二章第三节"企业知识产权管理实施与评价"部分进行了阐述，在此不再重复。

四、企业知识产权贯标

企业知识产权贯标就是企业依照《企业知识产权管理规范（试行）》的要求，建立或优化自身知识产权管理体系，并获得认证机构权威认证的过程。贯标中的"标"指的就是《企业知识产权管理规范（试行）》，该规范于2013年3月1日起实施，由国家知识产权局提出并主持，联合中国标准化研究院、中国科学院政策研究所、江苏省知识产权研究中心、中国石油化工集团公司、爱国者电子科技有限公司、北京科慧远咨询有限公司起草，是我国首部企业知识产权管理国家标准。因此，企业知识产权所谓的"贯标"就是贯彻执行《企业知识产权管理规范（试行）》。

《企业知识产权管理规范（试行）》是国家标准，其目的是规范企业知识产权管理活动，提升企业知识产权管理能力，为更好地运用知识产权，降低企业风险奠定基础，实现企业创新力和竞争力的提升。[1]因此，企业实施知识产权的贯标工作具有重要的积极意义。

1. 企业知识产权"贯标"申报的条件

企业知识产权"贯标"不是强制的，而是应企业的申请而启动，由第三方认证机构根据规定的要求进行审核。实践中下列企业更需要进行知识产权的贯标：希望建立知识产权管理体系实现企业发展

---

[1] 王黎萤、刘云、肖延高主编：《知识产权管理》，清华大学出版社2020年版，第264页。

新阶段的企业；寻求外部组织对其知识产权管理体系的评价的企业；计划申报高新技术企业、试点企业、创新性企业等科技项目的企业。申请贯标的企业应满足如下条件：

（1）建立了符合《企业知识产权管理规范（试行）》要求的体系文件；

（2）按《企业知识产权管理规范（试行）》建立了知识产权管理体系并运行了3个月以上；

（3）完成了内部审核和管理评审；

（4）至少有1名通过《企业知识产权管理规范（试行）》培训并合格的管理人员。

2. 企业知识产权贯标的流程

在知识产权的贯标工作中，企业通常按照如下流程实施：

（1）贯标启动：成立企业贯标工作小组，制定企业贯标工作计划，召开企业贯标启动大会，对主要参与部门、人员进行贯标相关培训。

（2）调查诊断：调查企业基本信息、组织架构、相关制度，诊断企业知识产权管理现状。

（3）体系构建：制定企业知识产权方针、目标，策划企业知识产权职能架构，构建企业知识产权管理体系。

（4）手册编写：编写企业知识产权管理手册，编制企业知识产权管理制度、控制程序、记录表单。

（5）发文宣传贯彻：颁布企业知识产权管理手册、制度、程序、表单，开展企业知识产权宣传培训，指导各个部门、人员正确理解和执行。

（6）实施运行：运行企业知识产权管理体系，填写体系运行记录，定期进行体系运行监测。

（7）内部审核：企业对其自身的知识产权管理体系进行审核，并对审核中的不合格项采取纠正和改进措施。

（8）管理评审：企业最高管理者就企业知识产权管理体系的现状、适宜性、充分性和有效性以及方针和目标的贯彻落实情况进行评审。

贯标的审核与认定由具有相应资质的第三方认证审核机构实施，具体工作流程如下：

（1）认证申请：依照审核认证的要求，第三方认证机构接受企业"贯标"的申请。

（2）文件审核：依照第三方认证审核和国家标准的要求，对递交申请的材料进行文件有效性、一致性、合理性等方面的审核，为现场审核做好准备工作。

（3）现场审核：审核机构到达受审核方现场，依照第三方认证审核和国家标准的要求，进行知识产权管理体系有效性、一致性、持续性等方面的审核，并出具审核结论。

（4）认证定论：第三方认证审核机构对受审核方的符合性，以及对不符合方面的整改进行验证，最后，认证机构作出通过认证的决定。

第八章

企业知识产权战略管理

第一节 企业知识产权战略概述

一、企业知识产权战略的概念与特征

（一）企业知识产权战略的概念

"战略"一词，原属于军事术语，《辞海》将其定义为"重大的、带有全局性或决定全局的谋划"。在当今企业竞争激烈的市场经济时代，商场如战场，许多军事术语及谋略也相继应用于商场，因此，"战略"也被形象地用作企业经营的总体性谋划。

由于我国知识产权发展起步较晚，知识产权意识比较淡薄，"企业知识产权战略"这一术语对我国不少企业来说比较陌生。关于企业知识产权战略的概念，许多学者从不同角度给予了不同的阐述。

吴汉东教授认为，企业知识产权战略是企业运用知识产权机器制度的特点去寻求市场竞争有利地位的战略。[1]

冯晓青教授则认为，企业知识产权战略是企业为获得与保持市场竞争优势，运用知识产权保护手段谋求最佳经济效应的策略和手段。[2]

还有学者认为企业知识产权战略是运用知识产权制度和知识产权资源，为获取竞争优势而进行的总体性谋划。[3]

上述概念虽然表述不一，但都包含如下企业知识产权战略的本质要素：知识产权作为工具和手段，目的是实现企业的市场竞争

---

〔1〕 吴汉东："中国企业知识产权的战略框架"，载《法人》2008年第2期。

〔2〕 冯晓青：《企业知识产权战略》，知识产权出版社2005年版，第12页。

〔3〕 文希凯："企业自主创新与知识产权战略"，载《太原科技》2006年第9期。

优势。

（二）企业知识产权战略的特征

企业知识产权战略主要有如下特征：

1. 合法性

企业知识产权战略的制定必须依托于现有的法律制度及国家的大政方针（如《国家知识产权战略纲要》），只有如此，方能得到有效的法律保护，企业战略的目的方能实现。这就决定了企业知识产权战略的制定是一项专业性非常强的工作，既需要精通知识产权方面的法律，又需要了解国家的方针、政策。因此，建议企业在制定本单位的知识产权战略时，聘请专业的律师参与。

2. 全局性与长远性

全局性，是指企业知识产权战略应着眼于企业发展的全局，是对企业生存发展和获取竞争优势的总体性谋划，而不是企业知识产权的某一具体性工作。长远性，指企业的知识产权战略的规划，应着手于企业的长远发展，在战略中应制定企业的长期战略目标，这也是由知识产权的运作特征决定的，如一项专利，其创造、运用、保护、管理等一系列程序，至少需要几年的时间，所以，企业在制定战略时，必须要考虑这些因素。企业知识产权战略所具有的全局性和长远性，方能将其提高到战略层次。正因为如此，企业知识产权战略的内容应当具有纲领性，它着重解决的是企业生存与发展的问题，而不是解决企业中存在的某一具体问题。

3. 实用性

实用性要求企业知识产权战略必须切合企业实际，围绕企业如何发展及获取竞争优势，就提升企业知识产权的创造、运用、保护和管理能力具有可操作性且行之有效的战略措施。如果所制定的企业知识产权战略，仅有空洞的理论或者照抄政府制定知识产权战略纲要的文本，就会使企业知识产权战略工作流于形式，变得毫无意义。

4. 时效性

时效性主要是由知识产权的时效性决定的，例如专利的发明有效期是 20 年，实用新型和外观设计是 10 年，企业知识产权战略在制定时，必须要考虑这些因素，在相应的知识产权期限届满时，战略内容也要作出相应调整，这就是企业知识产权战略的动态调节机制。

5. 整体上的非独立性

企业知识产权战略在企业中并非独立，它是与企业的市场营销战略、广告宣传战略、市场竞争战略等共同致力于企业的生存与发展，服从和服务于企业的经营战略，是企业经营战略的一个子战略。因此，企业知识产权战略与企业经营管理战略紧密结合在一起，并成为企业经营管理战略的重要组成部分。[1]

6. 保密性

企业知识产权战略涉及企业的重要信息，包括企业的发展目标、发展方向、产品研发及市场战略等，这些内容一旦被竞争对手获悉，将会对本企业造成相当不利的影响。为了企业的发展大计，对企业知识产权战略的内容应当进行保密。因此，企业知识产权战略具有保密性的特点。

结合上述概念和特征的分析可知，对企业知识产权战略所实施的管理是企业在构建知识产权管理体系的基础上将知识产权管理上升至战略层面，从而所实施的更高层次的知识产权管理。

二、企业知识产权战略的内容和分类

吴汉东教授认为，"从战略内容来讲，知识产权战略包括对知识产权的创造、运用、管理和保护"[2]。在我国 2008 年 6 月 5 日发布的《国家知识产权战略纲要》的开篇即写明，"为提升我国知识产权创造、运用、保护和管理能力，建设创新型国家，实现全面建设小康社会目标，制定本纲要"。这实际上也确认了知识产权战略的内容包括知识产权的创造、运用、管理和保护，因此企业知识产权战略自然也是包括创造战略、运用战略、管理战略和保护战略这四大板块。但是，《国家知识产权战略纲要》在战略措施中还提到了知识

---

〔1〕　冯晓青：《企业知识产权战略》，知识产权出版社 2005 年版，第 15 页。
〔2〕　吴汉东："中国企业知识产权的战略框架"，载《法人》2008 年第 2 期。

产权的人才队伍建设和文化建设，据此笔者认为，企业知识产权的内容中还应包括人才战略和文化战略。

企业知识产权的创造即企业知识产权的开发工作，指企业取得专利权或者专利使用权。它是企业实现知识产权战略的重要组成部分，在整个知识产权战略中居于基础地位。

企业知识产权的运用包含两层含义：一是在企业的生产经营中利用知识产权，并将其转化为生产力，为企业直接带来经济效益，又可称之为"运营"；另一层含义是将知识产权作为市场竞争的武器使用，获取竞争优势，遏制竞争对手，有效地占领市场。目前，我国虽然有大量的科研成果，但是将科研成果转化为生产力的效果却比较差，因此如何提高知识产权的运用能力，成为当前急需要解决的重要课题。

企业知识产权保护从狭义上讲，是企业针对其拥有的知识产权采取正当、合法的有效手段，防止被他人侵权的法律行为。从广义上讲，企业知识产权保护还包括采取一定的管理手段和措施，使企业内部的各类知识成果根据法律规定的程序和要求，进行确权获得"自主知识产权"，并在此基础上采取各种措施加以保护的法律行为。

企业知识产权管理是为规范企业知识产权工作，充分发挥知识产权制度在企业发展中的重要作用，提高企业的自主创新能力，推动企业强化知识产权的有效开发、运用、保护而对企业知识产权进行的有计划的策划、实施、运行、评审、改进的活动。企业知识产权管理工作贯穿于企业知识产权战略的始终，实际是对企业知识资本的优化管理，目的是将知识资本更多、更快、更好地转化为企业效益。[1]

知识产权人才战略，是企业为开发、维护、发展知识产权在人力资源管理方面所形成的具有前瞻性、效能性的方针、政策。主要包括人才引进、人才管理、人才退出三个层面。

知识产权文化是指在人类历史发展进程中积累下来并不断创新

---

[1] 王瑜、丁坚、滕云鹏：《企业知识产权战略实务》，知识产权出版社 2009 年版，第 183 页。

的有关知识产权的法律制度、认知态度、信念评价、心理结构、价值体系和行为模式的有机整体。[1]我国的企业知识产权文化是建立在市场经济基础之上的，其核心是激励和保护创新，实质是知识产权的价值取向和心理认同，表现为尊重知识，崇尚创新、诚信守法的价值观念和行为方式。

在上述企业知识产权战略的内容中，创造战略、运用战略、保护战略是企业实施知识产权战略的某一环节的内容，属于专项战略，而管理战略、人才战略、文化战略则贯穿企业知识产权战略的始终及各个环节，因此属于综合战略。

企业知识产权战略按照不同的标准，可以划分为不同的类别。

按照知识产权的种类划分，企业知识产权战略可分为专利战略、商标战略、商业秘密战略和版权战略。

按照知识产权战略运作过程，企业知识产权战略可分为创造战略、运用战略、保护战略、管理战略、人才战略和文化战略。

按照战略实施的方式，企业知识产权战略可分为进攻型战略、防守型战略、赶超型战略和跟随型战略。

三、实施知识产权战略是我国企业的责任

当今世界，随着知识经济和经济全球化的深入发展，知识产权日益成为企业发展的战略性资源和市场竞争力的核心要素，成为企业占领市场和遏制竞争对手的关键手段。企业是社会的细胞，企业发展是社会发展的一部分，当然对社会应负有责任。自主创新是企业履行社会责任的准备与手段，作为自主创新的主体，企业的自主创新能力已经成为其自身核心竞争力的决定性因素，成为其生存发展的源泉和不竭动力。[2]

习近平曾指出："当前，我国正在从知识产权引进大国向知识产权创造大国转变，知识产权工作正在从追求数量向提高质量转变。"

---

〔1〕 周德胜、贾淑志："浅谈我国企业如何加强知识产权文化建设"，载《集团经济研究》2007 年第 03X 期。

〔2〕 田丽媛、张锁祥："企业社会责任与自主创新"，载《合作经济与科技》2006 年第 12X 期。

这里所谓的知识产权工作的"质量转变"就是要创新，而企业是知识产权创新的重要主体，承担着自主创新的重任。

2007年12月底，国务院国有资产监督管理委员会出台了《关于中央企业履行社会责任的指导意见》，将"推进自主创新和技术进步"作为中央企业履行社会责任的主要内容之一，要求中央企业"建立和完善技术创新机制，加大研究开发投入，提高自主创新能力。加快高新技术开发和传统产业改造，着力突破产业和行业关键技术，增加技术创新储备。强化知识产权意识，实施知识产权战略，实现技术创新与知识产权的良性互动，形成一批拥有自主知识产权的核心技术和知名品牌，发挥对产业升级、结构优化的带动作用"。根据这份政策文件，我们不难看出，我国已经将自主创新规定为企业履行社会责任的一项重要内容。不仅仅是中央企业，其他企业也应当主动担负起这项社会责任。

企业要做到自主创新，就是要提高自身知识产权的创造、运用与管理能力。吴仪同志在"企业知识产权保护与自主创新大会"的主旨演讲中提出："广大企业一定要多学习知识产权方面的新知识，多学习国内外优秀企业，特别是发达国家跨国公司在知识产权管理上的成功经验，尽快建立起本企业的知识产权管理制度，使知识产权管理工作纳入企业研发、生产与经营的全过程。要及时将自主创新成果、核心技术、名优产品在国内外申请相应的知识产权注册，以期得到有效保护。要以企业的核心专利技术为依托，构筑自身的知识产权创造、管理、实施和保护措施体系。"

要做到上述要求，最重要的就是要建立和完善技术创新机制，加大研究开发投入，我国华为、海尔、海信等国际知名公司，都建立了专门的研发中心，并建立了较为完善的知识产权研发体系。华为公司是中国少有的对科技投入巨大的公司之一。华为公司先后在海外和国内设立了16家研发中心，这些研发中心成立的时间、区位选择的动因和功能都有所不同。华为公司的区位选择可以分为技术高地和人才富地两种类型，技术高地通常是发达国家的某个地区，在某个技术领域处于世界领先地位，如华为公司在美国、瑞典、加拿大的研发中心。人才富地通常是在发展中国家，有丰富的人力资本和优良的研发环境，华为公司在印度的研究所是其中的典型。海外研发机构的功能可分为三类：技术转移、技术开发和基础研究。华为公司 1999 年在印度班加罗尔和 2000 年在瑞典斯德哥尔摩成立的研发中心，作用主要是技术开发，2001 年在美国达拉斯和硅谷成立的研发中心，主要作用是技术转移。2009 年在瑞典哥德堡和 2010 年在加拿大渥太华成立的研发中心以基础研究为主，标志着华为公司海外研发中心已涵盖了这三大功能。[1]

企业要履行自主创新的社会责任，还要不断提高保护知识产权的自觉性，切实担负起保护知识产权的社会责任。保护知识产权，有两层含义：一是维护自己的权利，在自主知识产权相关权益受到侵害时，要善于运用法律武器加以维护，尤其是在面对跨境知识产权纠纷时应积极应对。二是要尊重他人的知识产权，不侵犯他人的权利。对此，吴仪同志曾指出，社会主义市场经济是法治经济，是信用经济，还是公平竞争经济。不论是国内还是国外，为了拥有一项知识产权，权利人要投入大量的人力、物力、财力，而侵权人却可以毫不费力地拿来使用，这显然是不公平的。因此，任何一个企业都应将保护别人的知识产权作为一种义务，作为一种社会责任。只有人人都尊重保护他人的知识产权，自己的知识产权才不易受到侵害。企业的发展切不可短视，侵犯他人的知识产权，因为这不仅是对知识产权法律法规的挑衅，也是对尊重知识、尊重创造这一良好社会风尚的破坏。[2]

企业要承担起自主创新的重任，就要将知识产权纳入企业战略，实施知识产权战略，将知识产权纳入企业的整体战略，将企业的知识产权提高到企业的核心位置，用战略的眼光和思路来运作知识产权。企业战略是企业对其经营管理所进行的整体性、长期性、基本性的谋划，凡是上升到企业战略层面的事项，均是企业高度重视并长期运作的事项。因此，将知识产权上升到企业的战略层次，既能提高知识产权在企业中的地位，又能促使企业将知识产权一如既往

---

〔1〕　杨莎丽、崔新健：“华为开放式全球研发”，载《企业观察报》2013 年 12 月 23 日。

〔2〕　“吴仪副总理在企业知识产权保护与自主创新大会上的主旨演讲”，载 http://www.mofcom.gov.cn，最后访问时间：2015 年 6 月 1 日。

地长期运作下去，使企业持续保持自主创新能力，并最终成为企业的传统和文化，使企业在市场竞争中立于不败之地。

将知识产权纳入企业战略层面后，企业就应当学会用战略眼光和方法来处理知识产权事务。因为处理单纯的知识产权事务和用战略眼光处理知识产权法律事务是不同的。从一定意义上讲，单纯地处理知识产权事务用"点"的思维方式，即将重点放在知识产权本身的利弊，较少考虑其他因素，而用战略眼光来处理知识产权事务则是用"面"的思维方式，其具有如下特征：

（1）决策的全局性，即在处理有关决策时，应当从企业知识产权战略的全局出发，要考虑是否有利于战略目标的实现，是否会与企业的其他战略发生冲突等。所作出的决策，应当服从企业经营战略的需要。例如，甲企业的知识产权战略目标是利用专利的垄断优势，以独家经营的方式占领市场。而此时有一家资金雄厚的乙企业愿意出资与甲企业针对该项专利进行合作，面对乙企业巨额投资的诱惑，甲企业经过认真分析，认为这与自己知识产权战略目标不符，如果合作可能使自己失去市场的优势，于是便拒绝了乙企业的要求。

（2）决策的长远性，用战略眼光处理知识产权事务，不能仅仅局限于眼前，必须要考虑企业知识产权战略的长远规划，兼顾企业的长远发展。当年，许多中国企业与外资合作时，因贪图外方品牌的声誉和市场销售，于是就使用外方的商标，放弃对自己商标的使用，结果外方的品牌影响力越来越大，而中方的商标却逐渐被人淡忘。

（3）执行的程序性，用战略眼光处理知识产权事务，应当遵循战略的规律和流程，按照战略分析、战略选择、战略实施和控制的规范流程来处理知识产权事务，而不是任意地、毫无章法地处理。

第二节　企业知识产权战略规划

通常情况下，企业战略的推行，一般要经过四个阶段：①战略分析，了解组织所处的环境和竞争地位；②战略选择，即战略方案的选择、评价和制定；③战略实施，采取措施将战略方案付诸实践；

④战略评价和调整，对战略进行完善。其中，战略分析和战略选择是对企业战略进行谋划的内容，从企业知识产权战略的角度讲，就是知识产权战略的规划。

一、企业知识产权的战略分析

要进行企业知识产权战略规划，战略分析是第一步。企业战略分析，主要包括对企业愿景、使命和目标的分析，外部环境分析，内部环境分析三个方面。通过分析企业的使命和愿景，可以明确企业未来发展的方向，这是确定企业知识产权战略的基础；通过外部环境分析，企业可以很好地明确自身面临的机会与威胁，从而决定企业能够选择什么模式的知识产权战略；通过内部环境分析，企业可以很好地认识自身的优势与劣势，从而规划适合自身实际的知识产权战略内容。

（一）企业愿景、使命和目标的认识

企业愿景是对一个企业的前景和发展方向的高度概括性描述，一般由企业核心理念和对未来的展望构成。愿景是企业的立场和信仰，是企业最高管理者头脑中的一种概念，是最高管理者对企业未来的设想，是对"我们代表什么?""我们希望成为怎样的企业?"的持久性回答和承诺。企业使命是企业自觉所认识到的其应承担的社会责任、企业责任和顾客责任等应尽的职责和义务。包括经营理论、业务范围、服务对象、自我认识、对生存和盈利的关切、对公众形象的关切、对雇员的关心等。企业的目标是企业实现其使命所要达到的预期成果，是一个企业发展的终极方向。

进行企业知识产权战略分析时，首先应理清企业愿景、使命和目标，并以此制定企业知识产权战略，并作为企业知识产权战略制定和评估的依据。因为这些内容决定了企业知识产权的发展及战略选择，对企业知识产权的战略思想、战略原则、战略目标甚至战略重点都起到决定性的作用。所以，进行企业知识产权战略制定前的战略分析，首先应当认识企业的愿景、使命和目标。

（二）企业外部环境分析

企业外部环境又称企业宏观环境或一般环境，是指影响一切行业和企业的各种宏观因素。对企业宏观环境的分析，根据行业及企业自身特点和经营需要的差异，其分析的具体内容和重点会有不同，但总体而言，一般包括政治环境分析、经济环境分析、技术环境分析、社会文化环境分析以及行业竞争结构分析等。

1. 政治环境分析

政治环境，包括一个国家的社会制度，法律、法规，政府的方针、政策等。国家的政治环境对企业知识产权战略的影响是非常大的，政治环境分析是企业宏观环境分析的首要因素。在国际贸易日益密切的今天，对于那些跨国企业来说，政治分析越来越重要也越来越复杂。今天的企业管理者必须时刻注意收集政治法律信息，并作出正确的分析和决策，才能保证其战略的顺利实施。[1]例如我国在加入世界贸易组织之前，对知识产权的保护力度较低，相对而言不利于知识产权的发展；而我国在加入世界贸易组织之后，对知识产权的保护力度加大，尤其是在2008年发布《国家知识产权战略纲要》，将知识产权上升为国家战略，这为企业知识产权的发展创造了良好的政治环境，极大地提高了企业知识产权的水平。

对政治环境的分析不仅是对我国国内的政治环境进行分析，如果企业将知识产权战略延伸至国外，还要对延伸国的政治环境进行分析。

2. 经济环境分析

经济环境是指构成企业生存和发展的社会经济状况及国家经济政策。包括社会经济结构、经济体制、发展状况、宏观经济政策等要素。衡量这些因素的经济指标有国内生产总值、就业水平、物价水平、消费支出分配规模、国际收支状况，以及利率、通货供应量、政府支出、汇率等。涉及的范围从国家、社会、市场一直到企业。[2]

经济环境构成企业生存和发展的社会经济状况及国家经济政策的多维动态系统，它包括：①宏观经济环境：主要指国民收入、国

---

〔1〕 尤建新、雷星晖主编：《企业管理概论》，高等教育出版社2010年版，第85页。

〔2〕 尤建新、雷星晖主编：《企业管理概论》，高等教育出版社2010年版，第101页。

内生产总值及其变化情况，以及通过这些指标能够反映的国民经济发展水平和发展速度；②微观经济环境：主要指企业所在地区或所需服务地区的消费者收入水平、消费偏好、储蓄情况、就业程度等因素。

3. 技术环境分析

技术环境是指企业所处环境中的技术要素及与该要素直接相关的各种科技因素的集合，包括国家科技体制、科技政策、科技水平和科技发展趋势等。在科学技术迅速发展的今天，技术环境对企业的影响可能是积极的，也可能是消极的，企业必须要预见新技术带来的变化，在战略上作出相应的决策和调整，以获得新的竞争优势。

进行技术环境分析，除了要考察与企业所处领域活动直接相关的技术手段的发展变化外，还应及时了解如下问题：国家对科技开发的投资和支持重点；该领域技术发展动态和研究开发费用总额；技术转移和技术商品化速度；专利及其保护情况等。

4. 社会文化环境分析

社会文化环境是指企业所处的社会结构、社会风俗习惯、信仰和价值观念、行为规范、生活方式、文化传统、人口规模与地理分布等因素的形成和变动。社会文化环境对企业的影响也是显而易见的，例如，人口规模、社会人口年龄状况、家庭人口结构、社会风俗对消费者偏好的影响等，这些因素在企业劳动力的供给、生产方式、产品设计以及营销方式等方面都会产生重要的影响。例如我国人口的老龄化，这对企业的技术创新将会造成较大影响。

5. 行业竞争结构分析

行业竞争结构分析就是要全面分析行业中影响竞争的因素，这是制定企业知识产权战略最核心的基础，包括以下几方面的分析：

（1）产业内现有竞争对手，分析内容包括：主要竞争者数目；竞争者间实力对比；行业销售水平增长程度；产品及服务差异化程度；企业战略目标以及退出障碍等。

（2）替代产品威胁：替代产品是指那些与本行业产品有同样功能的其他产品。替代产品的价格如果比较低，它投入市场就会使本行业产品的价格上限只能处在较低水平，这就限制了本行业的收益。

替代产品的价格越是有吸引力，这种限制作用也就越牢固，对本行业构成的压力也就越大。

（3）潜在进入者：决定潜在进入者大小的主要因素应注意以下几个方面：规模经济、产品差异优势、资金需求、转换成本、销售渠道、与规模经济无关的成本优势。

（三）企业内部环境分析

分析企业的内部环境，应当从企业自身的实际情况入手，包括企业基本情况、经营状况以及现有知识产权状况等。应重点分析如下几方面：

（1）经营范围。经营范围是指企业从事生产经营活动的领域。它反映了企业知识产权的发展方向，企业应根据其经营范围确定知识产权的发展方向。例如从事电子类产品经营的企业，其知识产权战略的发展方向以及当时电子技术及新产品研发及推广。

（2）资源配置。资源配置是指企业过去和目前资源和技能组合的水平和模式。资源配置的优劣状况会极大地影响企业实现其知识产权战略目标的进度。因此，资源配置又被视为形成企业核心竞争力的基础，是企业现实生产经营活动的支撑点。企业只有采用其他企业很难模仿的方法，取得并运用适当的资源，形成独具特色的技能，才能在市场竞争中占据主动。

（3）竞争优势。竞争优势是指企业通过其资源配置的模式与经营范围的正确决策，所形成的与其竞争对手不同的市场竞争地位。从知识产权角度而言，要分析该企业在同行业中知识产权及其产权的优劣和所处的市场竞争地位，从而确定自己的竞争优势。

（4）协同作用。协同作用是指企业从资源配置和经营范围的决策中发现各类资源并综合运用使其共同产生更好的效果。在企业管理中，企业总体资源的收益要大于部分资源收益之和。从企业知识产权战略的角度分析，企业的协同作用可以分为：其一，开发协同，即企业各部门之间相互配合，共同研究开发新技术、新产品，以及分享企业专用的工具和专有的技术。其二，生产协同。生产协同产生于充分地利用已有的人员和设备，共享由经验曲线形成的优势。其三，销售协同。销售协同产生于企业使用共同的销售渠道、销售机构和推销手段来实现产品销售活动。老产品能为新产品引路，新产品又能为老产品开拓市场。其四，管理协同。管理协同体现的是一种科学有序的管理，体现为企业各部门、各员工自觉按照企业规范的要求各司其职、相互配合地完成各项工作。管理协同起着相当重要的协调作用。

二、企业知识产权的战略选择

企业知识产权的战略选择是企业对知识产权战略的方案进行评价和选择，并最终确定企业知识产权战略方案的内容。战略分析是要明确"企业目前状况"，而战略选择要解决的问题则是"企业走向何处"。

（一）企业知识产权战略选择的内容

企业战略就是对企业长远发展方向、发展目标、发展业务及发展能力的选择及相关谋划。战略的目的就是解决企业发展问题，实现企业的长远发展。因此，战略选择的框架包括发展方向、发展目标、发展领域和发展能力四个方面。[1]这是企业战略选择的内容，结合企业知识产权，对其战略进行选择的内容包括：企业知识产权战略思想、战略目标、战略重点、战略措施四方面。

1. 企业知识产权战略的思想选择

战略思想是指导战略制定和实施的基本思想，是企业战略的神经中枢。企业战略思想是在企业管理实践中产生和发展的。[2]企业战略思想通常包括竞争观念、市场营销观念、创新观念和效益观念等。

企业在确定自己的知识产权战略思想时，首先应结合《国家知识产权战略纲要》对企业知识产权战略的要求，同时还应结合企业发展的愿景、目标、经营理念及企业的文化，因为这些决定了企业的价值观念和战略目标，这样的战略思想方能具有实用性，符合企业的要求。切忌在战略思想中罗列脱离企业实际的空洞理论。

---

〔1〕 唐东方：《战略选择：框架·方法·案例》，中国经济出版社 2011 年版，第 61 页。

〔2〕 彭文胜、刘逸星：《企业知识产权战略与实施方案制作指引》，法律出版社 2009 年版，第 77 页。

2. 企业知识产权战略的目标选择

战略目标是实施企业知识产权战略所要实现的目标。总体而言，企业实施知识产权战略的目标就是有效地占领市场，更好地实现企业的生存与发展。

在确定知识产权战略的目标时，应当与企业的经营战略目标结合起来，毕竟知识产权战略仅仅是企业经营战略中的一个子战略，不能与其产生矛盾。同时，根据企业的实际情况，在确定企业知识产权战略的目标时，应当明确总目标和阶段性目标，阶段性目标是对总目标的分解，通过实现一系列阶段性目标最终实现总目标。

企业知识产权战略的目标可分为进攻型战略目标、防御型战略目标和紧缩型战略目标。

企业知识产权的进攻型战略目标，是企业在市场竞争中主动挑战市场竞争对手而追求的目标。确定进攻型目标的企业所采用的知识产权战略就是进攻型战略。采用此目标的企业通常是技术、资金、人才较为雄厚的企业或朝阳产业。

企业知识产权的防御型战略目标，是企业针对竞争性市场中可能给企业带来的威胁，采取一些措施企图保护和巩固现有市场的目标形态。确定防御型目标的企业所采用的知识产权战略就是防御型战略。企业选择防御型战略的适用条件如下：①宏观经济严重不景气、通胀严重、消费者购买力很弱；②企业的产品已进入衰退期，市场需求大幅度下降，企业没有做好新产品的投入准备；③企业受到强有力的竞争对手的挑战，难以抵挡；④企业的高层领导者缺乏对市场需求变化的敏感性，面对危机束手无策，被动地采取防御战略；企业高层领导者面对困境，主动地选择前景良好的经营领域，进行投资，实施有秩序的资源转移。

企业知识产权的紧缩型战略目标，企业从目前的战略经营领域和基础水平收缩和撤退，且偏离起点战略较大的目标形态。确定紧缩型目标的企业所采用的知识产权战略就是紧缩型战略。一般而言，企业实施紧缩型战略目标往往是短期的，其根本目的是使企业挨过风暴后转向其他战略目标的选择。有时，只有采取收缩和撤退的措施，才能抵御竞争对手的进攻，避开环境的威胁和迅速实现自身资源的最优配置。可以说，紧缩型战略目标是一种"以退为进"的战略目标。

3. 企业知识产权战略重点的选择

战略重点所体现的是企业知识产权具有决定性意义的战略任务，它关系到区域全局性的战略目标能否达到重大的或薄弱的部门或项目。毛泽东曾指出："任何过程如果有多数矛盾存在的话，其中必定有一种是主要的，起着领导的、决定的作用，其他则处于次要和服从的地位。因此，研究任何过程，如果是存在着两个以上矛盾的复杂过程的话，就要用全力找出它的主要矛盾。捉住了这个主要矛盾，一切问题就迎刃而解了。"[1]企业知识产权的战略重点就是源于毛泽东提出的"主要矛盾"理论。企业知识产权战略中包含了诸多战略指标及具体的任务，它们在战略中所起的作用及地位不尽相同。在此情况下，为了充分发挥企业资源的优势，应当将对实现战略目标具有决定作用或重大影响的任务和指标列为战略重点，以便企业在战略实施过程中投入更多的资源进行攻坚，保障战略目标的有效实现。

为了达到战略目标，必须明确战略重点。通常情况下，企业应当将如下指标或任务列为战略重点：将居于企业核心地位的知识产权列为战略重点，如企业的驰名商标、属于企业核心技术的专利等；将知识产权战略措施中的某一项内容作为战略重点，如可以将企业某一项知识产权的创造、运用作为战略重点；将战略措施中的阶段性任务作为战略重点，如企业可以将在知识产权战略的某一阶段争创驰名商标作为战略重点。

4. 企业知识产权战略措施的选择

战略目标是战略行动的方向、纲领和准则，但还不是行动本身，只有通过战略措施，才能将其付诸实施，使其得以贯彻落实。因此，战略措施是任何一个具体战略都不可缺少的重要组成部分。因此，战略措施是实现企业知识产权战略目标的实施方案，这是企业知识产权战略制定中的重点部分。吴汉东教授认为，"从战略内容来讲，

---

〔1〕《毛泽东选集》（第2卷），人民出版社1964年版，第296~297页。

知识产权战略包括对知识产权的创造、运用、管理和保护"[1]，根据我国《国家知识产权战略纲要》中关于战略措施的规定，可以概括出企业知识产权战略措施包括知识产权的创造、运用、保护、管理、文化建设和人才队伍建设。因此，企业知识产权战略措施的选择，应结合企业的实际情况，从以上几个方面进行确定。

（二）企业进行知识产权战略选择的步骤及方法

企业在选择适合自己的知识产权战略内容时，可按如下程序和方法进行评价、选择：

1. 制定战略选择方案

在制定战略过程中，可供企业选择的方案越多越好，这样会产生更优的方案。企业可以从对整体目标的保障、对中下层管理人员积极性的发挥以及各部门战略方案的协调等多个角度考虑，选择自上而下的方法、自下而上的方法或上下结合的方法来制定战略方案。

2. 评估战略备选方案

评估备选方案通常采用两个标准：一是考虑选择的战略是否能够发挥企业的优势，提高企业的核心竞争力，克服劣势，是否利用了各种市场机会，将竞争威胁削弱到最低程度；二是考虑选择的战略能否兼顾企业内部各方的利益，易被企业利益相关者所接受。需要指出的是，企业实际上并不存在最佳的选择标准，管理层和利益相关团体的价值观和期望在很大程度上影响着战略的选择。此外，对战略的评估最终还要落实到战略收益、风险和可行性分析的财务指标上。

3. 选择战略

即最终的战略决策，确定准备实施的战略。因为知识产权战略对企业来说是重大事项，对最终战略的选择，可以先经由企业董事会研究确定，然后再提交公司股东会表决通过。

如果由于运用多个指标对多个战略方案进行评价而导致评价结果不一致，那么最终的战略选择可以考虑以下几种方法：根据企业目标选择战略，选择对实现企业目标最有利的战略方案；聘请外部

---

[1] 吴汉东："中国企业知识产权的战略框架"，载《法人》2008 年第 2 期。

机构，聘请外部咨询专家进行战略选择工作，利用专家们广博和丰富的经验，能够提供较客观的看法；对于中下层机构的战略方案，提交上级管理部门能够使最终选择方案更加符合企业整体战略目标。

第三节 企业知识产权战略方案制定

一、企业知识产权战略文本的组织结构

进行完战略分析和战略选择后，企业知识产权战略的内容已经确定，接下来的工作就是根据所确定的内容着手起草战略方案文本。要起草企业知识产权战略方案，就要弄清战略的组织结构。通常情况下，企业知识产权战略文本一般由序言、战略思想、战略原则、战略目标、战略重点、专项任务、战略措施构成。

（一）序言

企业知识产权战略的序言部分，一般对基于本企业的战略分析、战略选择进行论证，然后阐述制定本战略的必要性。

对序言中战略的分析，应着重从企业外部环境、内部环境进行分析，然后论证企业实施知识产权战略的作用。分析企业的外部环境，应当从本企业的市场竞争环境、行业环境以及法律及政策方面入手，如果该企业涉及跨国经营，还要联系国际环境。分析企业的内部环境，应当从企业自身的实际情况入手，包括企业的基本情况、经营状况以及现有的知识产权状况等。

论证企业实施知识产权战略的作用，是在论证本企业实施知识产权战略的必要性，本部分内容论证应结合企业实际，着重论述实施企业知识产权战略对企业占领市场、遏制竞争对手的作用；同时还可结合国家大政方针及有关法律进行论证。

（二）战略思想

战略思想即企业知识产权战略制定的指导思想，战略思想可以源于企业知识产权战略的基本理论，也可以源于企业实际控制人或高管的经营思想，同时还可以源于企业的知识产权方针。这些思想应当是在企业实践中真正指导企业运作的思想，切忌罗列空洞且对

企业毫无意义的思想。对战略思想的陈述，应尽量简明扼要，要体现出企业知识产权价值理念、文化思想。例如《国家知识产权战略纲要》序言第（5）项将战略指导思想表述为："实施国家知识产权战略，要坚持以邓小平理论和'三个代表'重要思想为指导，深入贯彻落实科学发展观，按照激励创造、有效运用、依法保护、科学管理的方针，着力完善知识产权制度，积极营造良好的知识产权法治环境、市场环境、文化环境，大幅度提升我国知识产权创造、运用、保护和管理能力，为建设创新型国家和全面建设小康社会提供强有力支撑。"这体现出国家知识产权战略的指导思想是邓小平理论、"三个代表"重要思想和科学发展观。当然，这从宏观层面体现的是国家的知识产权价值理念和文化思想。而华为公司的战略思想则是："广泛吸收世界电子信息领域的最新研究成果，虚心向国内外优秀企业学习，在独立自主的基础上，开放合作地发展领先的核心技术体系，用我们卓越的产品自立于世界通信强国之林。""劳动、知识、企业家和资本创造了公司的全部价值""我们是用转化为资本这种形式，使劳动、知识以及企业家的管理和风险的累积贡献得到体现和报偿；利用股权的安排，形成公司的中坚力量和保持对公司的有效控制，使公司可持续成长。知识资本化和适应技术和社会变化的有活力的产权制度，是我们不断探索的方向。"[1]

（三）战略原则

战略原则是企业在制定、实施知识产权战略过程中所遵循的原则。该原则源于企业的经营理念和战略思想，根据企业的实际情况来具体确定。从宏观角度而言，企业知识产权战略通常需要遵循如下战略原则：

（1）合法性原则：指企业知识产权战略的制定、实施必须不违反国家法律、法规和国家的大政方针；

（2）全局性和长远性原则：企业知识产权战略应着眼于企业经营、管理的全局及长远的规划发展；

（3）纲领性原则：企业知识产权战略的内容应当是纲领性的，

---

[1]《华为基本法》第2条、第16条、第17条。

不是具体的工作计划，它是企业制定规章制度及工作计划的依据。

除了上述企业知识产权战略通用的原则外，企业还应根据自己的实际情况及战略规划的需要，设定自己的战略原则，例如有的企业以领先的技术来赢得市场和发展，可以将战略原则确定为"技术领先原则"；有的企业将战略重点放在重视和引进人才，强调调动员工的积极性和创造性，为企业不断增强活力，可以将其设定为"人才为本"的战略原则；还有的企业重在对自己品牌的营造，通过良好的企业形象来赢得市场，可以将其设定为"品牌运营"的战略原则。

（四）战略目标

企业的知识产权战略目标应当是：利用知识产权或知识产权制度，削弱竞争对手的能力；利用知识产权或知识产权制度构建、保持、增强自身的竞争能力。[1]在制定企业知识产权战略目标时，首先应从宏观上制定一个总目标，作为知识产权战略的全盘目标，作为企业知识产权运作奋斗的总目标。例如某企业将其知识产权战略总目标描述为："到××年，形成与××企业自身经营发展与科技发展相适应的知识产权工作体系和有效的运行机制，力争在引进消化吸收再创新和集成创新上有重大突破，企业在主导产品、潜力品种及关键技术领域拥有必需的核心专利等自主知识产权，在知识产权的投入、产出、拥有量和产业化方面达到行业内先进水平。努力把企业建设成知识产权意识强、富有创新活力、转化效果显著、效益产业集聚、吸纳环境优越、维权措施得力、产权交易顺畅和专业人才齐全的创新性企业。"

企业在确定知识产权战略的总目标后，为了保证其实现，还应根据实际需要，将总目标分解为一系列的子目标，必要时还要将其分配至企业各部门，将其分解为定性的量化指标，在战略实施过程中通过对量化指标的考评，最终验证战略目标是否实现。例如，日本的《知识产权管理评估指标》，将企业知识产权战略的目标分解为

---

〔1〕　李富山："企业知识产权战略目标之制定"，载 http://www.360doc.com，最后访问时间：2015 年 7 月 21 日。

企业经营战略、技术战略、国际战略、法务战略四项战略性指标，然后又将该指标分解为 100 项具体的核查事项，使其实现知识产权战略的目标非常明确，且具有可操作性。细化的任务或指标，既可以在战略目标中体现，也可以在专项任务中明确。

在确定知识产权战略的目标时，还应当与企业的经营战略目标结合起来，毕竟知识产权的战略仅仅是企业经营战略的一个子战略，不能与其产生矛盾。

（五）战略重点

战略重点的内容，应当是对企业优势的重点培养或对企业劣势的有效解决。既然是战略的重点，在起草战略时，就应当体现其重点的性质，就是选择企业核心的战略内容在战略重点中进行表述，罗列最关键或最重要的一项或几项即可，千万不可将全部或大部分战略内容都列在该部分内容中，那就失去了所谓的"重点"，毫无意义。

下面是某一民生服务企业在其服务体系的知识产权战略方案中，对战略重点的表述：

以民生服务呼叫中心管理系统的深入研发作为本战略的重点，研发成功后，以该管理系统的软件作为公司的技术产品，进行市场推广。在知识产权的运营方式上，以民生服务呼叫中心管理系统软件的著作权作为公司知识产权的核心内容，在系统软件所涉及的局部技术方面，采用专利或商业秘密的方式进行保护。同时，在市场营销中，对民生服务呼叫中心管理系统的软件产品，配以公司商标进行市场宣传，以提高产品的市场竞争力。在市场经营战略中，公司利用管理系统软件产品的知识产权，采用积极的市场进攻战略，有效地占领市场，遏制竞争对手，实现公司的既定经营战略目标。

（六）专项任务

专项任务通常是对战略目标的细化，表现为战略目标的子目标或者由战略目标分解而成的量化指标。如企业在其知识产权战略方案中不单列专项任务，可将该部分内容在战略目标中体现。

对专项任务的表述，可按照知识产权的分类进行，即按照专利、商标、版权、商业秘密以及其他知识产权的分类方式，对各自涉及的任务进行表述，《国家知识产权战略纲要》就是采用此种表述方式。还有一种表述方式是按照企业相关部门的分工进行表述，即从企业的技术研发部、知识产权部、法律事务部、市场营销部等各部门所涉的知识产权进行专项任务分工，明确其知识产权任务和目标，这种表述分工明确，有利于方案的实施。

（七）战略措施

在制定战略措施时，应注意如下几点：

（1）战略措施是为实现战略目标而采取的措施，其内容应当着眼于落实战略重点和专项任务；

（2）战略措施必须是具体的、明确的，具有可操作性，否则措施就成为一纸空文；

（3）战略措施必须符合企业的实际情况，企业有能力执行所制定的措施，如果不符合企业实际情况或企业没有履行能力，再好的措施对企业也是没有用的；

（4）措施要用词严谨，言简意赅，不要使用模糊的词语，否则会难以执行或难以考评。

对战略措施的表述，通常按照企业知识产权战略的组成结构进行，即按照企业知识产权的创造、运用、保护、管理、文化建设和人才建设进行表述，制定具体、明确的指标、任务及各项要求。

下面是某医药企业知识产权战略方案中战略措施的部分内容，仅供参考：

1. 知识产权创造

在经费投入上，到 2010 年，企业目标是对知识产权经费的投入要占企业全部研发资金的 6%；到 2015 年，企业目标是对知识产权经费的投入要占企业全部研发资金的 10%；到 2020 年，企业对知识产权经费投入应占企业全部研发资金的 15%。其中包括专利的研发、申请及维护，以及对相关研发人员的奖励经费。在经费上充分保证企业对知识产权的研究开发及市场运作。

在专利申请量和授权量方面，与企业经济增长相适应。2006 年至 2015 年，公司年度专利申请量增长速度保持在 5% 左右，2010 年达到 15 件，2015 年达到 35 件，以产品新配方、新功能、新标准为主。

商标注册申请量：2006 年至 2015 年期间，企业商标注册申请量平均增长速度达到 5%，到 2015 年，达到 10 件，2016 年至 2020 年，商标注册申请量平均增长速度达到 8%，2020 年达到 15 件，并争取获得国家著名商标和实现一批商标到境外或国外注册，提升企业在国内外市场的影响力和竞争力。拥有 1 个全球知名品牌，3 个以上国家著名品牌。

2. 知识产权运用

到 2020 年，企业知识产权运营成为企业经济增长的重要动力之一，占公司利润来源 20% 以上，基本实现核心产品的知识产权垄断。

知识产权交易市场：2006 年至 2015 年，企业不断从实践上探索知识产权交易的可行性；到 2016 年至 2020 年，大力开展知识产权交易、评估、抵押等相关业务，积极进行知识产权国际交流服务等相关活动。2020 年后，知识产权交易成为企业经济增长的重要支撑点。

3. 知识产权保护

在 2006 年至 2010 年期间，建立企业查处与打击知识产权侵权、盗版、假冒等违法行为的相关制度与专员，及时查处针对我司各类产品的知识产权违法情况。对商业秘密全部实行规范化管理，建有相应的保护商业秘密的规章制度。

在 2011 年至 2015 年期间，建立起知识产权保护预警及应急的公共服务平台与机制，确保企业的经济安全。实现将专利、商标保护扩展到所有产品，并且将保护范围开始向产业链的上游及下游拓张，从国内延伸到国外。

到 2020 年，争取企业所有自主知识产权全部在海关总署申请备案保护，从而促进企业自主知识产权的发展和保护权利人的合法权益，防止和打击知识产权侵权产品在我国口岸进出境。

4. 知识产权管理

在 2006 年至 2010 年期间，重新修订和完善《专利管理工作实施规定》等相关制度，对公司知识产权工作实行制度管理。进一步完善知识产权管理机构，增加专门的知识产权管理人员或指定专门部门和人员监管；建立健全知识产权管理制度，对科研成果、新产品、新工艺、新技术研发实行知识产权目标管理制度。构建自主知识产权企业培育体系，深入开展知识产权保护行动，努力提高公司各类人员的知识产权意识和公司运用知识产权制度的能力。

在 2011 年至 2020 年间，建立专门的专利信息数据库，使相关人员能熟练使用专利信息分析系统、企业知识产权信息管理系统等其他数据文献系统，及时收集、分析研究专利信息，为企业技术创新、经营管理等活动的战略制定提供依据及对策。

二、知识产权战略的基本流程

企业知识产权战略的制定涉及企业的各个方面，工作量大，是一项非常复杂的工作。企业应高度重视战略的制定工作，按照既定的程序有条不紊地进行。一般来说，企业知识产权战略的制定应遵循如下程序。

（一）企业知识产权战略的立项

企业知识产权战略，是企业战略的一个非常重要的组成部分，企业实施知识产权战略，是企业的一项重大举措，一旦决定实施，就应在企业发展规划中进行立项，将企业知识产权战略列入企业经营战略规划。

（二）组建战略制定的工作团队

企业知识产权战略的制定因涉及的工作量大，内容复杂，因此仅仅依靠单人的能力是不行的，需要组建一个专业的工作团队开展工作。对于团队的成员，原则上应至少具备如下条件之一：①熟练掌握知识产权方面的法律、法规和国家、地方政府的有关方针政策；②具有良好的教育和培训能力，能够对企业员工进行知识产权战略及相关法律知识的培训；③具有一定的综合协调能力，能与企业各部门进行协调沟通，并指导各部门配合好知识产权战略的制定工作；④具有良好的文书制作水平。

鉴于企业知识产权战略的制定是一项非常专业的工作，尤其是要涉及非常专业的法律问题，因此企业在组建战略制定工作团队时，建议聘请专业的知识产权律师对战略制定提供全程服务，以保证战略的合法性；同时，企业应当配备企业技术部门、综合管理部门和市场营销部门的工作人员组成工作团队共同开展工作。这样组成的工作团队，既有法律专业又有技术专业，还有市场营销及企业管理专业的，这就能在制定战略时做到全面兼顾，互相弥补彼此之不足，形成一个有力的工作团队。

（三）信息收集与分析

这是战略文本制定前必要的准备工作。知识产权信息的收集与分析工作是企业知识产权战略的基础，战略中诸多的方案和措施，都是建立在对信息的收集和分析的基础上。日本企业就十分重视知识产权情报信息工作，日本企业的知识产权管理部门基本上都建立了专利信息管理机构，设在企业总部，其主要任务是把全部专利信息分类编辑，传给各部门；把竞争对手的专利申请、许可转让的可能性准确收集整理，提出对策分析意见，供研究开发，决策部门参考。[1]

1. 信息收集工作

信息收集工作包括信息收集的责任部门、信息收集的内容以及如何收集三方面的内容。

对于信息收集的部门之间的责任划分，一般企业的做法是：结合知识产权管理机构与人员配备，明确知识产权管理部门为信息收集与分析的总协调部门，通过在各部门安排的知识产权管理人员汇总各部门所收集的知识产权信息，并集中到知识产权管理部门，由知识产权管理部门进一步汇总。[2]

---

〔1〕 李志军："日本的知识产权战略与管理"，载《科学与管理》2003年第2期。

〔2〕 彭文胜、刘逸星：《企业知识产权战略与实施方案制作指引》，法律出版社2009年版，第108页。

2. 信息收集的内容

信息收集的内容一般包括行业信息收集和技术信息收集。

行业信息收集包括企业内部信息及企业外部信息的收集。企业内部信息包括：企业的基本状况、企业的经营理念及经营战略、目前的经营状况；企业外部信息包括企业的市场状况、竞争对手的信息、法律和政策环境等。

技术信息收集包括：新颖性调查，主要调查该项技术是否有新颖性、创造性；技术动态收集，主要是广泛搜集过去及新近出现的技术信息，分析当代技术水平并预测今后技术发展动向而进行的调查；公知性调查，是指对该技术是否为已公开或已公告或已获得权利的技术而进行的调查；监视调查，包括对特定竞争对手技术申请动向或取得权利情况的监视以及对特定引人注目的技术发展过程的监视；法律状态调查，主要调查特定技术是否为专利技术、是否有效、有效期限为多长等法律状态；同族调查，主要调查特定的知识产权是否在其他国家取得权利，对技术与产品的商业价值评估及进出口有十分重要的意义。[1]

（二）如何收集信息

信息收集的方式有很多种，运用知识产权情报检索手段是获取知识产权信息收集的重要手段，知识产权的官方机构，大多提供专利、商标的信息检索服务，通过公开的知识产权文献，可以获得各类信息，包括竞争对手的信息、某项产品或服务的信息以及发展趋势。

（三）信息分析

信息分析，主要是在充分收集信息的基础上进行分析，出具调查报告，报告应重点结合企业的经营战略对其市场状况和竞争对手进行分析，并对企业采取何种知识产权战略提出初步意见。

信息收集后，应当进行科学的分析，获得技术动向、企业动向、特定权利等方面的情报，从中发现所关注领域的企业或行业、技术、

---

〔1〕 参见张民元、卢晓春、徐昭编著：《企业知识产权战略指引》，知识产权出版社2010年版。

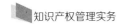

产品或服务等的现状及发展趋势,从而为将来企业知识产权的创造、运用提供基础资料。

对信息分析的方法通常采用定量分析和定性分析。定量分析即统计分析,是对相关信息进行统计汇总,从其外表特征中发现规律性动态发展趋势的情报;定性分析即技术分析,是按信息内容进行分类整理,通过对其内容特征的分析,从而获得有关的知识产权信息资料。

在战略实施的工作实践中,信息收集与分析应注意如下几点:

(1) 配备专门的信息管理人员,做好信息资料的保存工作;

(2) 做好信息的档案管理工作,建立知识产权信息数据库管理系统,便于对信息进行分析与查询;

(3) 建立对信息收集与分析的奖励制度,以激励责任人的工作积极性,确保信息收集与分析工作取得成效。

(四) 确定知识产权战略目标

战略目标的确定是知识产权战略制定工作中非常重要的一环,企业需要通过选择战略目标明确其要完成的任务,[1]因此战略目标决定着战略的方向,也决定着战略的成败,应格外重视。

信息调查保护起草完毕后,应提交企业的决策层审阅,同时还应递交企业的管理层及相关部门听取反馈意见。企业在结合该调查报告并充分征求意见的基础上,召开董事会会议研究确定企业的知识产权战略目标。

(五) 进行员工培训

该项工作主要是由企业聘请的律师或知识产权战略的专业人员,对与企业知识产权战略有关的员工就知识产权战略及相关法律知识、方针政策进行宣传、培训的过程。同时,进行培训还是一个工作动员的过程,培训的目的是使企业员工了解知识产权战略的基本知识,培养其知识产权战略意识,统一思想,便于以后开展工作。

培训的内容包括法律培训、相关领域的技术培训、市场行情培训。法律培训主要由外聘专业律师或专家对知识产权有关的法律、

---

[1] 盖爽、甘利人:"企业专利战略的制定与实施",载《中国信息导报》2002年第11期。

法规进行讲解或授课，以使企业人员了解我国知识产权的有关法律规定；相关领域的技术培训主要是由企业技术人员或外聘专家对战略所涉及的技术基本内容、动态及分配情况进行讲解或说明，从而使企业人员了解技术的基本内容、发展动向以及本企业及竞争对手的技术水平和能力；市场行情培训就是讲解本企业所面临的市场行情、竞争情况以及本企业的主要技术或产品在市场中的地位，以使企业人员对本企业的市场竞争行情尤其是其技术和产品的市场竞争力有全面了解。

（六）战略文书制作

制定企业知识产权战略文本的工作，应由具有制作文书经验的人员进行，一般情况下，由企业聘请的律师进行制作，因为律师与其他的专业人员相比，更具有专业的知识产权功底及良好的文字组织能力。

起草企业知识产权战略文本，通常从序言、战略思想、战略原则、战略目标、战略重点、专项任务、战略措施等方面入手。文本起草过程中应注意以下几点：①语言要简洁、明了，不拖泥带水；②要注重结合企业实际，目标和任务应尽可能用量化指标来体现，具有可操作性；③内容重点要突出，便于经营者把握；④要保守秘密，不可将战略内容对外泄露。

（七）战略文本的审核

战略文本制定出来后，应将其提交企业的决策层、管理层进行审核，由他们提出修改意见，对战略内容进行修订完善。战略审核的意义在于，由企业的所有者或者高管通过审核，明确战略文本是否符合企业的经营管理思想，是否符合企业的整体发展战略，是否满足企业知识产权战略的思路和要求。如果在审核中发现问题，可退回战略制定工作团队，继续对战略进行修改完善，直至符合要求。

（八）战略的批准实施

企业知识产权战略文本制定完成并经审核完毕后，应当提交企业权力部门批准实施。企业对该战略有批准权的部门包括企业的董事会及股东会。至于需提交企业的股东会还是董事会，主要根据企业的实际情况而定，企业可在其规章制度中对知识产权战略文本的审批部门作出规定。因为企业知识产权战略属于企业的经营决策，一般情况下提交企业的董事会批准即可。

（九）战略的评估与修订

企业知识产权战略具有长远性的特征，而制定该战略时，仅是基于当前企业的状况、市场状况和法律环境，随着客观环境的变化，战略中的某些部分可能会出现不适合企业的情况；或者战略中的某些内容在实践中不具有可行性。在此情况下，就需要通过企业知识产权战略的动态调解机制，在企业知识产权战略具体实施的过程中，由知识产权管理部门对战略内容进行评估，评估一般包括企业知识产权的积极作用、不适用于企业的内容或者不完善的内容以及合理化建议等。对于经评估不适用于企业的内容或者不完善的内容应及时修订，以使企业的知识产权战略的内容不断完善，更符合企业实际，更具操作性。

第一节　高等学校知识产权管理概述

　　高等学校是科技创新的重要主体，知识产权管理是高等学校创新管理的基础性工作，也是高等学校科技成果转化的关键环节。[1]高等学校是向国家和社会提供重要科技成果（包括著作、论文作品、技术成果、管理方法等）的主要来源地。据统计，中国科技成果的40%以上来源于高校，另有7%~10%的科技成果与高校的合作有关；理论成果中，高校完成的著作、论文、艺术作品占全国成果总量的55%以上。[2]

　　2008年《国家知识产权战略纲要》的发布，将知识产权工作上升到国家战略层面进行统筹部署和整体推进，为知识产权事业发展指出了明确方向，在此大背景下，高等学校的知识产权管理工作也获得了长效发展。根据国家知识产权局发布的《2020年中国专利调查报告》显示，截至2020年底，我国高等学校建立了知识产权专职管理机构的比例为44.2%，而且大部分单位都设立了知识产权管理人员。目前，加强知识产权的保护和管理，已经成为全国高等学校的共识。[3]

一、高等学校知识产权管理的目标及原则

　　在知识产权管理方面，高等学校不同于企业，不具有营利性，

---

　　〔1〕《高等学校知识产权管理规范》引言。

　　〔2〕于正河：《知识产权若干问题研究》，青岛出版社2016年版，第1页。

　　〔3〕陈亚芬、陈依元："高校知识产权管理中存在的问题及对策"，载《福建论坛（人文社会科学版）》2009年第3期。

不能照搬商业主体的运作规律；同时，高等学校又是一个自由的园地，也不同于国家机关，不能简单地按照国家机关的制度实施管理。[1] 高等学校知识产权管理有其固有的规律和特征。

（一）高等学校知识产权管理的目标

高等学校知识产权管理的目标应本着依法调动和鼓励科技人员科研积极性的原则，最大限度地发挥学校在地区经济中的作用，扩大知识产权无形资源的社会效益，保证科研资源的合法收入的方针制定。[2] 鉴于高等学校对知识产权管理的要求，其知识管理的目标应是：通过制定完善的规章制度，构建有效的运行机制和完备的管理体系，规范高等学校知识产权管理的全程，以充分调动全体教职工的创造热情，使他们主动、积极地从事创新活动，使他们主动、积极地从事知识产权创新活动，促进更多具有核心竞争力的自主知识产权的产生，并做好知识产权的保护和运营工作，积极发挥高等学校在国家科技创新和发展中的作用。[3]

（二）高等学校知识产权管理的原则

为了实现知识产权管理目标，结合自身的特征和运作规律，高等学校在知识产权管理中应遵循如下原则：

1. 鼓励创新原则

创新是当今社会的主旋律。目前，从国家层面一直在实施驱动创新战略。在企业层面而言，创新已经成为企业的社会责任，打造企业核心技术，提高自身核心竞争力，已经成为企业创新的目标。在此大背景下，高等学校在知识产权管理中也应当鼓励创新，更好地促进高等学校获得更多具有核心竞争力的自主知识产权。鼓励创新首要的工作就是重视人才、培养人才，只有建立起人才创新的激励机制，才能更好贯彻鼓励创新这一根本原则。

---

〔1〕 刘仁平："高校知识产权的管理与保护研究"，载《法制与经济》2006年第10X期。

〔2〕 于正河：《知识产权若干问题研究》，青岛出版社2016年版，第4页。

〔3〕 陈亚芬、陈依元："高校知识产权管理中存在的问题及对策"，载《福建论坛（人文社会科学版）》2009年第3期。

2. 系统管理原则

知识产权管理是一项系统工程，涉及的问题是非常复杂，包括知识产权管理的主体问题、知识产权的权属问题、人员配备问题、制度运行等一系列问题。这就需要高校在管理知识产权过程中，将其视为一个有机整体，用科学的方法系统地把握其规律，从知识产权管理机构的设置、职权的确定、人才的配备、管理制度的指定、管理的执行及监督等方面建立完整的知识产权管理体系。

3. 利益平衡原则

利益平衡是知识产权制度的理论基础，它涉及智力产品的创造、传播之间的平衡，智力产品的创造和使用之间的平衡以及知识产权的个人利益和公共利益之间的平衡等。[1]高等学校在知识产权管理中也涉及不同利益群体的利益分配问题，需要贯彻利益平衡原则，以正确处理各利益群体之间的关系。结合工作实践的需要，高等学校应重点处理好如下利益群体之间的利益平衡问题：一是高等学校与其从事研发的教职工之间的利益平衡问题，这方面主要涉及研发成果的归属、奖励及收益分成等问题，建议高等学校在此方面根据法律规定并通过单位的规章制度、合同约定等明确有关的利益分配问题，避免因利益分配不明造成纠纷；二是因知识产权运营引发的利益平衡问题，这是高等学校与合作方因知识产权的转让、许可等运营行为引发的利益分配问题，建议高等学校对此根据相关法律规定及双方签署的合同予以明确。实践中，许多知识产权的利益分配纠纷就是由合同约定不明确造成的。

二、高等学校知识产权管理的任务和职责

（一）管理任务

高等学校知识产权管理的任务是基于管理的目标而定的，即高等学校的管理任务是为了实现管理目标而肩负的工作。根据现行《高等学校知识产权保护管理规定》第 4 条的规定，高等学校知识产

---

〔1〕　冯晓青："论利益平衡原理及其在知识产权法中的适用"，载《江海学刊》2007 年第 1 期。

权管理的任务主要包括：

（1）贯彻执行国家知识产权法律、法规，制定高等学校知识产权保护工作的方针、政策和规划；

（2）宣传、普及知识产权法律知识，增强高等学校知识产权保护的意识和能力；

（3）进一步完善高等学校知识产权管理制度，切实加强高等学校知识产权保护工作；

（4）积极促进和规范管理高等学校科学技术成果及其他智力成果的开发、使用、转让和科技产业的发展。

（二）管理职责

高等学校的管理职责是高等学校在知识产权管理中应承担的责任，管理职责往往通过规范性文件加以具体规定。现行《高等学校知识产权保护管理规定》第6条明确规定了高等学校的知识产权管理职责，具体包括：

（1）结合本校的实际情况，制定知识产权工作的具体规划和保护规定；

（2）加强对知识产权保护工作的组织和领导，完善本校知识产权保护制度，加强本校知识产权工作机构和队伍建设；

（3）组织知识产权法律、法规的教育和培训，开展知识产权课程教学和研究工作；

（4）组织开展本校知识产权的鉴定、申请、登记、注册、评估和管理工作；

（5）组织签订、审核本校知识产权的开发、使用和转让合同；

（6）协调解决本校内部有关知识产权的争议和纠纷；

（7）对在科技开发、技术转移以及知识产权保护工作中有突出贡献的人员予以奖励；

（8）组织开展本校有关知识产权保护工作的国际交流与合作；

（9）其他在知识产权保护工作中应当履行的职责。

三、高等学校知识产权的归属

根据我国《专利法》及《高等学校知识产权保护管理规定》的

有关规定，高等学校知识产权的归属问题主要涉及以下几方面：

（一）高等学校的专有知识产权

对于以高等学校名义产生并与其身份密切相关的标识，高等学校对其享有专有权，例如以高等学校名义申请注册的商标、校标、高等学校的其他服务性标记等。

（二）职务知识产权的归属

1. 职务发明创造的归属

执行本校及其所属单位任务，或主要利用本校及其所属单位的物质技术条件所完成的发明创造或者其他技术成果，根据《专利法》的规定，这属于职务发明创造，应属于高等学校职务发明创造或职务技术成果。职务发明创造申请专利的权利属于高等学校，专利权被依法授予后由高等学校持有。职务技术成果的使用权、转让权由高等学校享有。

2. 职务作品的归属

由高等学校主持、代表高等学校意志创作、并由高等学校承担责任的作品为高等学校法人作品，其著作权由高等学校享有。为完成高等学校的工作任务所创作的作品是职务作品，除专门规定的情况外，著作权由完成者享有。高等学校在其业务范围内对职务作品享有优先使用权。作品完成 2 年内，未经高等学校同意，作者不得许可第三人以与高等学校相同的方式使用该作品。

主要利用高等学校的物质技术条件创作，并由高等学校承担责任的工程设计、产品设计图纸、计算机软件、地图等职务作品以及法律、行政法规规定的或者合同约定著作权由高等学校享有的职务作品，作者享有署名权，著作权的其他权利由高等学校享有。

3. 技术秘密的归属

根据《高等学校知识产权保护管理规定》之规定，在执行高等学校科研等工作任务过程中所形成的信息、资料、程序等技术秘密属于高等学校。因为这些技术秘密与高等学校的利益息息相关，归属高等学校较为合理。

4. 其他情况

高等学校派遣出国访问、进修、留学及开展合作项目研究的人员，对其在校已进行的研究，而在国外可能完成的发明创造、获得的知识产权，应当与派遣的高等学校签订协议，确定其发明创造及其他知识产权的归属。

在高等学校学习、进修或者开展合作项目研究的学生、研究人员，在校期间参与导师承担的本校研究课题或者承担学校安排的任务所完成的发明创造及其他技术成果，除另有协议外，应当归高等学校享有或持有。进入博士后流动站的人员，在进站前应就知识产权问题与流动站签订专门协议。

高等学校的离休、退休、停薪留职、调离以及被辞退的人员，在离开高等学校 1 年内完成的与其原承担的本职工作或任务有关的发明创造或技术成果，由高等学校享有或持有。

需要注意的是，无论职务发明创造或职务技术成果，以及职务作品的归属如何，上述知识产权成果的完成人，均依法享有在有关技术文件和作品上署名及获得奖励和报酬的权利。

四、高等学校知识产权管理存在的问题

虽然我国高等学校在知识产权管理方面取得了一些成果，在一定程度上建立了知识产权管理体系，但在知识产权管理方面还存在着一些问题，主要表现在：

（一）知识产权管理的意识仍然薄弱，观念有待于提升

高等学校中的许多知识产权的研究往往是基于课题研究申领经费，或者是为了职称评审和晋升，而较少从知识产权管理的角度去对待知识产权问题。高等学校还没有把知识产权的比重提高到应有的位置，许多高等学校还仅限于将论文和鉴定成果作为评定标准，却对取得的专利权等成果没有给予相应的重视。[1]而且由于体制的原因，高等学校管理者和科研人员知识产权保护的意识不够，市场竞争意识不足，导致高等学校知识产权管理不到位，造成高等学校知识产权成果转化率低，而且还频频流失。

---

〔1〕 于正河：《知识产权若干问题研究》，青岛出版社 2016 年版，第 3 页。

（二）知识产权缺少系统的管理

目前，我国大多数高等学校知识产权管理混乱，没有建立起系统的知识产权管理机制，有的没有设置知识产权管理部门，甚至没有专门的知识产权管理人员；有的虽然设置了管理部门，但权责不明确，管理流程不畅，管理各环节缺少有效配合，存在脱节；有的没有建立知识产权管理的运行机制，导致管理成为虚设。

（三）知识产权成果转化率低

目前，高等学校知识产权"垃圾成果"较多，市场转化率低。根据国家知识产权局发布的《2020年中国专利调查报告》显示，2020年我国国内有效专利的产业化率为41.6%。从专利权人类型看，企业相对较高，产业化率为46.0%；高等学校最低，为3.0%。造成这种局面，除高等学校的知识产权意识淡薄外，还与高等学校的研发与市场脱轨等因素有很大关系。

（四）知识产权流失严重

据2005年6月16日《人民日报》报道，近30%的高等学校存在科技成果流失现象，或被窃取，或随人员流动而流失。一些高等学校中有相当比例的教师和科技人员"半脱产"办公司，所经营的多是学校的发明成果。这种"化公为私"，使高等学校防不胜防；还有的把职务发明成果变成非职务发明成果，以低廉的价格转让给外单位。高等学校这些知识产权的流失，与高等学校在知识产权管理上的缺陷有着重大关系。

（五）缺乏有效的激励机制

目前，我国高等学校知识产权的创新并未与市场实现有效对接，因此在知识产权管理方面尚未确立有效的激励机制，尤其是在知识产权成果转化后的收益方面，没有与专利发明人、商标设计人等形成完善的分配制度，对高等学校知识产权成果有贡献的人员不能给予相应的奖励，或者奖励过低，导致高等学校中的科研人员自主创新的积极性不足，更有甚者会造成高等学校知识产权成果流失，使得高等学校利益受损。

要解决上述问题，需要高等学校增强知识产权管理意识及市场意识，重视并加强知识产权管理，建立起系统的知识产权管理体系，不断增强高等学校的知识产权管理水平。

第二节 高等学校知识产权管理体系的构建

高等学校知识产权管理体系是指高等学校为实现其知识产权管理目标、方针，按照要求在知识产权的文件管理、组织管理、资源管理、获取、运用、保护、检查和改进等方面所建立的系统管理体系，从而实现全过程知识产权管理，提高自身的高科技创新能力，促进科技成果的价值实现。

一、文件管理

知识产权文件是高等学校进行知识产权管理的记录文献，是实施知识产权管理的基础和依据，也是进行管理体系认证的核心考察材料，因此，高等学校在构建知识产权管理体系时，一定要做好知识产权文件的管理工作。

根据《高等学校知识产权管理规范》的要求，高等学校知识产权管理文件包括如下几方面：知识产权组织管理相关文件；人力资源、财务资源、基础设施、信息资源过程中的知识产权文件；知识产权获取、运用、保护等文件；知识产权相关的记录文件、外来文件（包括法律法规、行政决定、司法判决、律师函等）。在文件的形式方面，知识产权文件可以是纸质文档，也可以是电子文档或影像资料。

高等学校在知识产权管理方面应当符合如下要求：

（1）审批要求：发布前经过审核和批准；

（2）内容要求：文件内容表述明确、完整；

（3）保管要求：保管方式和保管期限明确；

（4）分类管理：按文件类别、秘密级别进行分类管理，易于识别、取用和查阅；

（5）特别文件：对因特定目的需要保留的失效文件予以标记。

二、组织管理

组织管理是指对高等学校知识产权管理主体所进行的管理。建立相应的只是产权管理机构，配备好管理专业人才是非常重要的，是组织保证。[1]高等学校知识产权管理组织通常包括校长、管理委员会、知识产权管理机构（部门）、服务支持机构、学院（系）、项目组、知识产权管理顾问等。

（一）校长

在高等学校知识产权管理组织中，校长（或院长）应是高等学校知识产权管理工作的第一责任人，主要从战略层面负责知识产权工作，具体承担以下职责：

（1）批准和发布高等学校的知识产权目标；

（2）批准和发布知识产权政策、规划；

（3）审核或在其职责范围内决定知识产权重大事务；

（4）明确知识产权管理职责和权限，确保有效沟通；

（5）确保知识产权管理的保障条件和资源配备。

（二）管理委员会

管理委员会是由高等学校最高管理层参与的知识产权集体管理机构，可以更好地发挥知识产权管理的民主决策功能。管理委员会负责本校知识产权管理的重要事务，具体在管理中履行如下职责：

（1）拟定与高等学校科学研究、社会服务、人才培养、文化传承创新相适应的知识产权长期、中期和短期目标；

（2）审核知识产权政策、规划，并监督执行情况；

（3）建立知识产权绩效评价体系，将知识产权作为高等学校绩效评价的评价指标之一；

（4）提出知识产权重大事务决策议案；

（5）审核知识产权重大资产处置方案；

（6）统筹协调知识产权管理事务。

---

〔1〕 于正河：《知识产权若干问题研究》，青岛出版社 2016 年版，第 4 页。

（三）管理机构（部门）

知识产权管理机构（部门）是高等学校知识产权管理具体落实和运营的执行部门，是知识产权管理体系构建的一个关键环节。高等学校建立知识产权管理机构，需要配备知识产权方面的专职工作人员，专门负责知识产权管理工作。知识产权管理机构的具体职责应包括：

（1）拟定知识产权工作规划并组织实施；

（2）拟定知识产权政策文件并组织实施，包括知识产权质量控制，知识产权运用的策划与管理等；

（3）提出知识产权绩效评价体系的方案；

（4）建立专利导航工作机制，参与重大科研项目的知识产权布局；

（5）建立知识产权资产清单和知识产权资产评价及统计分析体系，提出知识产权重大资产处置方案；

（6）审查合同中的知识产权条款，防范知识产权风险；

（7）培养、指导和评价知识产权专员；

（8）负责知识产权日常管理，包括知识产权培训，知识产权信息备案，知识产权外部服务机构甄选、协调、评价工作等。

（四）服务支撑机构

服务支撑机构也是高等学校知识产权组织中一个不可缺少的部分，服务支撑机构能够利用其专业或平台优势，更好地为高等学校知识产权管理提供服务，例如专利的申请、维权和知识产权信息数据的收集、分析等。高等学校可以在图书馆等负责信息服务的部门建立知识产权服务支撑机构，也可直接聘请外部服务机构（包括知识产权中介服务机构、律师事务所等）作为其服务支撑机构。

服务支撑机构应当承担如下职责：

（1）受知识产权管理机构委托，提供知识产权管理工作的服务支撑；

（2）为知识产权重大事务、重大决策提供服务支撑；

（3）开展重大产业项目专利导航工作，依需为科研项目提供知识产权服务支撑；

（4）受知识产权管理机构委托，建设、维护知识产权信息管理平台，承担知识产权信息利用培训和推广工作；

（5）承担知识产权信息及其他数据文献情报收集、整理、分析工作。

（四）学院（系）

根据《高等学校知识产权管理规范》的要求，各校属学院（系）、直属机构应配备知识产权管理人员，协助院系、科研机构负责人承担本部门以下职责：

（1）知识产权计划的拟定、组织和实施；

（2）知识产权日常管理，包括知识产权信息并报送知识管理管理机构备案等。

（五）项目组

项目组是指完成科研项目的组织形式，是隶属于高等学校的、相对独立的开展研究开发活动的科研单元。项目组通常是高等学校知识产权课题研发的临时性组织，是知识产权获取的工作团队。科研项目由高等学校或其直属机构承担，在一定时间周期内进行科学技术研究活动所实施的项目。对于项目组的知识产权管理主要从项目组长和知识产权专员两方面实施。

1. 项目组长

项目组长负责所承担科研项目的知识产权管理，主要包括：根据科研项目要求，确定知识产权管理目标并组织实施；管理科研项目知识产权信息；定期报告科研项目的知识产权工作情况；组织项目组人员参加知识产权培训。

2. 知识产权专员

知识产权专员是指具有一定知识产权专业能力，在科研项目中承担知识产权工作的人员。根据《高等学校知识产权管理规范》的要求，重大科研项目应配备知识产权专员，负责科研项目的专利导航工作；协助项目组长开展知识产权管理工作。

（六）知识产权顾问

知识产权顾问是高等学校外聘的专业人员，高等学校根据知识产权管理的需要，可以聘请有关专家为学校知识产权顾问，为知识

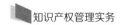

产权重大事项提供决策咨询意见。

三、资源管理

根据 ISO9001《质量管理体系要求》及 ISO9004《质量管理体系业绩改进指南》等标准的管理思想，对于一般组织中的资源管理涉及如下的内容：人力资源管理、基础设施管理、工作环境管理、财务资源管理、供方和合作伙伴管理、知识信息与技术资源的管理。而鉴于高等学校资源管理的特殊性，在《高等学校知识产权管理规范》中只规定了四项内容：人力资源管理、财务资源管理、基础设施管理和信息资源管理。

（一）人力资源管理

根据《高等学校知识产权管理规范》的规定，人力资源管理包括人事合同、培训、激励与评价、学生管理四个方面。

1. 人事合同

人事合同中应明确知识产权的内容，包括：

（1）在劳动合同、聘用合同、劳务合同等各类合同中约定知识产权权属、奖励报酬、保密义务等；明确发明创造人员享有的权利和承担的义务，保障发明创造人员的署名权；明确教职员工造成知识产权损失的责任；

（2）对新入职教职员工进行适当的知识产权背景调查，形成记录；对于与知识产权关系密切的岗位，应要求新入职教职员工签署知识产权声明文件；

（3）对离职、退休的教职员工进行知识产权事项提醒，明确有关职务发明的权利和义务，涉及核心知识产权的教职员工离职、退休时，应签署知识产权协议，进一步明确约定知识产权归属和保密责任。

上述所称的教职员工是指高等学校任职的教师、职员、临时聘用人员、实习人员，以高等学校名义从事科研活动的博士后、访问学者和进修人员等。

2. 培训

鉴于知识产权的专业性，对相关人员培训是知识产权管理工作必不可少的内容，开展知识产权培训包括以下内容：制定知识产权培训计划；组织对知识产权管理人员、知识产权服务支撑机构人员、知识产权专员等进行培训；对承担重大科研项目的科研人员进行知识产权培训；组织对教职员工进行知识产权培训。

3. 激励与评价

建立激励与评价机制，包括：建立符合知识产权工作特点的职称评定、岗位管理、考核评价制度，将知识产权工作状况作为对相关院系、科研机构及教职员工进行评价、科研资金支持的重要内容和依据之一；建立职务发明奖励报酬制度，依法对发明人给予奖励和报酬，对为知识产权运用作出重要贡献的人员给予奖励。

4. 学生管理

在高等学校知识产权管理中所称的学生是指被学校依法录取、具有学籍的受教育者。加强学生的知识产权管理，包括：组织对学生进行知识产权培训，提升知识产权意识；学生进入项目组，应对其进行知识产权提醒；学生因毕业等原因离开高等学校时，可签署知识产权协议或保密协议；根据需要面向学生开设知识产权课程。

（二）财务资源管理

知识产权管理离不开财务的支持，做好财务的资源管理工作是知识产权管理的重要保障。高等学校应设立经常性预算经费，用于知识产权管理工作，包括：知识产权申请、注册、登记、维持；知识产权检索、分析、评估、运营、诉讼；知识产权管理机构运行；知识产权管理信息化；知识产权信息资源；知识产权激励；知识产权培训；其他知识产权工作。

（三）基础设施管理

加强基础设施的知识产权管理，包括：

（1）采购实验设备、软件、用品、耗材时明确知识产权条款，处理实验用过的物品时进行相应的知识产权检查，避免侵犯知识产权；

（2）国家重大科研基础设施和大型科研仪器向社会开放时，应保护用户身份信息以及在使用过程中形成的知识产权和科学数据，要求用户在发表著作、论文等成果时标注利用科研设施仪器的情况；

（3）明确可能造成泄密的设备，规定使用目的、人员和方式；明确涉密区域，规定参访人员的活动范围等。

（四）信息资源管理

高等学校应加强信息资源的知识产权管理，具体包括：

（1）建立信息收集渠道，及时获取知识产权信息；

（2）对知识产权信息进行分类筛选和分析加工，并加以有效利用；

（3）明确涉密信息，规定保密等级、期限和传递、保存、销毁的要求；

（4）建立信息披露的知识产权审查机制，避免出现侵犯知识产权情况或造成知识产权流失。

为了确保资源管理的有效实施，高等学校应当采取资源保障管理措施，加强知识产权管理的资源保障，包括：建立知识产权管理信息化系统；根据需要配备软硬件设备、教室、办公场所相关资源，保障知识产权工作的运行。

四、知识产权获取管理

对高等学校而言，知识产权获取主要是对科研项目的研发而获得相关知识产权。因此，根据科研项目的类别，高等学校知识产权获取管理包括自然科学类科研项目管理、人文社会科学类科研项目管理和其他知识产权的获取管理。

（一）自然科学类科研项目管理

自然科学类科研项目一般涉及理学、工学、农学和医学等，按照科研项目的研发流程，自然科学类科研项目管理通常包括选题、立项、实施、结题四个阶段。

1. 选题

选题阶段的知识产权管理包括：建立信息收集渠道，获取拟研究选题的知识产权信息；对信息进行分类筛选和分析加工，把握技术发展趋势，确定研究方向和重点。

2. 立项

立项阶段的知识产权管理包括：进行专利信息、文献情报分析，确定研究技术路线，提高科研项目立项起点；识别科研项目知识产权需求，进行知识产权风险评估，确定知识产权目标；在签订科研项目合同时，明确知识产权归属、使用、处置、收益分配等条款；对项目组人员进行培训，必要时可与项目组人员签订知识产权协议，明确保密条款；重大科研项目应明确专人负责专利信息、文献情报分析工作。

3. 实施

实施阶段的知识产权管理包括：跟踪科研项目研究领域的专利信息、文献情报，适时调整研究方向和技术路线；及时建立、保持和维护科研过程中的知识产权记录文件；项目组成员在发布与本科研项目有关的信息之前，应经项目组负责人审查，使用其他单位管理的国家重大科研基础设施和大型科研仪器时，应约定保护身份信息以及在使用过程中形成的知识产权和科学数据等内容；及时评估研究成果确定保护方式，适时形成知识产权；对于有重大市场前景的科研项目，应以运用为导向，做好专利布局、商业秘密保护等。

4. 结题

结题阶段的知识产权管理包括：提交科研项目成果的知识产权清单，包括但不限于专利、文字作品、图形作品和模型作品、植物新品种、计算机软件、商业秘密、集成电路布图设计等；依据科研项目知识产权需求和目标，形成科研项目知识产权评价报告；提出知识产权运用建议。

（二）人文社会科学类科研项目管理

人文社会科学类科研项目一般包括哲学、经济学、法学、教育学、文学、历史学、军事学、管理学和艺术学等。加强人文社会科学类科研项目管理，特别是创作过程中产生的职务作品的著作权管理，包括：

（1）在签订科研项目合同时，应签订著作权归属协议或在合同中专设著作权部分，明确约定作品著作权的归属、署名、著作权的行使，对作品的使用与处置、收益分配，涉及著作权侵权时的诉讼、仲裁解决途径等；

（2）对项目组人员进行培训，并与项目组人员签订职务作品著作权协议，约定作品的权利归属；必要时应采取保密措施，避免擅自先期发表、许可、转让等；

（3）创作完成时提交科研项目成果，包括但不限于论文、著作、教材、课件、剧本、视听作品、计算机程序等。

（三）其他知识产权获取管理

加强其他方面的知识产权管理，包括：

（1）规范校名、校标、校徽、域名及服务标记的使用，需要商标保护的应及时申请注册；

（2）建立非职务发明专利申请前登记工作机制；

（3）规范著作权的使用和管理，加强学位论文和毕业设计的查重检测工作，明确教职员工和学生在发表论文时标注主要参考文献、利用国家重大科研基础设施和大型科研仪器情况的要求。

五、知识产权的运用管理

知识产权的运用管理是指将知识产权成果转化为经济效益所实施的管理，按照规范的要求，应至少建立分级管理、策划推广、许可和转让、作价投资等方面的管理。

（一）分级管理

加强知识产权分级管理，包括：

（1）基于知识产权价值分析，建立分级管理机制；

（2）结合项目组建议，从法律、技术、市场维度对知识产权进行价值分析，形成知识产权分级清单；

（3）根据分级清单，确定不同级别知识产权的处置方式与状态控制措施。

（二）策划推广

加强知识产权策划推广，包括：

（1）基于分级清单，对于有转化前景的知识产权，评估其应用前景，包括潜在用户、市场价值、投资规模等；评估转化过程中的风险，包括权利稳定性、市场风险等；

（2）根据应用前景和风险的评估结果，综合考虑投资主体、权利人的利益，制定转化策略；

（3）通过展示、推介、谈判等建立与潜在用户的合作关系；

（4）结合市场需求，进行知识产权组合并推广；

（5）鼓励利用知识产权创业。

（三）许可和转让

在知识产权许可或转让时，应遵循下列要求：

（1）许可或转让前确认知识产权的法律状态及权利归属，确保相关知识产权的有效性；

（2）调查被许可方或受让方的实施意愿，防止恶意申请许可与购买行为；

（3）许可或转让知识产权时应签订书面合同，明确双方的权利和义务；

（4）监控许可或转让过程，包括合同的签署、备案、变更、执行、中止与终止以及知识产权权属的变更等，预防与控制交易风险。

（四）作价投资

知识产权是无形资产，可以依法用于投资，在利用知识产权作价投资时，应遵循下列要求：

（1）调查合作方的经济实力、管理水平、生产能力、技术能力、营销能力等实施能力；

（2）对知识产权进行价值评估；

（3）明确受益方式和分配比例。

六、知识产权保护管理

在当前知识产权侵权事件的背景下，加强高等学校的知识产权保护也是知识产权管理中一项非常重要的工作，这关系到高等学校知识产权利益的保障问题。根据规范的要求，要加强高等学校知识产权保护管理，应当在合同管理和风险管理方面确立有效的管理措施。

（一）合同管理

加强合同中的知识产权管理，措施应包括：

（1）对合同中有关知识产权的条款进行审查；

（2）检索与分析、申请、诉讼、管理咨询等知识产权对外委托业务应签订书面合同，并约定知识产权权属、保密等内容；

（3）明确参与知识产权联盟，协同创新组织等情况下的知识产权归属、许可转让及利益分配、后续改进的权益归属等事项。

（二）风险管理

高等学校应该采用措施规避知识产权风险，主动维护自身权益，具体包括：

（1）及时发现和监控知识产权风险，制定有效的风险规避方案，避免侵犯他人知识产权；

（2）及时跟踪和调查相关知识产权被侵权的情况，建立知识产权纠纷应对机制；

（3）在应对知识产权纠纷时，评估通过行政处理、司法诉讼、仲裁、调解等不同处理方式对高等学校产生的影响，选取适宜的争议解决方式，适时通过行政和司法途径主动维权；

（4）加强学术交流中的知识产权管理，避免知识产权流失。

七、检查和改进

检查和改进是要求高等学校在知识产权管理中建立监督管理机制，有效地对知识产权管理工作实施监督，及时发现问题，并予以改进，确保管理工作顺利进行。

（一）检查监督

高等学校定期开展知识产权管理的检查监督，确保知识产权管理活动的有效性。

（二）绩效评价

根据高等学校的知识产权绩效评价体系要求，定期对校属部门、学院（系）、直属机构等进行绩效评价。

（三）改进提高

根据检查、监督和绩效评价的结果，对照高等学校知识产权目标，制定和落实改进措施。

第十章

科研组织知识产权管理

第一节　科研组织知识产权管理概述

一、科研组织的概念及分类

科研组织是指有明确的任务和研究方向，有一定学术水平的业务骨干和一定数量的研究人员，具有开展研究、开发等学术工作的基本条件，主要进行科学研究与技术开发活动，并且在行政上有独立的组织形式，财务上独立核算盈亏，有权与其他单位签订合同，在银行有独立账户的单位。[1]随着知识经济时代的到来，知识产权越来越受到关注与重视。科研院所是我国知识创新和技术创新的重要主体，也是科研活动和知识产权产出的主体单位。[2]

科研组织模式作为一种多层次、多要素的复杂系统，在科研工作中起着非常重要的协调、组织作用。随着新一轮科技革命的不断深入，知识多层面覆盖，学科多领域融合，技术多方位链接，成果多路径涌现，科学技术研究的综合性、复杂性日益增强。对于这些新变化和新特点，传统的科研组织模式和实现方式已难以适应和满足需求。先进的科研组织模式，能够有效整合和利用各种科研资源，激发科研主体的创新活力，提高科学技术研究的整体效益，同时有助于人才培养、社会服务等诸多方面的发展与进步。[3]现代科研组

---

〔1〕《科研组织知识产权管理规范》第3.1条。

〔2〕张英、刘玉霞："国防科研院所知识产权管理现状及发展对策"，载《重庆与世界（学术版）》2014年第12期。

〔3〕周碧松、何智颖、傅俊翔："加强联合科研组织模式创新"，载《解放军报》2020年7月30日。

织根据科学技术发展的特点，把人力、资金和设备科学地结合在一起，实现科学研究的最佳资源整合，从而有效提高科研工作的效率。其特点主要表现在两个方面：新型科研组织结构和科研手段、科技信息的公用化。

（一）新型科研组织结构

新型科研组织结构通常包括：跨学科综合研究组织结构、矩阵式组织结构和弹性组织结构。

跨学科综合研究组织结构，是针对综合性科技领域、工程技术项目或长期的跨学科研究任务，把有关的专业人员集中起来，建立综合研究中心，技术开发中心，研究院所或研究室。这种组织形式有利于促进各学科之间的交流、渗透、移植，形成新的观点、方法与技术，开拓新的技术领域。

矩阵式组织结构，是在传统科研组织的形式上发展起来的科研组织结构。传统科研组织是按学科专业、产品和任务建立科研机构。矩阵式组织结构打破了此种限制，根据学科和专业建立研究室（组），这样有利于积累专业资料，培养专业人才；在承担综合性任务和研制产品时，把不同专业的人员重新组合，形成专题协作组。纵向是专业研究和职能部门的指挥线，横向是项目研究的指挥线，纵横交叉形成矩阵。这种形式能较好地适应综合性的课题任务，有利于出成果、出人才。

现代科研组织的弹性结构，是为了学科发展的需要和完成不同性质的任务，更充分地发挥科技人员的创造性，对人员、设备、资金、组织形式等，适时进行调整和组合，为科技人员的合理流动和学术交流创造了条件，以求科研工作的效益最大化。

（二）科研手段、科技信息的公用化

现代科研工作是以高明新技术实验设备、检测计量仪器以及大量的最新科技信息为基础的。为了提高它们的利用率，就需要实现共用性的科研手段和科技信息的公用性。因此，为适应科研手段、科技信息的公用需要，各类实验中心、测试中心、计算中心、数据中心、信息中心等开展专项技术服务的组织机构相应建立。

科研组织知识产权管理的任务、职责以及知识产权归属问题，基本与高等学校的相关内容相通，故不再赘述。

二、科研组织知识产权管理的现状及问题

随着大数据时代的到来，数据、信息、技术不断更新、涌现，知识产权逐渐成为科研院所保持竞争优势和可持续发展的核心要素。随着知识经济时代的来临，知识产权管理正成为新形势下推动科研院所等知识密集型企业发展的重要管理模式。通过长期知识产权制度的宣传引导，各级政策的扶持激励，以及自身管理的不断提升，科研院所已经在知识产权管理方面取得了较好的成效和进步，建立了适应单位发展的知识产权管理制度，明确了专职或兼职的知识产权管理机构和管理人员，落实了知识产权奖励、激励和考核制度，开展了各种形式的知识产权培训，提高了科研人员的知识产权意识，产生的知识产权数量逐年增长，质量也有所提高。[1]但是，相较于成熟的知识产权管理模式，现阶段科研院所知识产权的管理工作尚处于初级阶段，没有完全体现出知识产权的特点和价值，没有充分发挥出知识产权应有的作用，有创新无产权、有产权无应用、有应用无保护的现象仍然存在。[2]

现阶段，科研组织知识产权的管理工作存在的问题突出表现在以下几方面：

（一）管理者缺乏知识产权实质性管理的能力

无论在体系建设上还是实际工作中，现阶段科研组织的知识产权管理仅仅体现在申报流程、维持流程、奖励工作、数据统计等事务性、流程性管理方面，只是形式上的管理，缺乏实质性的、深入技术和法律的管理。具体表现在缺乏专门的知识产权管理机构和专业的知识产权管理人员，没有很好地实行科研项目的知识产权全过程管理，没有开展针对科研、产业发展方向的专利布局策划和封锁策划，没有专业人员去检索、分析侵权专利和维权行为，也不够积

---

〔1〕　郭晋佩："科研院所知识产权管理现状及发展对策研究"，载《科技创新导报》2017 年第 30 期。

〔2〕　张英、刘玉霞："国防科研院所知识产权管理现状及发展对策"，载《重庆与世界（学术版）》2014 年第 12 期。

极主动地与知识产权咨询中介机构合作开展相关业务。另外，科研组织将知识产权作为无形资产进行管理的能力严重不足，大部分科研院所还是将知识产权作为一种成果形式进行管理，偏重用知识产权彰显自身科技创新的能力，而没有深入研究其可能产生的经济行为和法律行为。以专利权为例，虽然目前科研院所普遍较好地解决了专利"从无到有"的问题，但却缺乏专利价值评估的方法和制度，没有考察专利技术实施率的具体措施，缺乏积极推进专利技术转移转化等交易和产业行为，没有进行针对性的侵权风险分析等。[1]

（二）知识产权意识淡薄

由于科研组织受体制的影响，缺乏相应的激励和监督机制，科研人员申请知识产权保护的积极性不高，例如大多数研发人员有了发明创造首先想到的是发表文章、成果鉴定、申请评奖，作为晋升职称的依据，而忽视申请专利保护。很多科研单位转制为企业后，管理者考虑最多的是企业的产品市场、企业的生存问题等，而往往不重视本单位的知识产权管理，重成果、轻专利现象严重。由于专利保护需要每年缴纳一定数额的年费，不少科研单位从经济的角度来考虑，也觉得没有必要申请专利保护。

（三）知识产权流失现象严重

当前，随着我国市场经济体制的建立和发展，知识经济日益繁荣，知识产权成为提升企业核心竞争力的主要因素，越来越被社会所重视。科研活动中涉及的知识产权问题越来越多，科研活动的产出也往往是知识产权最直接、最主要的来源。[2]在此情况下，科研组织作为知识产权的产出单位，因管理不到位，知识产权流失非常严重，主要表现为：

（1）人员流动导致知识产权流失。科研组织经常有科研人员流动，如退休、辞职、出国定居、跳槽等。在流动的科研人员中，有

---

〔1〕 郭晋佩："科研院所知识产权管理现状及发展对策研究"，载《科技创新导报》2017年第30期。

〔2〕 范敏、徐秋香："交通科研单位的知识产权管理"，载《交通建设与管理》2013年第12期。

的直接参与完成了许多科研成果，有的甚至是项目负责人，他们掌握着重要的核心技术资料及专业知识等，人员流动往往会造成技术随人走、成果外流的现象。

（2）职务技术创新成果管理不当，造成单位知识产权流失。有的科研组织对职务技术创新成果的管理制度不到位，部分科研人员对职务专利概念不清，认为自己在单位工作中的辛苦研究出来的技术创新成果理所当然应当属于自己所有；有的科研人员受到经济利益的驱使，有意将职务技术创新成果据为己有。在上述观念的驱动下，部分科研人员将职务技术创新成果在研发任务完成后留在自己手中，不愿意提供或有意提供不真实的数据。其目的是将职务成果私下有偿转让或开发，或者有些本应由科研单位的法人申请的职务专利，成了某些人的非职务专利，造成本属于单位的知识产权被侵害，甚至流失。

（3）管理不当造成知识产权流失。例如有的科研组织存在着科技档案归档不严，造成知识产权流失；有的则是技术成果申请专利保护少，造成知识产权流失等。[1]

针对存在的问题，科研组织应当结合自身的实际情况，健全管理制度、管理机构和管理人员，建立、健全知识产权管理体系，并采取各种措施，提高科研人员的知识产权意识；同时还应建立激励机制，调动科研人员知识产权创新和保护的积极性，从而使自身的知识产权管理水平不断提升，更好地促进本单位知识产权事业的发展。

三、科研组织知识产权贯标

（一）贯标的依据

科研组织在国家创新体系中的重要地位要求其必须加强知识产权工作，而制定并推行科研组织知识产权管理标准是切实加强其知识产权工作的有力抓手，是激发科研组织创新活力、增强创新能力的有效方式，也是应创新型国家和知识产权强国建设要求的重要

---

〔1〕　袁欢春：“科研单位的知识产权管理”，载《邮电经济》2014 年第 3 期。

手段。[1]为此,《科研组织知识产权管理规范》于 2016 年 12 月 13 日颁布,2017 年 1 月 1 日起实施。该规范是由国家知识产权局 2013 年提出,报国家标准化管理委员会批准,纳入国家标准化管理委员会编制项目计划,由国家市场监督管理总局和国家标准化管理委员会联合发布。

因此,科研组织知识产权贯标,实际上是贯彻《科研组织知识产权管理规范》,以《科研组织知识产权管理规范》的规定作为标准,将知识产权管理贯穿整个科研创新活动,充分发挥知识产权的引导、激励和保障作用,以知识产权促进科技创新和成果转化,提高科技创新活动的效率和效益。在此需要说明的是,高等学校的知识产权管理同样是存在贯标,该贯标则是以《高等学校知识产权管理规范》的规定作为标准,将知识产权管理贯穿到整个科研项目活动中。

(二)科研组织贯标的目的和意义

科研组织进行知识产权贯标的目的,在于进一步落实知识产权强国战略,探索建立科学、系统、规范的知识产权管理体系,全面提升科研组织的知识产权管理和运营水平。知识产权贯标工作的开展将有利于加强科研组织的知识产权管理能力,有利于形成高质量的知识产权并实现资产增值,提高科研项目立项质量,降低知识产权风险,提高科研组织的技术创新能力。

(三)科研组织贯标的工作内容

基于科研组织自身的特点,贯标工作的内容主要表现为:

(1)按照《科研组织知识产权管理规范》要求,联系单位实际情况,成立贯标工作组,建立系统规范的知识产权管理体系,制定知识产权发展战略、工作方针和目标,安排具体部门组织实施,保障有效运行;

(2)优化知识产权布局,将知识产权融入科研项目的全过程进行管理,合理保护创新成果,培育高价值核心知识产权;

---

[1] 王保得、陈秉浩:"浅谈科研组织知识产权贯标过程中的问题与对策",载《中国科技投资》2018 年第 27 期。

（3）培养一批熟悉科研、市场、法务和金融知识的专业化管理和运营人才；

（4）积极开展知识产权运营工作，有效推进科技成果的转化。

第二节 科研组织知识产权管理体系

科研组织知识产权管理体系是指科研组织为实现其知识产权管理目标、方针而建立的系统管理体系。由国家市场监督管理总局和国家标准化管理委员会联合发布的《科研组织知识产权管理规范》对科研组织知识产权管理体系的标准作了明确规定，这对引导科研组织建立规范的知识产权管理体系，充分发挥知识产权在科技创新过程中的引领和支撑作用，对于激发广大科研人员的创新活力、增强科研组织创新能力具有重要的意义。

科研组织知识产权管理体系的组成包括文件管理、组织管理、基础管理、科研项目管理、知识产权运用、保护、检查和改进等各个环节，笔者根据《科研组织知识产权管理规范》的有关规定就每个环节所涉及的问题进行逐一阐述。

一、文件管理

（一）管理文件的类别

知识产权管理体系文件是指按《科研组织知识产权管理规范》的要求建立、实施、运行知识产权管理体系，并持续改进保持其有效性而形成的文件，包括：

1. 知识产权方针和目标

知识产权方针和目标确定科研组织的知识产权工作的宗旨和方向，科研组织在构建知识产权管理体系时，首先应制定知识产权方针和目标，形成文件，由最高管理者发布并予以保证：

（1）符合法律法规和政策的要求；

（2）与科研组织的使命定位和发展战略相适应；

（3）知识产权目标可考核并与知识产权方针保持一致；

（4）在持续适宜性方面得到评审；

（5）得到员工、学生的理解和有效执行。

2. 知识产权手册

知识产权手册即规定知识产权管理体系的文件，科研组织在构建知识产权管理体系时，应编制知识产权手册并保持其有效性，包括：

（1）知识产权组织管理的相关文件；

（2）人力资源、科研设施、合同、信息管理和资源保障的知识产权相关文件；

（3）知识产权获取、运用、保护的相关文件；

（4）知识产权外来文件和知识产权记录文件；

（5）知识产权管理体系文件之间相互关系的表述。

3. 本标准要求形成文件的程序和记录

记录组织知识产权管理活动、行为和工作等的文件，是知识产权管理情况的原始记录。

（二）文件管理要求

知识产权管理体系文件应满足以下要求：

（1）文件内容完整、表述明确，文件发布前需经过审核、批准；文件更新后再发布前，要重新进行审核、批准；

（2）建立、保持和维护知识产权记录文件，以证实知识产权管理体系符合本标准要求；

（3）按文件类别、秘密级别进行管理，易于识别、取用和阅读，保管方式和保管期限明确；

（4）对行政决定、司法判决、律师函件等外来文件进行有效管理；

（5）因特定目的需要保留的失效文件，应予以标记。

二、组织管理

科研组织的组织管理涉及最高管理者、管理者代表、知识产权管理机构、知识产权服务支撑机构、研究中心、项目组。科研组织要建立知识产权管理机构，就要按照规范的要求设置岗位并确立职责。

（一）最高管理者

最高管理者是科研组织知识产权管理第一责任人，其职责应是负责战略性事务，包括：制定、批准发布知识产权方针；策划并批准知识产权中长期和近期目标；决定重大知识产权事项；定期评审并改进知识产权管理体系；确保资源配备。

（二）管理者代表

最高管理者可在最高管理层中指定专人作为管理者代表，总体负责知识产权管理事务：统筹规划知识产权工作，审议知识产权规划，指导监督执行；审核知识产权资产处置方案；批准发布对外公开或提交重要的知识产权文件；协调涉及知识产权管理部门之间的关系；确保知识产权管理体系的建立、实施、保持和改进。

（三）知识产权管理机构

知识产权管理机构是科研组织知识产权管理工作的具体执行机构，科研组织在建立知识产权管理机构同时，应配备专职工作人员，承担以下职责：

（1）拟定知识产权规划并组织实施；

（2）拟定知识产权政策文件并组织实施，包括知识产权质量控制，知识产权运用的策划与管理等；

（3）建立、实施和运行知识产权管理体系，向最高管理者或管理者代表提出知识产权管理体系改进的需求建议；

（4）组织开展与知识产权相关的产学研合作和技术转移活动；

（5）建立专利导航工作机制，参与重大科研项目的知识产权布局；

（6）建立知识产权资产清单，建立知识产权资产评价及统计分析体系，提出知识产权重大资产处置方案；

（7）审查合同中的知识产权条款，防范知识产权风险；

（8）培养、指导和评价知识产权专员；

（9）负责知识产权日常管理工作，包括知识产权培训，知识产权信息备案，知识产权外部服务机构的遴选、协调、评价工作等。

（四）知识产权服务支撑机构

科研组织可在其中负责信息文献的部门建立知识产权服务支撑

机构，或聘请外部服务机构作为知识产权服务支撑机构。知识产权服务支撑机构承担以下职责：

（1）受知识产权管理机构委托，为建立、实施与运行知识产权管理体系提供服务支撑；

（2）为知识产权管理机构提供服务支撑；

（3）为科研项目提供专利导航服务；

（4）负责知识产权信息及其他数据文献资源收集、整理、分析工作。

（五）研究中心

研究中心是指科研组织直接管理的实验室、研究室等机构。研究中心应配备知识产权管理人员，协助研究中心负责人，承担本机构知识产权管理工作，具体包括以下职责：

（1）拟定知识产权计划并组织实施；

（2）统筹承担科研项目的知识产权工作；

（3）知识产权日常管理，包括统计知识产权信息并报送知识产权管理机构备案等；

（4）确保与知识产权管理机构的有效沟通，定期向其报告知识产权工作情况。

（六）项目组

项目组是完成科研项目的组织形式，是隶属于科研组织、相对独立开展研究开发活动的科研单元。项目组应设项目组长及知识产权专员，其职责如下：

1. 项目组长

项目组长负责所承担科研项目的知识产权管理，包括：根据科研项目要求，确定知识产权管理目标并组织实施；确保科研项目验收时达到知识产权考核的要求；设立项目组知识产权专员。

2. 知识产权专员

知识产权专员是指具有一定知识产权专业能力，在科研项目中承担知识产权工作的人员，其职责是协助项目组长进行科研项目知识产权管理，包括：专利导航工作；知识产权信息管理，并定期向研究中心报告科研项目的知识产权情况；组织项目组人员参加知识产权培训；项目组知识产权事务沟通。知识产权专员通常配备在重大科研项目中。

三、基础管理

科研组织的基础管理包括人力资源管理、科研设施管理、合同管理、信息管理和资源保障管理五个方面。

（一）人力资源管理

科研组织人力资源管理的对象主要包括两类：一类是科研院所的员工，包括在科研组织任职的人员、临时聘用人员、实习人员，以及以科研组织名义从事科研活动的博士后、访问学者和进修人员等；另一类是学生，通常是指被科研院所录取、具有学籍的研究生。其中，对员工的管理是科研组织人力资源管理的重点。

1. 员工管理

科研组织员工管理涉及人事合同、入职和离职、培训以及项目组人员管理等。

在人事合同管理方面，科研组织应通过人事合同明确员工的知识产权权利与义务，包括：与员工约定知识产权权属、奖励报酬、保密义务等；建立职务发明奖励报酬制度，依法对发明人给予奖励和报酬，对为知识产权运用做出重要贡献的人员给予奖励；明确员工造成知识产权损失的责任。

在员工入职和离职管理方面，科研组织应加强对入职、离职人员的知识产权管理，包括：对新入职员工进行适当的知识产权背景调查，形成记录；对于与知识产权关系密切岗位，应要求新入职员工签署知识产权声明文件；对离职、退休的员工进行知识产权事项提醒，明确有关职务发明的权利和义务；涉及核心知识产权的员工离职时，应签署知识产权协议或竞业限制协议。

在培训方面，科研组织应组织开展知识产权培训，包括：制定知识产权培训计划；组织中、高层管理人员的知识产权培训；组织知识产权管理人员的知识产权培训；组织项目组长、知识产权专员的专项培训；组织员工的知识产权培训。

在项目组人员管理方面，根据科研项目的需要，科研组织要加强项目组人员的知识产权管理，包括：针对重大科研项目进行项目组人员知识产权背景调查；必要时签署保密协议；在论文发表、学位答辩、学术交流等学术事务前，进行信息披露审查；在项目组人员退出科研项目时，进行知识产权提醒。

2. 学生管理

科研组织对招收的学生应加强知识产权管理，包括：组织对学生进行知识产权培训，提升知识产权意识；学生进入项目组，进行知识产权提醒；在学生发表论文、进行学位答辩、学术交流等学术事务前，进行信息披露审查；学生因毕业等原因离开科研组织时，可签署知识产权协议或保密协议。

（二）科研设施管理

科研设施是科研组织从事科研项目的工具，为了最大限度降低科研设施所涉及的知识产权风险，科研组织要加强科研设施的知识产权管理，包括：

（1）采购实验用品、软件、耗材时进行知识产权审查；

（2）处理实验用过的物品时应进行相应的知识产权检查；

（3）在仪器设备管理办法中明确知识产权要求，对外租借仪器设备时，应在租借合同中约定知识产权事务；

（4）国家重大科研基础设施和大型科研仪器向社会开放时，应保护用户身份信息以及在使用过程中形成的知识产权和科学数据，要求用户在发表著作、论文等成果时标注利用科研设施仪器的情况。

（三）合同管理

合同管理是企业事业单位管理中非常重要的一环，在知识产权管理体系建设方面，主要是要求科研组织加强合同中的知识产权管理，包括：

（1）对合同中的知识产权条款进行审查，并形成记录；

（2）检索与分析、预警、申请、诉讼、侵权调查与鉴定、管理咨询等知识产权对外委托业务应签订书面合同，并约定知识产权权属、保密等内容；

（3）在进行委托开发或合作开发时，应签订书面合同，明确约定知识产权权属、许可及利益分配、后续改进的权属和使用、发明人的奖励和报酬、保密义务等；

（4）承担涉及国家重大专项等政府项目时，应理解该项目的知识产权管理规定，并按照要求进行管理。

为更好地控制风险，建议对上述合同管理内容由精通知识产权及法律知识的专业人员负责。

（四）信息管理

当今，人类已经进入到以"信息化""网络化"和"全球化"为主要特征的经济发展新时期，信息已成为支撑社会经济发展的继物质和能量之后的重要资源，它正在改变着社会资源的配置方式，改变着人们的价值观念及工作与生活方式。在科研领域，信息管理尤为重要，它决定着研发的立项、进程甚至成败。因此，科研组织加强知识产权信息管理，管理的措施应包括：

（1）建立信息收集渠道，及时获取所属领域、产业发展、有关主体的知识产权信息；

（2）建立专利信息分析利用机制，对信息进行分类筛选和分析加工，形成产业发展、技术领域、专利布局等有关情报的分析报告，并加以有效利用；

（3）建立信息披露的知识产权审查机制。

（五）资源保障管理

资源保障管理包括条件保障和财务保障两个方面。

1. 条件保障

条件保障要求科研组织根据需要配备相关资源，支持知识产权管理体系的运行，包括：软硬件设备，如知识产权管理软件、计算机和网络设施等办公场所。这些条件是确保知识产权管理体系正常运行的基础，科研组织应当为知识产权管理体系按照要求创造条件。

2. 财务保障

知识产权管理体系的运行必然要涉及费用的支出，需要有财务保障，因此，科研组织应设立经常性预算费用，用于知识产权管理所需的费用支出，包括：知识产权申请、注册、登记、维持的费用支出；知识产权检索、分析、评估、运营、诉讼的费用支出；知识产权管理机构、服务支撑机构运行的费用支出；知识产权管理信息化的费用支出；知识产权信息资源的费用支出；知识产权激励的费用支出；知识产权培训的费用支出；其他知识产权工作的费用支出。

四、科研项目管理

科研项目管理实际上就是对科研组织知识产权获取的管理，科研组织应根据科研项目来源和重要程度等对科研项目进行分类管理；科研项目应实行涉及立项、执行、结题验收全过程的知识产权管理，重大科研项目应配备知识产权专员。

（一）立项

立项阶段的知识产权管理包括：

（1）确认科研项目委托方的知识产权要求，制定知识产权工作方案，并确保相关人员知悉；

（2）分析该科研项目所属领域的发展现状和趋势、知识产权保护状况和竞争态势，进行知识产权风险评估；

（3）根据分析结果，优化科研项目研发方向，确定知识产权策略。

（二）执行

执行阶段的知识产权管理包括：

（1）搜集和分析与科研项目相关的产业市场情报及知识产权信息等资料，跟踪与监控研发活动中的知识产权动态，适时调整研发策略和知识产权策略，持续优化科研项目研发方向；

（2）定期做好研发记录，及时总结和报告研发成果；

（3）及时对研发成果进行评估和确认，明确保护方式和权益归属，适时形成知识产权；

（4）对研发成果适时进行专利挖掘，形成有效的专利布局；

（5）研发成果对外发布前，进行知识产权审查，确保发布的内容、形式和时间符合要求；

（6）根据知识产权市场化前景初步确立知识产权运营模式。

（三）结题验收

结题验收阶段的知识产权管理包括：

（1）分析总结知识产权完成情况，确认科研项目符合委托方要求；

（2）提交科研项目成果的知识产权清单，成果包括但不限于专利、文字作品、图形作品和模型作品、植物新品种、计算机软件、商业秘密、集成电路布图设计等；

（3）整理科研项目知识产权成果并归档；

（4）开展科研项目产出知识产权的分析，提出知识产权维护、开发、运营的方案建议。

五、知识产权运用管理

根据规范的要求，科研组织的知识产权运用管理包括评估与分级管理、实施和运营管理、许可和转让管理以及作价投资管理四个方面。

（一）评估与分级管理

随着知识产权数量的增多及类型的丰富，必然面临着科学化管理的难题，一方面知识产权数量的增多，需要增加资源的投入，从节约成本角度考虑，难以做到均等对待；另一方面，知识产权属于无形资产，应当纳入资产管理范畴，亟须建立价值评估标准，定期管理无形资产。可以说，唯有科学化管理，才能从整体上提升企业的知识产权竞争力，提升知识产权工作对企业发展经营的推动作用。[1]因此，对知识产权进行评价与分级管理，是知识产权科学化管理的需要。

根据规范的要求，科研组织在知识产权的评估与分级管理中应满足以下要求：

（1）构建知识产权价值评估体系和分级管理机制，建立知识产权权属放弃程序；

（2）建立国家科研项目知识产权处置流程，使其符合国家相关

---

〔1〕　吴洪波、余佳琳："企业知识产权分级管理浅谈"，载《企业界》2021年第7期。

法律法规的要求；

（3）组成评估专家组，定期从法律、技术、市场维度对知识产权进行价值评估和分级；

（4）对于有产业化前景的知识产权，建立转化策略，适时启动转化程序，需要二次开发的，应保护二次开发的技术成果，适时形成知识产权；

（5）评估知识产权转移转化过程中的风险，综合考虑投资主体、共同权利人的利益；

（6）建立知识产权转化后发明人、知识产权管理和转化人员的激励方案；

（7）科研组织在对科研项目知识产权进行后续管理时，可邀请项目组选派代表参与。

（二）实施与运营管理

科研组织在知识产权的实施和运营过程中应满足以下要求：

（1）制定知识产权实施和运营策略与规划；

（2）建立知识产权实施和运营控制流程；

（3）明确权利人、发明人和运营主体间的收益关系。

（三）许可和转让

科研组织在知识产权许可和转让的过程中应满足以下要求：

（1）许可和转让前进行知识产权尽职调查，确保相关知识产权的有效性；

（2）知识产权许可和转让应签订书面合同，明确双方的权利和义务，其中许可合同应当明确规定许可方式、范围、期限等；

（3）监控许可和转让流程，预防与控制许可和转让风险，包括合同的签署、备案、执行、变更、中止与终止，以及知识产权权属的变更等。

（四）作价投资

知识产权属于无形资产，科研组织可以将其知识产权依法作价出资，投入到经营实体中将其转化为生产力。在作价投资过程中应满足以下要求：

（1）调查技术需求方以及合作方的经济实力、管理水平、所处行业、生产能力、技术能力、营销能力等；

（2）根据需要选择有资质的第三方进行知识产权价值评估；

（3）签订书面合同，明确受益方式和比例。

六、知识产权的保护管理

根据规范的要求，科研组织应采取如下措施做好知识产权保护工作，防止知识产权被侵权或流失：

（1）规范科研组织的名称、标志、徽章、域名及服务标记的使用，需要商标保护的及时申请注册；

（2）规范著作权的使用和管理，建立在核心期刊上发表学术论文的统计工作机制，明确员工和学生在发表论文时标注主要参考文献、利用国家重大科研基础设施和大型科研仪器情况的要求；

（3）加强对未披露信息专有权的保密管理，规定涉密信息的保密等级、期限和传递、保存及销毁的要求，明确涉密人员、设备、区域；

（4）明确职务发明创造、委托开发、合作开发以及参与知识产权联盟、协同创新组织等情况下的知识产权归属、许可及利益分配、后续改进的权属等事项；

（5）建立知识产权纠纷应对机制，制定有效的风险规避方案；及时发现和监控知识产权风险，避免侵犯他人知识产权；及时跟踪和调查相关知识产权被侵权的情况，适时通过行政和司法途径主动维权，有效保护自身知识产权。

七、检查和改进

检查和改进属于知识产权管理体系的监督、考评环节。有效对知识科研组织的知识产权管理进行监督检查，及时发现问题并予以改进，能使知识产权管理体系更适合科研组织的实际情况，更好地促进知识产权管理工作。顾名思义，检查和改进是前后两个程序：检查监督和评审改进。

（一）检查监督

科研组织应定期开展检查监督，根据监督检查的结果，对照知识产权方针、目标，制定和落实改进措施，确保知识产权管理体系的适宜性和有效性。

（二）评审改进

最高管理者应定期评审知识产权管理体系的适宜性和有效性，制定和落实改进措施，确保与科研组织的战略方向一致。

主要参考文献

1. 冯晓青：《企业知识产权战略》，知识产权出版社 2005 年版。

2. 安雪梅主编：《知识产权管理》，法律出版社 2015 年版。

3. 王黎萤、刘云、肖延高主编：《知识产权管理》，清华大学出版社 2020 年版。

4. 曾德国主编：《知识产权管理》，知识产权出版社 2012 年版。

5. 彭文胜、刘逸星：《企业知识产权战略与实施方案制作指引》，知识产权出版社 2009 年版。

6. 王瑜、丁坚、滕云鹏：《企业知识产权战略实务》，知识产权出版社 2009 年版。

7. 吴汉东主编：《知识产权法》，北京大学出版社 2014 年版。

8. 程永顺主编著：《知识产权法律保护教程》，知识产权出版社 2005 年版。

9. 王瑜、王晓丰编著：《公司知识产权管理》，法律出版社 2007 年版。

10. 刘春田主编：《知识产权法教程》，中国人民大学出版社 1995 年版。

11. 郁涛编著：《企业形象识别设计》，中南大学出版社 2004 年版。

12. 尤建新、雷星晖主编：《企业管理概论》，高等教育出版社 2010 年版。

13. 毕玉谦：《民事证据原理与实务研究》，人民法院出版社 2003 年版。

14. 赵顺龙主编：《企业战略管理》，经济管理出版社 2008 年版。

15. 唐东方：《战略选择：框架·方法·案例》，中国经济出版社 2011 年版。

16. 尹新天：《专利权的保护》，知识产权出版社 2005 年版。

17. 崔忠武、刘锐编著：《公司合同管理体系建设操作实务》，中国海洋大学出版社 2014 年版。

18. 陈亚芬、陈依元："高等学校知识产权管理中存在的问题及对策"，载《福建论坛（人文社会科学版）》2009 年第 3 期。

19. 于正河：《知识产权若干问题研究》，青岛出版社 2016 年版。

20. 崔忠武、郭斌、李云峰：《企业知识产权战略实务指南》，法律出版社 2016 年版。